全情投入

人生最重要的事

SOUL
in the
GAME
The Art of a Meaningful Life

[美] 维塔利·凯茨尼尔森（Vitaliy Katsenelson）◎著

符李桃◎译

中信出版集团｜北京

图书在版编目（CIP）数据

全情投入：人生最重要的事 /（美）维塔利·凯茨
尼尔森著；符李桃译. -- 北京：中信出版社，2023.7
　　书名原文：Soul in the Game：The Art of a
Meaningful Life
　　ISBN 978-7-5217-5622-7

　　Ⅰ.①全… Ⅱ.①维… ②符… Ⅲ.①成功心理－通
俗读物 Ⅳ.① B848.4-49

中国国家版本馆 CIP 数据核字（2023）第 083749 号

全情投入——人生最重要的事
著者： 　　［美］维塔利·凯茨尼尔森
译者： 　　符李桃
出版发行：中信出版集团股份有限公司
　　　　（北京市朝阳区东三环北路 27 号嘉铭中心　邮编　100020）
承印者： 　天津丰富彩艺印刷有限公司

开本：880mm×1230mm　1/32　印张：10.25　　字数：239 千字
版次：2023 年 7 月第 1 版　　印次：2023 年 7 月第 1 次印刷
京权图字：01-2023-2446　　书号：ISBN 978-7-5217-5622-7
　　　　　　　　　　　　定价：69.00 元

献给乔纳、汉娜和米娅·萨拉，
因为你们从不读我的邮件文章。

维塔利深知如何讲好一个故事。读书的过程就像是和他展开一场对话。本书见解深刻、逻辑清晰、发人深省、使人受教。

——纳西姆·尼古拉斯·塔勒布,《黑天鹅》作者

触动人心,坦率真诚,富有洞见——这是一本令人难以放下的好书。

——摩根·豪泽尔,《金钱心理学》作者

这本书为如何弄清人生中最重要的事提供了精辟的指导。每个短小精练的篇章中都蕴藏着智慧结晶。

——杰里米·西格尔,沃顿商学院金融学教授,
《股市长线法宝》作者

阅读维塔利·凯茨尼尔森的《全情投入》是一个迷人、有趣、偶尔会感到震撼的旅程——就像人生本身。这本书提醒我们,虽然我们无法控制自己的出生与死亡,但我们可以决定自己的生活方式。

——斯坦利·麦克里斯特尔,退役美国陆军上将,《赋能》作者

《全情投入》是找回幸福、力量与健康的价值的美好方式。

——"冰人"维姆·霍夫，《维姆·霍夫方法》作者

本书就是一个宝库，充满简明且易于实践的人生智慧。

——罗尔夫·多贝里，《清醒思考的艺术》作者

《全情投入》源自作者独特的人生旅程，汇集了富有说服力的生活洞见与策略。从古典音乐漫谈到经典之作解析，维塔利·凯茨尼尔森既带来了知识，又带来了启发。

——詹姆斯·查诺斯，尼克斯联合基金公司总裁

维塔利是一块宝石，《全情投入》是一部不可多得的出色作品。我本人因为喜欢其价值投资的文章而成为他的忠实读者，因为支持其价值投资的理念而与他成为同事，又因为欣赏他在家庭、育儿等方面的美好品质而和他成为朋友。他在市场、音乐、艺术、哲学、个人经历、人性等领域中抽丝剥茧，"编织"成了这幅美妙绝伦的"作品"，引导我们累积最为稀缺的资产——创造意义。

——乔什·沃尔夫，风险投资公司拉克斯资本创始人、总经理

从苏联的摩尔曼斯克到美国的丹佛，维塔利在移民的过程中有很多"风险共担"的经历。历经数十年的人生磨砺，他到达了"全情投入"的境界。凯茨尼尔森在学习的过程中孜孜不倦，他依然在前进，并且一定会走得更远。这本书是他的故事、他的人生经历。读过这本书后，你一定会深受启发。祝贺维塔利的新作出版！他对自己的描述很准确——苏联出生，美国制造。

——盖伊·斯皮尔，《与巴菲特共进午餐时，
我顿悟到的 5 个真理》作者

对于维塔利·凯茨尼尔森来说，投资是他的技艺，写作是他不断打磨的艺术，度过有意义的人生则是他的热情所在。这些都淋漓尽致地体现在《全情投入》一书中。书中既有他的人生回忆，又有他的反思，还有推动个人成长的指导，以及关于斯多葛哲学和古典音乐的入门介绍。这本书有着强烈的个人风格，有些怪异，又令人惊叹。在维塔利的书中投入时间，你的人生会因此而更加富足。

——比尔·米勒，米勒价值基金首席信息官、主席、基金经理

维塔利·凯茨尼尔森因其出色的投资策略成为金融媒体的宠儿，但是他的哲思作品更令人印象深刻。《全情投入》不是普通的自我成长读物，我之前从未读到过相似的作品。书中涵盖了维塔利的观察与洞见，包括他在苏联的生活经历（他于 20 世纪 90 年代移民美国）、养育子女的感受、活在当下的体验，以及对金融、古典音乐和艺术领域的创造力的讨论。维塔利的人生丰富多彩，每个读者都能从中获得意想不到的收获（比如他的投资策略）。这本书值得一读。

——卡尔·伯恩斯坦，《总统班底》作者

最好的投资就是投资自己以及自己的人际关系。维塔利的这本书就是这个方向的一本佳作。不可错过！

——高塔姆·巴伊德，《复利的喜悦》作者

理智而不羁的叙事，幽默诙谐的语言，宝贵的人生经验与哲思，充分展现出成功的投资者也可以是出色的作家，这两个身份并不矛盾。

——利昂·库珀曼，欧米茄家族办公室董事长兼首席执行官

《全情投入》是维塔利·凯茨尼尔森的"生活日志",轻松易读,深入剖析人类情绪,对很多人大有帮助。生活的智慧、终身学习、人力资本、人生的挣扎、移民的生活、伟大的作曲家、哲学思考、家庭生活、斯多葛主义……清晰地呈现在全书中,祝大家阅读愉快!

——肯·费舍尔,费舍尔投资公司创始人、执行总裁

我本以为要花一星期才能读完这本书,但打开之后就停不下来了,竟然一天就读完了!读完之后,我感觉自己好像和维塔利共度了一天的时光,通过他温暖的文字完成了与他的对话。他的写作风格充满趣味,与此同时又能引发读者的思考,推动读者深入思索自己的人生。从每个篇章、每个字句中,你都能感受到维塔利的"全情投入"。

——埃克托尔·加西亚,《冲绳岛幸福长寿秘诀》《一个极客在日本》作者

《全情投入》是一本无法被归类的书。它既有自传性质,又有自助成长的内容;既有哲学思考,又有育儿分享;既有写作指引,又有音乐史和艺术赏析。说到底,这本书讲的是如何过好有意义的生活,如何找到那种似乎可望而不可即的生活状态:平衡、克己。这本书改变了我,也希望为你带来改变。

——罗伯特·格林伯格,作曲家,《如何聆听伟大的音乐》作者

这本书中既有丰富多彩的人生经历,又有对批判性思维的肯定;既有投资理财的原则,又有如何成为完整的人的指南。《全情投入》充满趣味,不失幽默,有时也会带来深刻的见解。

——格雷格·马菲,自由媒体集团首席执行官

维塔利·凯茨尼尔森的书读起来轻松愉悦，书中有大量有益的人生建议，也包括将斯多葛哲学融入日常生活的小妙招。

——唐纳德·罗伯逊，《像罗马皇帝一样思考》作者

我对作曲家们有敬畏之心，维塔利也捕捉到了这份敬畏。他通过这种洞察力为今天想要充分享受生活的我们提供了积极而有建设性的步骤，引导大家度过充实的人生。

——马林·阿尔索普，巴尔的摩交响乐团音乐总监

太棒了！这本书令人惊喜。起初我抱有很大怀疑，为什么要听一个资金经理聊人生？读过后才发现自己非常喜欢！关于如何生活的问题，维塔利带来了全新的、引人深思的视角。他关爱他人、体贴周到，写作风格引人入胜。

——德雷克·西弗斯，《如何度过这一生》作者

目录

每天一点儿改变

斯多葛主义

操作系统

生命的旋律

全情投入

如果 10 年前有人告诉我，"你将来会出一部跟价值投资无关的作品"，我必然会笑出声来。我虽然已经写了两部关于投资的作品，但从未以"作家"自居，我认为自己只不过是通过写作来思考的投资人。"作家"应该是像陀思妥耶夫斯基、海明威那样的文坛巨匠，我只是在自己擅长的领域中写作而已。

不过，这些年来，我在写关于投资的内容时融入了很多人生故事——我的童年、我的孩子、古典音乐等。如果说关于投资主题的写作是一场演出，我的人生故事就是必不可少的配角。育儿的经历、对死亡的思考、写作的过程，无一不在改变着我。这些人生故事从配角变为主角也只是时间问题。

成千上万的读者来信也起到了重要作用。他们告诉我，他们虽然是为了了解价值投资而开始翻阅我的文章，却因其中的人生故事（还有我父亲的艺术生涯，后文中会提及）将这些文章一读再读。读者们鼓励我把这些和投资无关的文字编写成书，因为这些故事让他们的人生更加美好。在阅读我的人生故事时，读者们也开始思考自己的人生，我仿佛促成了他们期待已久的旅程，让他们与爱的人共享更多的时光，又或者启发了他们放慢脚步、体会人生。

这本书关系到每一个人最重要的投资——对人生的投资。

希望其中某些人生故事能够触动你，为你的生活增添一些明媚与温暖，又或者能够让你行动起来，填补生活的空白。

书中的故事常看常新，所以我按照主题进行编排，没有严格的时间顺序（大家会从故事中孩子们的年龄变化中发现这一点）。刚开始筹备此书的时候，我只是打算把这几年写的故事汇集到一起，但是编着编着，我的"写作人格"愈发显现，我重写了很多老文章，又加入了一些新故事。这本书虽然没有传统的故事框架，但也不是强行拼凑的小故事集锦。我在写作时就已经仔细规划了它的阅读顺序。

本书分为 6 部分：

第一部分是"生活的学习者"。这部分有自传的性质。它会带你去往我在苏联度过的童年，了解我姑姑成为"叛徒"的经历、我们家是怎样移民去美国的，以及我们初到美国的生活。

"全情投入"这一节提供了阅读本书的视角，其中涉及每个人在创意性活动中如何找到意义。这是很重要的一部分，因此也成为本书的标题。

为人父母对我来说是最有教育意义的旅程。相关的故事中充满了育儿的快乐和失误（因为孩子们来到世界上时并没有附说明书），还有成长。为人父母应该是成年之后对人改变最大的经历。

在第二部分"诞生在路上的思考"中，我分享了与家人在美国的圣菲和旧金山，以及在瑞士、法国和意大利旅游的经历，我讨论的话题从参观现代艺术博物馆如何让你的宜家之旅更加精彩，到杰斐逊式餐会，再到生鱼片的卡路里含量。如果这部分激发了你一丝了解世界的意愿，那我就成功了。

在"每天一点儿改变"这一部分，我不是在提供建议，而是在分享自己如何建立良好的习惯，包括饮食、睡眠、健身、冥想，通过试错巩固新的好习惯。我也会分享一位朋友在我婚前提出的理财建议，它成功消除了我的婚姻中关于财产问题的所有争吵。

在本书的初稿快完成时，我偶然发现了斯多葛哲学，被它深深吸引，于是搁置了写作工作，开始了为期 5 个月的学习和探索，最终写出了"斯多葛主义"。这部分在本书中自成一体，包含了"操作系统"和"价值观与目标"。"操作系统"阐述斯多葛主义为什么是可应用于生活的操作系统，"价值观与目标"讨论斯多葛哲学中的价值体系如何给生活带来更多的幸福感和意义。

"全情投入的创意"这部分的主题是创意。

创意也是贯穿本书的线索，我发现创意就是让生活更有意义的秘诀，也是我每天早上起床的动力。

我分享了写作的艺术以及过程，也分析了听重金属摇滚乐为什么会有助于提升写作水平。你将了解我是如何安排自己的生活的，如何让自己在管理公司、研究投资的同时持续关爱家庭，而且还能保持写作上的产出，平均每年完成的创作字数都接近一本书的字数。

"歌剧、痛苦与投资"一节回顾了我人生中最为艰难的事业低谷，提供了应对痛苦的方法和工具（基于斯多葛主义）。

在创作"生命的旋律"这部分时，我深受彼得·伊里奇·柴可夫斯基的影响。我探索了柴可夫斯基身为作曲家的创作过程，经历过写作痛苦的我深有同感。当然，我知道在所有创意工作中，这种痛苦挣扎普遍存在。

这部分内容涉及柴可夫斯基、舒伯特、李斯特、勃拉姆斯、肖邦、柏辽兹以及布鲁克纳等音乐家，带我们走入古典音乐巨匠的人生。

古典音乐及其作曲家看似与本书关系不大，其实不然，他们的故事依然没有脱离创意的主线。今天,这些音乐作品依旧撼动人心。这些音乐家被称为天才,他们的才华与成就在后世看来如此耀眼,但在他们所处的时代却并非如此。正如每个普通人一样,他们也经历过怀疑与不安,在创作过程中备受煎熬,承受着巨大的痛苦。因此,他们的故事也给我们带来了有益启示。

"有意义的生活的艺术"探讨了艺术和技艺框架,将全情投入、斯多葛哲学、创意以及从古典音乐巨匠的故事中得到的启发串联起来。同时,我也打破了"第四堵墙"。

最后,如果有读者对我为什么人到中年就急于分享自己的生活经历感到困惑,"未完待续"提供了答案。

我个人建议,把全书的每一部分当作邮箱中收到的邮件,读完一部分后,你可以稍作休息,然后再继续读。

我对待这本书的方式就像是斯多葛学派创始人芝诺对待自己的学生。在教学的时候,他从不把自己当作医生,而是把自己看作病人,就像在向同病相怜的患者描述自己的疗愈过程。[1] 来,我们一起来探讨生活、创意、哲学、音乐以及其他有趣的话题吧。

---

[1] D. Robertson, *How to Think Like a Roman Emperor*(St. Martin's Publishing Group), pp. 32–33.

生活的学习者

我 从 孩 子
到 为 人 父 母 的 故 事

苏联出生，美国制造

提醒：你如果跳过了本书的前言部分（我看书时经常如此），有可能会在阅读正文时一头雾水。友情提示：先读前言。

童年

我的童年在摩尔曼斯克度过，那是苏联西北部的一座城市，位于北极圈之内。

摩尔曼斯克以"不冻港"闻名于世，受北大西洋暖流的影响，漫漫寒冬之中，海港一直不结冰，得天独厚的地理位置确保了北极与苏联之间的通航。这里也是苏联红旗北方舰队的所在地，在冷战时期，摩尔曼斯克必定是美国军方的重要监测对象。作家汤姆·克兰西的读者可能会记得，在《猎杀"红十月"号》一书中，摩尔曼斯克就是潜艇"红十月"号的基地。

然而，北极的冬天必然是寒冷的、黑暗的。西雅图与摩尔曼斯克比起来都算是阳光明媚的城市了。在摩尔曼斯克的每个严冬中，有 6 个星期我们完全看不到阳光。即便在难得有日出的日子里，我也见不到太阳。那时候，一大早我就摸着黑去上学了。中午的时候，太阳会出现短暂的 30 分钟，而此时我大概还在课堂上。放学回家的时候，外面又早已漆黑一片。

摩尔曼斯克对冬季的日光热爱无比，甚至创造了"太阳节"。这听起来是不是有点儿难理解？我的孩子们在丹佛出生长大，一年中有300天都沐浴着阳光，摩尔曼斯克的生活对他们来说根本无法想象。不过，那就是我出生的地方，我习惯了那里的生活，也从未觉得有何不妥。

当时我丝毫体会不到生活的艰苦，回头想想，都是父母在负重前行。摩尔曼斯克地处北极，地面是永冻土，根本没有植被。大部分的食物都是从其他地方运过来的，当地盛产鱼类（毕竟是海港），主食是面包，饮食非常单一。

在我青少年时期，也就是来美国前的几年，有苏联官员发现把鱼磨碎可以喂鸡，突然之间鸡肉的供应就上来了。但是，吃鱼肉长大的鸡有一股子鱼腥味！哪怕后来到了美国，整整10年我都没碰过鸡肉。

冬天商店里没有水果。每年9月，父母就会在硕大的酱菜缸里腌上白菜，放在窗台上保存。腌白菜是冬天里为数不多的维生素来源。我们还会喝从鳕鱼肝里提炼的鱼油，补充维生素A和维生素D。

很多人见到我近一米八的个子（还得靠发型支撑一下），又看看我儿子乔纳一米九的大个儿，很不理解。我成长的地方没有充足的光照，蔬菜匮乏，除了缺乏长个子的关键——维生素D，也缺乏其他多种维生素。要是我在丹佛长大，肯定也是一米九的个子，一头金发。

我的母亲总是为吃什么而操劳。商店的货架上总会阶段性出现空缺，每个月如果有肉类供应，我们就会拿上食品券按照家庭人均额定的磅数购买。肉类供应的时间很短，每次都是排长队才能买上。但是父母从未抱怨过。那就是我们的日常，是周围每一个人的日常，是我唯一熟悉的生活。

不过，我的父母早年的生活和我有些不同。父亲在莫斯科长大。在 20 世纪 50 年代的苏联，犹太裔的生活并不容易。当时反犹太情绪十分隐晦。父亲的数学一直很好，甚至还给很多小孩做过辅导。但是，他申请读大学时，数学成绩是"不合格"。我不知道父亲如果申请了另一所大学有没有可能被录取，当年的他一气之下就去了不需要参加入学考试的院校——摩尔曼斯克航海学院，我感觉当时不管是谁，只要申请都能去。

萨拉托夫是伏尔加河沿岸一座拥有 400 多年历史的城市，20世纪 50 年代末的一天，父亲去那儿走亲戚时遇到了母亲。他们算是远亲，没有血缘关系。两人坠入爱河，于是母亲决定搬到摩尔曼斯克。母亲出身知识分子家庭，在当地的生活很安逸，她会弹钢琴、拉小提琴，还经常与父母去听交响乐演奏会。当年她离开萨拉托夫搬到寸草不生的摩尔曼斯克，必定是因为很爱父亲吧。60 年代的生活比 50 年代好了一些，但是摩尔曼斯克毕竟就是个渔民小镇。音乐是什么？大概是水手们喝醉了酒，跟跟跄跄穿过大街小巷时，呐喊着的带点儿颜色的号子吧。

父母当时可以离开摩尔曼斯克，去莫斯科或者萨拉托夫定居。但是，他们的朋友都在摩尔曼斯克，父亲也从事着自己最热爱的工作。他是一位才华横溢又备受爱戴的教授，当地很多身居高位的人士都曾是他的学生。我们家里如果遇到事情，父亲能找到关系。没错，这就是苏联，每家企业、每个组织都是政府所有，办事总得靠点儿关系。我的哥哥要转学，还有家里人口变多想买个大点儿的房子，这些简单的事情也不例外。

如果说这是父亲的"权力"，那么这样的"权力"大概源自爱戴。从学校回家有两英里①路，他喜欢步行（我也受到了他的影响）。但是，半小时的路程他往往要走两小时，路上遇到了认识的人，他总是停下来和他们聊一会儿。我想，父亲很享受有他人爱戴的生活。他是那么和蔼、真诚，善解人意，善于倾听，大家喜欢他。我永远不会忘记他们看向父亲时那饱含敬意的眼神。

如果我们搬出摩尔曼斯克，父亲就会失去这一切。母亲不可能提出这样的要求。40年过去了，我此刻才体会到母亲对父亲的爱，她为他遮蔽了现实生活的残酷，让他专心致志地教书、画画。温饱问题是母亲肩上的重担。即便生活艰苦，我们也从没挨过饿，我好像也不知道有谁挨了饿。

为了家庭，母亲放弃了自己的事业。她在萨拉托夫的大学获得了物理学学位，到了摩尔曼斯克之后却只能在研究北极光的机构里谋一份兼职。她永远把家庭放在第一位，自己的事业和兴趣只是次要的。她的生活中心是我的父亲、我的哥哥们，还有我。年近50岁的时候，她终于在繁忙的生活中找到了一丝空隙，加入了合唱团。这是我记忆中她唯一一为自己做的事情。

急转直下的人生

母亲和父亲的出生只相隔一年，两人的生日都在5月。1983年的5月在我的记忆中清晰如昨。那个月父亲即将迎来50岁生日，有一天我在外边玩耍，手上拿着个底部开裂的玻璃瓶，小伙伴击中了那个瓶子，碎片直接弹到了我的右脸上，穿过了右眼下的皮肤（现在那儿还有一道伤疤），我脸上瞬间淌满了血。我赶紧往家里

---

① 1英里 =1.609 344 千米。——编者注

跑。时至今日，我依然记得母亲的镇定，看到小儿子眼下的伤口和满脸的鲜血，她一边拨打救护车电话一边安慰我。不幸中的万幸是我的右眼没受伤，玻璃离眼球还有那么一丁点儿的距离。不过，父亲 50 岁的生日我只能在医院度过了。

一年之后幸运没有再次光临。1984 年 5 月 6 日，母亲在她生日后的这一天因为剧烈的头疼住院了，诊断结果为脑瘤。以我对母亲的了解，她应该已经头疼了好几个星期，但一直瞒着我们，生怕影响了父亲的生日。

母亲住院的第二天，父亲带我去看她，那是我最后一次见到记忆中的母亲。

我知道那个时候她已经很难受了，但她的脸上没有一丝害怕或难过。母亲根本顾不上考虑自己。和母亲在一起的最后一天里，我记得她问父亲大哥里奥怎么样了，还交代怎么辅导二哥埃里克斯的功课。

父亲想尽一切办法给母亲最好的治疗，竭尽所能挽救母亲的生命。他去圣彼得堡请来了一位神经外科医生，就因为那位医生承诺能让母亲完全康复。

当相信科学的人要面对所爱之人的死亡时，哪怕伪科学也会成为他眼中的救命稻草。我依稀记得，父亲当时读到一些文章，说某种带电和盐分的装置处理过的水能够治疗癌症（类似这种意思）。他马上动手组装，给母亲弄了那个水。

手术没有用，那个装置也没有用。

摩尔曼斯克的居民会在夏天的时候去南方（就像纽约人冬天去佛罗里达州一样）。我们需要十足的好天气、充足的阳光，晒晒一身骨头，储存好热能，迎接冬天。（这是母亲开玩笑时跟我解释的。）夏季的两三个月，我们一家通常会去莫斯科或者萨拉托夫拜访爷爷奶奶、外公外婆，有时候也会到其他地方旅游。

1984年的夏天却有些不同。

当时，二哥埃里克斯17岁（他比我大6岁），家里送他去了塔吉克斯坦的一个度假村。大哥里奥当年21岁，他是摩尔曼斯克航海学院的学员，所以留在了当地。父亲当然也和母亲一起留在那里。5月底，父亲给了我15卢布还有一袋三明治，然后送我搭上了前往圣彼得堡的火车。

那是一趟两天两夜的行程。父亲的朋友在圣彼得堡车站接我，然后把我送到了南边的普希金诺小镇，那里有一个户外夏令营。15卢布对于10岁小孩来说是一大笔钱了（当时我已经快11岁了）。在火车途经的某个车站，我用那笔"巨款"买的第一件东西是反战的长篇讽刺小说《好兵帅克》。从小我就有点儿不对劲，竟然没有买玩具？！

每每听到别人一开口就是"我在你这个年纪的时候……"，然后开始讲述自己的人生，我觉得自己肯定说不出口。但是，让我把自己的孩子送上火车，没有手机，也没有定位工具，和一车厢的陌生人共度两日两夜，我真的想也不敢想。讽刺的地方在于孩子们觉得没问题，他们肯定能做到，是我焦虑得不敢想。

一个月之后，父亲去夏令营接我，然后又把我送上了开往莫斯科的火车，哥哥埃里克斯在车站接我。我们先后在莫斯科、萨拉托夫和爷爷奶奶、外公外婆一起过完了夏天。

8月底，当我和哥哥再次回到摩尔曼斯克，我已经认不出母亲了。那个记忆中的母亲似乎早就离开了。记忆中的母亲一头棕色的秀发，是个充满活力、总是面带微笑的美人。我眼前的女士留着白色的寸头，跟母亲没有半点儿相似。我当时想不明白，一个人的头发怎么可能两个月就白透了呢？多年之后我才知道，棕色是染料，母亲早已是满头白发。

手术没有成功。肿瘤一直在扩散。除了父亲，母亲已经认不出任何人。她叫父亲"爸爸"，但大部分时间都躺在床上，连说话的力气都没有了。她在家里待了几个星期，但随着情况恶化，她只能再次入院。

回想起 11 岁的那一年，我讶异于自己竟对眼前发生的一切毫无头绪。母亲即将离开人世，我的生活却一切如常。母亲已经顾不上我了，父亲没日没夜地照料母亲，我获得了一种前所未有的自由，我享受这种自由。

母亲在医院卧床不起，而我还没心没肺地继续自己的生活，这种愧疚感时至今日还萦绕在心中。有心理学家指出，这是一种自我保护机制，是一个 11 岁的小孩应对母亲死亡的机制。因为要消化至亲离世的信息过于痛苦，所以我选择了完全屏蔽。

10 月初，母亲的姐姐娜塔莎从萨拉托夫过来陪着我们。我清晰地记得母亲过世的那个晚上发生的事，就如同它们发生在昨天。当时我和娜塔莎阿姨在家，医院打来电话让阿姨接。于是，她去了另一个房间接电话。过了一会儿，阿姨走出房间，抱紧了我，她说，她的姐姐，我的妈妈，刚刚离开了我们。

我想不明白为什么，但是我们立即出发去了医院。我俩先是坐在医院大厅里，后来阿姨起身去跟管理人员说话。我一个人待着的时候，有人过来问问题，那是我人生中第一次，也是唯一一次，说不出一个字。最后，我向那个问问题的人投去了困惑的眼神。

30 多年过去了，我发现自己从未向母亲告别。那个记忆中的母亲，在过完 50 岁生日后的那天离开了我。我没有跟她说再见，也并未意识到她已经离我远去。而 10 月当晚离开的是那位留着白色寸头的女士，她不是我记忆中的母亲。

我的父亲

斯多葛学派哲学家有一个方法叫作"消极想象",比如想象你会失去某样东西或者某个人。原因有二:第一,想象有助于减轻真正失去时的痛苦;第二,你会更加珍惜眼前。这是一个非常好的建议。

罗马的斯多葛学派哲学家塞涅卡写道:"我们要爱所有珍视的人……但是一定要记住,我们从未得到承诺会永远拥有他们,甚至没有得到承诺这场陪伴会很长久。"

在母亲过世后的几个月里,我极其害怕失去父亲,不断地做噩梦。失去父亲的恐惧仿佛刻在了脑海里,我在无形之中开始了"消极想象"。

如果说母亲逝世后尚有一丝慰藉可言,那就是我和父亲的关系。失去母亲之后,我和父亲的关系愈发紧密——不仅仅是那几个月,这种亲密感延续至今。我在成家前,一直都和父亲住在一起。哪怕成家之后,三四十岁的我依旧每周和父亲见好几次面。我们有时会在早晨一起出门散步,有时我会去父亲家吃早餐。每年我们还会一同出门旅行几次。一开始只有我们两人(比如去南非和欧洲的时候),后来也会带上我的孩子。我们是父子,也是挚友。

在失去了母亲之后,可能失去父亲的想法(消极想象)让我更加亲近父亲。父亲要走出母亲为他呵护的一方学术净土,我们之间的关系也因此变得更加紧密。父亲不但要承担起母亲的一切责任,也成了我唯一的依靠。我的两个哥哥都已经在航海学院就读,需要照料的方面比我少很多。

父亲很快适应了单亲家长的角色。我个性活泼,容易相处,但是也很懒惰,学习上不上进。老师们觉得我不是个好学生,我也没什么劲头要证明自己。我知道自己不省心,父亲可以说是竭尽全力。

　　　　　　　　　　　　　　　　　　全情投入

他信任我，也总是展示出他的信任，这一份信任终有所得。(我并不是指自己获得的成就，而是指我在青少年时期没有自甘堕落，最终有所进步。)

每当我面对困境时，每当我审视自身的行为时，我经常会反问自己："父亲会怎么做呢？"父亲一直是我的榜样，他的智慧与善良、沉稳与耐心、求知的渴望，还有无尽的勇气，将永远激励我。

我们在苏联时住公寓5楼，4楼一家有8个孩子。父亲开玩笑叫他们"蒜瓣娃娃"，他们长得太像了，我们俩从来分不清谁是谁。

13岁那年的某一天，我从学校回家吃午饭，然后又要再回学校。下楼的时候，"蒜瓣娃娃"的家里飘出了一股浓烟，我又按门铃又敲门，没人回应。我马上跑回家拿了把锤子，然后冲下来砸门，父亲紧跟着我冲下来，意识到情况不妙，他冷静地把我拉到一边，嘱咐我马上回家，打火警电话。然后，他猛地撞开了房门，冲进了大火之中。他搜寻了公寓的每个房间，救出了两个孩子(一个5岁、一个7岁)。他俩当时吓得一动不动，躲在卧室的一条毯子下。如果父亲没有进去，等消防队伍到场的时候，两个孩子应该已经不幸离世了。

消防局在我们学校举办了表彰活动，我被赠予一块手表，上面刻着"勇救火场儿童"。我只是恰好在火情出现时做了该做的事情，报了火警，而父亲则是冒着生命危险走进了火场。

那是30多年前的事了。父亲从来没有把消防局的奖章摆出来过(30多年来我一直没再见过)。他也从没有跟朋友谈及此事。父亲是如此自洽而自谦，不需要寻求外界的肯定或认同。

母亲去世若干年后，父亲和继母菲嘉结婚，她的儿子伊戈尔和我也如亲兄弟一般。

不是当兵的料

摩尔曼斯克的一切都与海港有关。当地的院校要为渔业、航运业培养人才。当时,我的选择不外乎去航海学院或者去航海专科学院。这两所机构都是半军事化院校,学员要住宿,穿海军制服,严格遵守军事化的校规校训,严格执行长官的命令(没有质疑的余地)。

苏联有兵役制,所以国家对征兵并不上心。士兵们的待遇很差(这个说法很保守),发放的补贴只够写信回家要钱。在年轻人心里,服役的两年跟坐牢差不多(当年的说法是这样的,据说现在已经有了很大改善)。在 20 世纪 80 年代,逃兵役不是因为害怕打仗(当时阿富汗战争已经结束了),而是因为害怕在兵营中浪费青春以及受到羞辱,当年新兵被老兵欺负是很常见的。我有一位朋友为了逃兵役,装作得了精神病,还真的进了精神病院。

父亲和我的两个哥哥都从摩尔曼斯克航海学院毕业。父亲在那里教了 27 年书。哥哥和我都不想从事航运业,里奥想当哲学家(他现在的职业是工程师),埃里克斯除了电工其他职业都可以(他现在是丹佛一名成功的房地产经纪人,而且又重拾了自己的艺术天赋,成了一名出色的艺术家)。当时我们的选择极其有限,要么在两所半军事化院校中选择一所就读,要么加入军队。

我八年级毕业后(相当于在美国读完高一),法律有了新的调整:航海学院的学员不能免于服兵役,但是航海专科学院的学员可以。于是,我就进入了专科学院,开始了备受煎熬的生活。当时的宿舍跟军营很像,我们每天都要穿海军制服。我既不喜欢被指挥官牵着鼻子走,也不喜欢那里的课堂,但除此之外,我仅剩的另一个选择更加糟糕。

全情投入

西伯利亚的姑姑

父亲有两个妹妹，一个生活在莫斯科，另一个在 1979 年举家从莫斯科搬去了西伯利亚。我有很长一段时间都在好奇，为什么姑姑一家从来不回来探访我们，也不打电话。我们的家族关系很亲近，有亲人杳无音信实在是太诡异了。直到 1988 年的夏天，父亲告诉我，姑姑并不是搬去西伯利亚，而是移民去了美国。我的第一反应就是憎恶，"叛徒""间谍"几乎是脱口而出。

现在想来确实有些愚蠢，但我毕竟成长在冷战时期。那时候，我们班每个月都会集体去几次电影院观看批判资本主义美国的纪录片——穷人流离失所，黑人遭受私刑，贫富差距悬殊，吃的都是垃圾食品。（其中倒是有一部分真相。）

在苏联的电影中，美国人就是十恶不赦的坏人，而且很多美国间谍的目标就是要摧毁苏联——全苏联人都接受了这些思想。我 9 岁那年参加一个夏令营，有一次出游，旅途中有位外国游客觉得我笑起来很可爱，心灵美（我瞎猜的），给了我一块泡泡糖。我的老师吓得马上把糖收走了，斥责我说，差点儿把小命丢了，泡泡糖可能有毒。

父亲听到我骂姑姑"叛徒"并不惊讶。他耐心地解释说，姑姑一家有着很好的教育背景，但生活一直很贫苦，他们长期生活在苏联的反犹太阴影中，那是一座无形的墙，挡住了生活的去路。

他也解释说，没告诉我姑姑的去向是因为一旦被当地政府知道，后果会非常严重。他和母亲会丢掉工作，两个哥哥和我可能永远不得离境（我们如果要当海员确实会受到严重影响）。我的另一位姑姑就是因为这个原因被降职，她被组织认定有叛变行为。

二等公民

虽然父母一直保护我们不受反犹太主义的影响，但我总能感觉到，自己犹太人的身份好像有些问题。即便是童年时期，我也已经感受到了自己低人一等。

在苏联的护照上，"民族"是必填信息，任何申请程序都需要这个信息。我7岁的时候，父母觉得我有些音乐天分（其实没有），给我报名了声乐课。在填表的时候，老师开始例行问个人信息：父母姓名、家庭地址、电话以及民族。我清晰地记得一股羞耻的感觉涌上心头，我低下头说出了"犹太族"几个字。

苏联的种族歧视与南非的种族隔离不同，犹太人不会受到明目张胆的歧视或者区别对待。我不是说自己的生活充斥着反犹太主义，并没有。但反犹太主义时不时会影响到我们的生活，有些人受到的歧视可能更加明显。20世纪50年代父亲申请大学失败，可能是他受到的最严重的一次影响，除此之外，我们一家受到的歧视并没有比大部分犹太人严重。摩尔曼斯克是一个移民城市，在六七十年代的时候逐步成了文化大熔炉。

不过，我总是将犹太族视作民族身份。在快要成年的时候，我才知道犹太人也是一种宗教身份。我的父母和祖父母并不信教。从我上小学一年级开始，所有宗教的前提都被老师们"否决"——"上帝并不存在，一切都是群体幻觉"。我觉得这些内容并不在教学大纲之中，然而所有的老师无一例外都在重复。父亲告诉我，环境使然，大概如此吧。

认真想来，我当时一个信教的人都不认识。父母也有很多犹太朋友，但都是老师、科学家、医生，他们中也无人信教。

全情投入

移民美国

1985 年苏联落实新的改革开放政策，过去几十年的"洗脑"开始褪色，现实浮出水面。20 世纪 80 年代晚期，能买得起录像机的人不多，但公寓楼地下室的小型录像影院如雨后春笋般冒了出来。和国有的剧院不同，这些小型影院想放什么就放什么，播放的影片也没有经过审核。

当然，影片的画质和声质都很糟糕，因为那些录像带已经被复制了几十次，而且所有翻译过来的人物台词都只有一个声音配音。但这些都不重要了。美国电影满足了我们对多样性的渴求。在看了数百部电影之后，我们发现，美国和资本主义似乎并不腐朽，真难过啊。夏令营老师告诉我，美国人毒害小孩子，可事实并非如此。

但是，在录像里看到美国人吃"狗肉"时，我们确实大受震撼。这个我稍后会解释。

苏联和西方世界的关系开始缓和后，很多美国人和欧洲人开始寄送食物援助苏联人。有一回，家里收到了一大盒罐头食品和包装食品，我们看着那些东西又激动又新奇。我们从来没见过这样的食物，说它们是从外太空来的我们也会信。

其中有一个罐头上写着"Hot Dogs"（热狗）。我的英语水平还可以，知道"hot"是"热"，"dogs"是"狗"，但是"hot dogs"这个词语在俄语中并不存在。所以，我们当时以为，美国人杀狗，还要趁热吃，这着实让我们震惊不已。

1990 年，远在"西伯利亚"的姑姑邀请我们去美国。要是早几年，这种想法在我们看来简直荒谬。可是到了这个时候，我们虽然依旧没能接受美国人的"饮食习惯"，但最终还是决定移民。

父亲觉得我们在苏联的前程并不乐观。1991 年 12 月 4 日，我们抵达美国纽约。在那儿逗留了一晚上后，第二天我们就来到了丹佛。全新的生活开始了，更加艰苦的生活（至少刚开始的时候）开始了，但是我们从未后悔过当年的选择。

不过，我们来美国的经历并没有太多戏剧性色彩。泛美航空公司的那趟航班经济舱超售，于是我们获得了免费升舱。1991年，从苏联前往美国的移民之路已经在前人的努力下变得非常顺畅。到达机场的时候，姑姑和很多友善的陌生人（她的犹太教会教友）正等待着我们，随后把我们带到了布置妥善的公寓中。"自私自利的资本家"竟然如此友善，我们一家感到很诧异。在姑姑及其朋友，还有"犹太家庭服务"（该组织帮助了很多俄裔移民家庭）的帮助下，我们很快就适应了当地的生活。

丹佛跟纽约、洛杉矶大不相同，这也让我们感到诧异。这里没有鳞次栉比的摩天大楼，没有棕榈树，我对美国的印象很大程度上被好莱坞电影误导了。电影中美国的城市都坐落在东西海岸，很少看到中部的城市。而且，美国人随意的穿着多少也让我们感到吃惊（至少在丹佛是这样）。苏联人和欧洲人都非常注重着装，但是美国人（纽约人除外）好像并不太在意。

我上学时学的是英式英语，但确实学得不精，就是死记硬背，从未在真实的对话中练习过。来到美国之后，我发现自己的"标准英语"根本派不上用场，就只能用于买包烟之类的场景，除此之外，我根本听不懂当地人的英语。他们说起英语来都是长串的句子，不是一个一个单词往外蹦的。

虽然语言不通，我还是开始积极地找工作。姑姑教会我说："我想填一份工作申请表。"就凭着这句话，我带上自信的笑容还有勇气，在方圆3千米的街道上逐家企业、店铺敲门（后来我发现有一些是脱衣舞俱乐部）。就这么敲了几个月的门，我在一家健身俱乐部找

　　　　　　　　　　　　　全情投入

到了叠毛巾和清洁更衣室的工作。

电视成了我学英语的重要工具。情景喜剧《拖家带口》让我掌握了大量的日常词汇，主角之一爱尔·邦迪一度是我的学习榜样（后来就不是了）。

在美国的新生活让我兴奋不已——新的朋友、新的环境，一切都是崭新的。

但是父亲和继母刚开始面对的生活有些不同。刚到美国的几年对他们来说特别痛苦，他们要面对一家子的生存问题。父亲不能教书了，于是开始画画。继母在苏联是一名医生，来到美国后只能在酒店里当清洁工。这个转变对她来说尤为艰难。父亲打心眼儿里知道她的痛苦，到了晚上他就会去酒店，让继母休息一会儿，帮她把没整理的床铺弄完。直到今天，我们住酒店的时候父亲一定会给清洁人员留下可观的小费。

几年之后，父亲通过出售自己的画作有了不错的收入，继母辞去了工作，成为父亲的"经纪人"，她的英语不错，父亲的对外沟通也靠她了。

进入投资行业

刚到美国的时候，我没有科罗拉多州的居民身份，如果以非本州身份读大学，学费过于高昂，于是我就去了当地的高中学英语。其实还是有点儿冲击，毕竟离开苏联时，我还有 3 个月就要大学毕业了。在那所高中，我成了最年长的学生，我倒是也不太在意。

毕业之后，我的生活轨迹和很多高中毕业生一样——享受着单身生活，和父亲、继母住一起，找了一份全职工作，然后去上大学。

上了几年大学，主修了 6 门专业，谈了两个女朋友，我终于发现了自己最想做的事情（更准确地说是最热爱做的事情）——投资。和生命中的很多事情一样，这个发现充满偶然。

我当时在科罗拉多州戈尔登的小型投资公司 PVG 资产管理找到一份工作，两位老板——乔·佩科拉罗以及比尔·雷米——都特别好。在 20 世纪 90 年代早期，计算机的性能都不太稳定，公司总是需要找人来修。我没有接受过专门的计算机维修培训，但是经常捣鼓自己的电脑，在修复软件问题上还是比较厉害的。

但是硬件维修我几乎没有经验。有一天，乔让我更换公司服务器的一个显卡。当时还是上班时间，如果要关闭服务器，就要让大家停下手中的活。不知道是因为突然犯了懒，还是因为不想打扰大家工作，总之我做了一个大胆（且愚蠢）的决定，在服务器运作的当下就开始安装新显卡……幸好，我没被电死，但服务器烧了，硬盘烧了，上面的数据都没有了。

接下来发生的一切才让我震惊。其实我心里做好了被开除的准备，至少也会被大骂一顿吧。完全没有。乔开了两句玩笑，比尔看我满脸沮丧，还试图安慰我。他们知道这是无心之举（虽然愚蠢）。两人开始着手解决我带来的问题：购买新的服务器，请专业的 IT（信息技术）维修团队上门，恢复备份数据。第二天，公司就恢复了正常的运转。问题解决了。这次事故要花费我半年工资，公司出了这笔钱，而且也没再提起过。回想起来，我发现乔和比尔早就为如何担当 CEO（首席执行官）做出了表率。每当我遇到类似的情形，一定会提醒自己——尊重他人，言行得体，沉着应对，最好还能有一点儿幽默。

乔后来喜欢上父亲的艺术创作。（现在他也是父亲画作的重要收藏者之一。）将近 30 年过去了，我们还是朋友。2017 年 12 月，我突然收到了比尔的邮件，他对我的成长表示祝贺。然而不幸的是，一个月之后他因为罕见的白血病去世了。

回到 20 世纪 90 年代的故事中，乔和比尔时不时和我聊天，激发了我对投资的热爱。于是，我停了其他专业的课，专攻投资。几年之后，我完成了学校的课业，分析师成了我最笃定的就业方向。但是 PVG 没有这个岗位，于是我开始别处找工作。

我得利用一切可利用的机会。除了给在报纸上登出招聘信息的公司投简历，我还翻出了企业通讯录，把我的简历用传真发给了每一家科罗拉多州的投资公司（那时候电子邮件还不流行）。

说来也巧，资金管理公司 IMA 还没在报纸上登招聘广告就收到了我的传真。这家公司深藏在绿树成荫的丹佛郊区。某天我刚从学校回到家，继母告诉我，"一位礼貌而友善的男士"打电话来，好像是关于招聘的。我马上给对方回了电话。给我打电话的人是麦克·康恩，IMA 的创始人兼当时的 CEO。我和麦克在电话里聊了一会儿，发现 IMA 的办公室就在 3 个街区外。我说自己 10 分钟后就能到，不如见一面。麦克同意了。

接下来的会面并不是一场传统意义上的面试，更像是一次偶然的闲谈。我太喜欢麦克了。他来自艾奥瓦州的一个小镇，镇上就300 来人，他在附近的农场长大，是家里的第一个大学生。而且，他不是普普通通的大学生，是哈佛毕业的高才生。麦克的人生故事可太有趣了，他喜欢历史，喜欢阅读、看电影，还喜欢新奇刺激的人生体验——他曾开过赛车，还在印第安纳波利斯 500 英里大奖赛中参与过维修站的工作。我再也没有遇到过比麦克更擅长谈话的人，他总能侃侃而谈，专注于谈话本身。

麦克竟然也认识乔和比尔，于是给他们俩打了电话。那次事故肯定没有被提及。一个星期之后，我就被录用了。

若干年后，麦克告诉我，当时就面试了我一个人。我永远感激麦克愿意把机会给 1997 年的我。那时的我没有投资经验，英语带着浓厚的口音（当时我在美国已经生活 6 年了），但是麦克看到了我对投资行业的热爱以及不断学习的渴望。麦克成了我的导师，我的朋友，我们还常在国际象棋上切磋（但他一直说我有俄罗斯人的先天优势）。

自此之后，我就一直在 IMA 工作。这是我人生到目前为止最长久的一段关系，比我的婚姻开始得还要早。我从分析的岗位开始干起，慢慢成长为投资经理，2014 年，我成了公司的 CEO。

一位作家的诞生

入职 IMA 几年之后，我开始在丹佛的科罗拉多大学教授研究生的投资课。我享受教书，但是 7 年之后我就"退休"了。有两个原因。第一，我不喜欢打分，尤其是打低分，可能我有"讨好他人"的毛病，总之我打低分的时候，比那些拿低分的学生还要难过。第二，我觉得教学有些枯燥。一门课程教了几年之后对我来说就不大有挑战性了。

另外，2004 年，我开始在 TheStreet.com 网站上写文章。这个网站本身就有点儿实验性质。传统的金融网站内容全部来自专业新闻记者的供稿，但是 TheStreet.com 网站的大部分内容都由专业的资金经理创作，呈现业内人士对市场、经济和证券的观点。网站会带来读者，也会提供"基本保障"——专业审校。

我刚刚接触写作，发现自己燃起了新的热情。我基本每天都要写点儿东西。和教书不同，写作从未令我觉得无趣，时至今日也是如此。如果一个话题不能继续拓宽我求知的边界或者激发我的好奇心，那我就换一个话题。

写作会随着时间推移功力见长。不过，当我客观地看待那段时期时，我发现自己对写作的看法比写作本身的进步要快得多。开始写作不到一年，我就壮着胆给《金融时报》发去了自己的文章，这可是西方世界最重要的出版物之一。想不到我的文章竟然发表了！自此之后，《金融时报》又陆续发表了我的很多文章。

在《金融时报》上发表的文章中，有一篇的内核我觉得可以更深入地拓展。于是，2005年末，我联系了约翰·威利父子出版公司，看看它是否有意愿支持我把这个想法写成书。18个月之后，《积极的价值投资》（Active Value Investing）正式出版。我真庆幸自己年轻时有那股子傲气——毕竟，我就是有自不量力的嫌疑，只不过自己没意识到罢了，换成今天的我是做不出来的。第一本书出版之后，我真的敲开了出版界的大门，我的文章开始出现在更多知名的出版物上——《基督教科学箴言报》《巴伦周刊》《财富》等。然后我又成为《机构投资者》的专栏作家，还获得了几个颇具声望（但小众）的写作奖项。

从给 TheStreet.com 供稿到给《金融时报》供稿期间，我也把自己写的文章通过邮件发送给了朋友和亲戚。坦诚地讲，我这种做法相当于发送垃圾邮件。他们从未提出过要看我的文章，但是也没表示拒绝。有些亲朋好友，不知道是不是觉得我可怜，竟然还鼓励我。

写作就是将自己大脑中的对话呈现出来，我在敲下这些字的时候，也听见自己在说话。这像是与某个人的对话，我往往会把对象想象为自己的读者、朋友或者亲戚。而且，我早期的电邮读者会回复信息，评论我的文章，这令我的想象如有神助。我在写专栏期间，总是想象自己的写作对象是邮件订阅读者，而不是广大的杂志读者。在这种写作方式下，我不是在给陌生人写东西，而是给朋友、亲人写东西，这更容易减轻我的防备，让我更加坦诚，更容易展露出自己随性而尖锐的一面。

写了好几年之后，我发现自己开始进入"生命不止于此"的阶段。我意识到，生活远远比投资丰富。不过，这个觉悟的过程很漫长。首先要从父亲的艺术作品开始。我很爱父亲，他又是出色的艺术家，于是我就把他的画作加入了我的邮件中。

又过了一两年，我开始在邮件中加入古典音乐。有一次我在写文章时正好也在听音乐，具体是什么曲子记不太清了，但是那一刻的触动令我印象深刻。我洋洋洒洒地写下好几段话，加入了几个优兔（YouTube）网站的音乐链接，然后粘贴到了我关于投资的邮件中。有些人无动于衷，但我连着好几次都这么发，不少读者开始感谢我在邮件中融入了古典音乐，这重燃了他们的热情。

对父亲画作的反响很有趣。我持续在邮件中加入父亲的画作，大概有了一两年时间，有一次我忘记加了，结果收到了好些邮件，礼貌但严肃地告诉我说："维塔利，你的文章不错，但一定要记得附上父亲的画才好。"也就是说，我的邮件好像有点儿《花花公子》的意思了——读者翻阅的主要目的是看图片，而不是文字。

我的生活也渐渐融入我的写作中。我觉得自己是"为了朋友和家人而写作"，所以会分享孩子们的成长、有趣的旅程、个人的进步，还会回忆在苏联的童年生活。久而久之，生活故事和投资都成了我的写作重心，有时候前者甚至会超越后者。

正如我在前言中所说，很多读者是因为投资话题翻阅我的文章，却被我的人生故事、父亲的画作、古典音乐吸引。他们的反馈让我不断回到生活故事的写作中。读者告诉我，和投资无关的那些内容给他们的人生带来了重要影响。也有读者让我专注于投资领域，对我个人的成长不感兴趣。

我知道，在我和读者的关系中，我是最大的受益者。关于古典音乐的写作激发我进一步了解这个领域。关于家庭生活的写作让我更加珍惜家人。当我写到一些深刻的话题时，探寻潜意识的过程总能让我重新认识自己，重燃好奇之心。写作历程本身也改变了我，让我从单一维度的价值投资者变成了生活的学习者，让我成了更优秀的人。（我会在下文中进一步讨论"生活的学习者"。）

美国制造

我在快要步入 30 岁的时候结了婚，妻子瑞秋和我有了 3 个可爱的孩子——很快我就要说到他们的故事了。

有时候我不禁会想，如果没有移民到美国，我的生活现在会怎样呢？当年 18 岁的我来到美国，说不出几句像样的英语，那时的我算是弱势群体中的一员吗？我想了很久，也许刚开始的几年，我真的属于弱势群体，尤其是在第一次参加工作面试时，在快餐连锁店塔可贝尔，人事经理跟我说的话我一句也没听懂（最后我也没被录用）。

后来我学了英语，也适应了当地文化，我就拥有了一个很大的竞争优势——对成功的渴望。很多移民都有这个动力，因为他们看到了强烈的对比：曾经的出身与当前的可能性。我不太确定我的孩子是否会有这种动力，不过也不重要了。

但我还有另一个竞争优势——出色的父母。现在，我最重要的任务就是要在为人父母方面和他们一样优秀。

美国人总是面带笑容，但又不会说出真实的想法，对此我过了很长时间才适应。俄罗斯人非常直接，他们一点儿也不拐弯抹角，有话就会直说。我在美国待了好些年（被解雇了好几次），才意识到一个人朝我微笑并不代表对我或者对我的工作表现很满意。

那时候我经常问自己到底更喜欢俄罗斯人的直接还是美国人的委婉。直到 2008 年，我和哥哥埃里克斯再次回到俄罗斯，竟然有种不自在的感觉。我一直在微笑，人们满脸疑惑地看着我的笑容，好像觉得我脑子有问题。他们的直接也很快让我感到疲惫。

　　我想，这样的人生大概可以总结为苏联出生、美国制造吧。

全情投入

> 做出行动的时候不要以为自己还有 10 000 年的时间可以浪费。死亡就在你的跟前。在活着的时候，在你尚有能力的时候，向善而行。

——马可·奥勒留

全情投入在我心中一直是非常重要的事情。一个人是否全情投入一件事，一眼就能辨识。也许你会问，全情是指什么情，投入又要投入哪里呢？我先来讲讲小野二郎的故事。

有一部出色的纪录片叫《寿司之神》，记录了时年 85 岁的寿司店店主小野二郎的故事。他经营的寿司店"数寄屋桥次郎"位于东京某地铁站附近，门面十分不起眼，店内也仅有 10 人的就餐座位。你可能觉得这家小店根本不值得拍一部纪录片吧。

然而，这家不起眼的小店正是世界上第一家被评为米其林三星的寿司店。全球各地餐厅数不胜数，但在撰写本书时，也仅有 135 家餐厅获得过米其林三星。这方弹丸之地还曾接待过美国前总统巴拉克·奥巴马。奥巴马在任时对日本进行国事访问，与时任日本首相安倍晋三在此享用了寿司。

数寄屋桥次郎有什么特别之处呢？答案就是其美味的寿司。每一个寿司的制作都需要全神贯注，正如伦勃朗作画的笔触一般细致入微。小野二郎坚持不懈地追求做出世界上最好的寿司，他也做到了。人生中清醒的每一刻他都倾注在制作最好的寿司上，甚至连睡觉的时间也投入其中。没错，他总是思考着关于寿司的一切，寿司也就进入了他的梦境。

小野二郎对完美的追求体现在数不尽的细节中。有一回，他发现，如果按摩章鱼肉的时间从 30 分钟提升至 45 分钟，就会带出一种重要的风味。还有一回，一对夫妻来到店内用餐，小野二郎特意将给女士的寿司做得小一些。他解释说，希望夫妻两人同步地享用每个寿司，因为女士嘴巴比较小，所以给女士的寿司也做得小一些。是的，他希望两人没有用餐的时差，同时感受寿司的美味。他的每一分投入都是为了精益求精。

小野二郎是工匠精神的典范，毫无疑问，他做到了全情投入。

所以，什么是"全情投入"？

这个"情"，已然超越了肉身，是每个人最核心的部分。只要是自己深度参与的创造性活动，都可以成为全情投入的事情，比如经营公司、创作艺术、写作、投资、做寿司等——任何你认为值得自己付出努力和时间的创造性追求。当你全情投入这件事时，你的每一分注意力、每一分力量、每一分热爱都在其中。

纳西姆·尼古拉斯·塔勒布是我最喜欢的思想家之一，是他让我接触到全情投入的理念。在《非对称风险》一书中，他提到了"风险共担"这个概念，给我留下了深刻印象。

在进一步讨论全情投入之前，我们先来看看"风险共担"。

"风险共担"如果用一句话总结，那就是人们希望和能够同甘共苦的人交往。如果有人通过向你销售产品获得收入，但是在交易出现问题时毫发无伤（比如华尔街的大部分交易），那么这个人就没有与你"风险共担"，他的建议也未必是从你的最大利益出发。

如果小野二郎和他的学徒从来不吃自己做的寿司，那么你我当然也不想吃。他们吃自己做的寿司，就是把自己的利益和食客们的利益连接在了一起，食客们不必担心自己会因为食用他们提供的生鱼片而生病。

我对投资公司 IMA 进行了细致的规划，因此，我也有了"风险共担"的体验。客户的成败决定了公司业务是扩张还是缩水。但是，我并不认为这就是真正的"风险共担"，最多只是关系到小手指的一点儿指甲盖儿罢了。我用我家所有的流动资产净值——也就是我的毕生储蓄——和客户一起买入了同样的股票，我与他们才算"风险共担"。我和我的至亲与 IMA 的客户要共同承担我的决策带来的结果。

全情投入则是将"风险共担"带入更高的境界。现在，公司的所有者不仅与客户风雨同舟，而且与产品或服务紧密地联系在一起。一个人的创作和他的身份已经不可分割，他的自我价值又和他的创作交织在一起，就像小野二郎和他的寿司。

塔勒布通过对工匠的讨论阐述了全情投入的概念。热爱自己所做的工作，那么工作就不再是工作，工作就会成为技艺。你会将骄傲与热忱、耐心与细心投入其中。

《寿司之神》中也出现了这一概念。小野二郎的一位学徒历经 10 年才被允许做玉子烧，接下来的几个月，做玉子烧成了他唯一专注的事情。做了 200 批玉子烧之后，他终于得到了小野二郎的认可——可以被称为"工匠"了。

工匠精神是什么，全情投入是什么，（在塔勒布的帮助下）我是这么理解的：工匠有着不容亵渎、不可打破的禁忌，绝不因为经济利益而妥协。

我的父亲从事过不同的职业——教师、科学家、发明家、画家，但无论在哪个领域，他都秉持着工匠精神。在苏联时，父亲是大学教授，在摩尔曼斯克最著名的大学教书。在当时的苏联，贿赂行为屡见不鲜，如同在美国丹尼斯餐厅就餐要给小费一样。父亲也经常遇到行贿以求考试通过的学生，每一次他都毫不犹豫地拒绝了。所以我们当年的生活也并不富裕。

不过，有一回父亲也徘徊在了打破禁忌的边缘。那时我的母亲身患重病，我们在药店却无法买到所需药品（这依旧发生在我们在苏联时）。一位学生家长表示"有关系"，如果自己儿子能通过考试，她保证能帮我们拿到药品。后来，那个学生通过了考试，因为父亲连续辅导了他好几个星期，而不是随手给了一个他不该得到的分数。

后来，我们移民到美国，父亲已经 58 岁，开始学英语，要再继续从事教学已经来不及了，于是他把自己的爱好——绘画——变成了职业。很多苏联知识分子移民美国后最终去开出租或者去做酒店清洁工，而父亲在艺术领域取得了新成就。他热爱艺术家的身份，但他在这个领域也有禁忌。对他来说，绘画首先是一门艺术，其次才是一个职业。收入从来不是影响他作画的因素。如果他答应了客户提的要求，必然是因为他对绘画的主题有兴趣。他从不会按照流行的趋势来决定自己要如何创作。为他指明方向的永远是艺术，而不是金钱。

在工匠心中，对技艺（近乎艺术）的热爱是第一驱动力，其次才是经济层面的考量。

沃伦·巴菲特说自己是跳着踢踏舞去上班的，去工作不是因为迫不及待想要再挣个十亿八亿——很多钱他都捐出去了，去工作是因为他喜欢投资。他就是一位工匠，投资就是他的艺术、他的技艺。（在后文中我会具体讨论。）他经常说，自己创建伯克希尔·哈撒韦公司的过程就像是米开朗琪罗绘制西斯廷教堂天花板的过程。

小野二郎的餐厅仅有 10 个座位，每位的固定餐费是 300 美元。店里没有菜单，小野二郎会根据自己的排序提供 24 个寿司，帮顾客达到最佳用餐体验。一般顾客几乎预定不到小野二郎的寿司店的位置。最近，米其林因此而撤销了该寿司店的三星评级。这对寿司店的生意并无实质影响，一座难求的情况依然在持续。如果营收是小野二郎经营寿司店的主要动力，那么他可以扩大店面，开设连锁店，也可以翻倍收费。但他没有这么做。金钱只是次要的，只是其所做一切的副产品，不是目标。他追求的是做出最好的寿司，经济上的成功会随之而来。

我也能够体会这种感觉。面对投资这项极其耗费脑力的工作，我有幸每日参与其中。这是一个永无止境的自我提升过程。虽然我没有巴菲特的财富——那也不是我的目标，但是"跳着踢踏舞去上班"我却感同身受（虽然有时候我会骑单车或者打车去上班）。

从一开始无心插柳到后来全力以赴，我打造出了自己的完美工作。上班下班并不是我思考投资决策的起点和终点。当然，我还没有达到小野二郎那般专注，我的梦中还没出现股票。但是，这件事情确实时时萦绕在我脑海。虽然听着有点儿不太健康，工作与生活之间不停地拉锯，但我并未想要改变。

假如我中彩票得到 10 亿美元，我每天的生活也会依然如此——只是要尽力克制不过度宠溺孩子们。投资已经成为我毕生的事业。如果 IMA 发展到某一刻，我觉得规模影响到投资决策或者公司服务的质量，那么我会选择刹车，停止吸收新的客户，像小野二郎的餐厅一样只设置"10 个座位"。

工匠是生活的终身学习者。写下这句话的时候我又想到了父亲。在他将近 70 岁的时候，他的作品在多家博物馆展出，也在诸多美术展中获奖。有一次，他发现自己喜欢的画作出自当地某位画家，而且这位画家开设了大师课，他马上报了名。获得的成就并没有成为他的包袱，他只是看到了自己可以学习的机会。他也确实有了收获。

"生活的学习者"对我也是非常重要的概念，也曾是本书的候选标题。在本书中我会多次重复这一点，因为这真的值得。保持终身学习的态度，永远向新的知识敞开心扉，才不会被过去的成功、膨胀的自我阻挡前进的脚步。这刚好与下一点相关。

工匠总是在不断追求进步。小野二郎做了 70 多年寿司，依然在学习。他说："在我这个年纪，在我的工作中……我还未达到完美……我总渴望去实现更高的目标。我会不断攀登，不断向着顶峰前进，但是没有人知道顶峰在哪里。"做出最好的寿司就是他唯一的目标，是他执着的事情。小野二郎的大儿子也秉承着同样的价值观。他说："要看得更高、更远，要不断提升自己，要持续精进自己的技艺。"

工匠有着非常精准的专注点。小野二郎说过："我不断重复同一件事，一点一点把它做好。"斯多葛学派哲学家爱比克泰德也说过："你专注的方向会造就你。"高度专注，持续提升，终身学习，这就形成了无可比拟的强大力量。

印象派艺术之父克劳德·莫奈绘制鲁昂大教堂的故事就呈现出了这个力量。1892 年，莫奈租下了鲁昂大教堂对面的一间公寓。（我在后文中会详细讲述这个故事。）在接下来的 6 个月中，他作画的对象就只有一个，没错，就是大教堂。莫奈致力于研究光影。他写道："景观从不是独立存在的，其外观每一刻都在变化，周围的一切——光线、空气不断变化，让其有了生命。"

莫奈确定了他的专注点，沉浸在大教堂及其光影的魅力中。他给妻子的信中写道："我画起它来像发了狂，我无时无刻不在想着

全情投入

大教堂。"在之后的 3 年中，他绘制了 30 幅大教堂画作。（其中有很多是之后在工作室完成的。）

当年的莫奈已经 52 岁，功成名就，而且他已经画了 40 多年。即便如此，他还是继续学习光影——他也是生活的终身学习者，也希望不断提升。

最后，全情投入的事业总体上对社会有着积极贡献。这一点有些抽象，但是同样很重要。工匠不仅仅意味着拥有一门技艺，掌握其中的技能，同时也意味着做人的态度、社会意识以及对社会福祉做出贡献的责任。这与我秉承的核心价值观一致—— 我的人生应该让世界变得美好一点儿。否则生命的意义是什么呢？

对了，这不仅仅是一种无私奉献，也是一种牵涉个人利益的付出，因为你带给世界的一切终将回馈到自己身上。

以下是我努力生活的方向，也是我对孩子们的希望。

> 设定不容亵渎的底线。*
> 热爱自己的事业。
> 做生活的终身学习者。
> 专注，不断追求进步。
> 发掘事业中的工匠精神。
> 秉承工匠精神。
> 为社会做出积极的贡献。

[* 对于工匠来说，金钱是所做事情的衍生物，质量、工艺才是第一位的。近些年，随着计算机的发展和投资顾问的出现，"现代投资组合理论"应运而生，希望将投资"科学化""制度化"，但这是一个优雅却有着根本漏洞的理论框架。养老基金等许多大型基

金会雇用了大量投资顾问对投资经理的数据进行详细的分析（计算机发挥作用的地方来了）。

一个经理负责的基金资金流动完全取决于短期业绩以及个人与同行的对比。对于投资经理来说，这个过程并不抽象，他的奖金甚至工作合同就和基金的业绩绑定在了一起。他需要养家糊口。所以，这些激励机制使得机构投资行业最终成了华尔街版的"饥饿游戏"——在这里，赢得游戏比客户利益更加重要。

"长期"的概念在游戏中并不存在。如果短期内就面临失业风险，谁还会关心长期的事情？经理们开始向基准数据靠拢——如果偏离基准太远，"那你就没做该做的事"。在买卖决策中，长远看来更具高回报的选择比不上同行的选择。（在这种情况下，风险并不是波动，而是永久性的资本损失。）

当一位客户把毕生积蓄交到你手中，你也知道自己的决策将会直接影响他们的人生，"饥饿游戏"根本不应该成为一种选择。

有一句老话：公司会得到自己应得的股东。对投资公司来说也是如此。我们坦诚地表达自己的价值观，也会得到我们应得的投资者。IMA 很幸运，吸引了与我们价值观相同的客户。我们的增长可能比华尔街的某些公司要慢，但不顾一切只看增长从来都不是我们的最优选择。

在 IMA 你经常会听到的话是"需要全情投入"。这是我们工作的核心。无论是公司还是我个人，徒有虚名的事情我们从来不做。毕竟，声誉得来不易，却可以在顷刻间灰飞烟灭。我们如果做到了全情投入，即便我们偶尔会犯错，也永远不必担心声誉。

正如罗马帝国皇帝、斯多葛学派哲学家马可·奥勒留所说："把生命中的每一次行动都当作此生的最后一次行动。"]

如果你做到这一切，也许你的银行账户存款不是最多的，但是你的人生必定是丰满而富足的。是的，就是这么简单，全情投入！

最后，我想与大家分享小野二郎对所有人的建议："一旦你决定了自己的事业，你就必须让自己沉浸其中。你要爱上自己的工作。不要抱怨工作。把自己的生命投入你想精进的技艺中。这就是成功的秘密……也是人得到敬重的原因。"

初为人父

对我来说，育儿是最困难也是最有成就感的工作。

初为人父的我其实没有做好充分的准备。

瑞秋和我结婚后的一年零一个月，乔纳出生了。那时候瑞秋22岁，我28岁。我还记得，瑞秋告诉我她怀孕的那天，我正坐在椅子上看书。听到消息的那一刻，我闭上眼睛，整整一个小时没说话。我说不出话来，不是因为被幸福冲昏了头，而是陷入了惊诧中缓不过神来。当时我们还在还学生贷款，过着紧巴巴的日子。在得知瑞秋怀孕的那一刻，我的大脑里马上闪现出一张张账单——尿布、奶粉、托管中心、小学、中学、大学的各种账单……

直到写下本书的此刻，我依然对自己当天的表现自责不已。在那一个小时里，瑞秋又经历了什么呢，我不敢想象。那天，我给父亲打去电话，分享着"幸福"的好消息，还有我的担忧。父亲很冷静，但我可以听出电话那头的喜悦。他说："地球上有60亿人，有那么多的父母，他们弄明白了，你也会的。"挂了电话之后，我不太记得自己做了什么，但有一点我很清楚，我坚定地接受了必然到来的事情——瑞秋和我要成为父母了。

2001年，乔纳出生；2005年，汉娜出生；2014年，米娅·萨拉出生，我们家女性的数量反超男性。他们即将登场，下文中会有很多幸福的亲子时光，育儿的高光时刻，正是那些时刻给了我很多写作灵感。当然，为人父母也有不少艰辛。

乔纳一直到 10 岁都无法独立入睡，这也就意味着瑞秋和我有长达 10 年的时间缺乏充足的睡眠。我花了 10 年才想到一个办法——买一个苹果公司出的 iPod 播放器。我将它买回来之后放在了架子上，然后跟乔纳说，如果他能连续 20 天自己睡，这个就是奖品。成功了！在后文中你们会发现，3 个孩子里，能被我"贿赂"的只有乔纳。谢啦，苹果公司！

老实说，当年我也不太确定乔纳长大后能自食其力。在他 16 岁的时候，我都还在为他的前程感到担忧。他不但成绩一塌糊涂，而且无论是成绩还是其他事情，他总能怪到别人头上。总之，他丝毫没有学习的动力，我也毫无办法。

升入高年级前的暑假，乔纳和科罗拉多州的小伙伴们一起去以色列旅游。这一趟回来，他可以说是性情大变，在他身上，"成熟"好像不是过程，而是个神奇的开关。他开始认真对待学业，之前 1.3 的平均绩点竟然冲到了 3.9。他开始认真兑现每一个承诺。现在，19 岁的乔纳令我倍感宽心。

汉娜怎么样呢？世界上本不存在完美的孩子，但是，我完全想不到一丝半点儿她让我担心的地方。我们一起去滑雪的时候经常走散（她那时候 4 岁），但是问题主要在我，跟她没关系。

米娅·萨拉呢？7 岁的时候，她发现自己不喜欢蛋黄酱。不过，她的不喜欢并不局限于自己不吃，而是全家人都不能吃。如果我晚上在厨房吃沙拉，她一定会下楼检查我的盘子里有没有蛋黄酱。她还会检查冰箱里蛋黄酱瓶子的位置，看看有没有被移动的迹象。如果真的看到家里有人在吃蛋黄酱，她立马就会哭。我还特意研究了这个现象，结果发现，世界上竟然有着很多和米娅·萨拉一样讨厌蛋黄酱的人，他们还造了个词——"蛋黄酱恐惧症"。美国前总统奥巴马也是其中一员，但是他应该不会禁止其他人在家里吃蛋黄酱吧。米娅·萨拉可不一样。

我们和所有家庭一样，在清晨着急忙慌赶着去学校，每个人紧绷到不行，早餐边走边吃，午餐要出门前才打包好，迟到也挺常见的。车子里常有孩子们关于听什么歌的争吵，有打翻的酸奶，也有每个家庭司空见惯的琐碎。以下关于育儿的故事有一个大前提：这不是一位育儿专业人士的故事，这只是一位普普通通的父亲的经历，他曾在惊诧无言中迎来做家长的时刻。

2014年1月11日，妻子瑞秋与我又为世界带来了一位美国公民（有美国总统竞选资格的那种）——我们的小女儿米娅·萨拉·凯茨尼尔森。

瑞秋有一段时间特别想要第三个孩子。怀上米娅·萨拉的时候，乔纳12岁，汉娜8岁，所以说，她也等了挺长一段时间。我之前一直觉得两个孩子就够了，而且儿女双全，多好。然而，步入40岁的那一年，我好像有了更大的私心。我发现，乔纳再陪我5年就要去上大学了，汉娜还有9年，总之我的滑雪伙伴可能很快都要离我而去了。我得提前计划好，我得有个更长久的滑雪伙伴！

这回竟然是我提出再要一个孩子，妻子大吃一惊。当我开口的时候，她的反应是："你是要再写一本书吗？"

看，我们很快达成了协议——如果我再写一本书，那我们就再要一个孩子。好几年来，我既不想要孩子，也不想写书，对我来说这些都不重要。（米娅·萨拉的出生让这本书成为可能。）

新的家庭成员也改变了孩子们的状态。我们最担心汉娜——她不再是家里最小的孩子了，但是好像她到目前为止都没有异样，我们依旧会买冰激凌逗她开心，还去滑了几次雪。对她的关注并没有减少，至少她哥哥和我对她的关注有增无减（妈妈的重心还是在小女儿身上）。我们并没有提前询问新生儿的性别。已经是第三个孩子了，让等待的过程多一点儿悬念也无妨。我们问了乔纳和汉娜，想要弟弟还是妹妹，乔纳说想要弟弟（因为已经有妹妹了），汉娜想要妹妹（因为哥哥是男生，她希望多一个女生）。总之他们的逻辑非常相似。当然，他们不可能同时如愿以偿。

性别未知让怀孕的过程充满了更多乐趣。我们的大家庭里几乎所有人都觉得是男孩，我的岳母和继母最为坚定，她们斩钉截铁地表示，从瑞秋肚子隆起的形状看，绝对是男孩，甚至开始用严谨的方法来论证，讨论过去很多人怀孕的时候肚子是什么形状的。（我把她们说的话都录了下来，这些日后都是笑料。）我自己在这方面没有研究，但她们的执念太好笑了，激起了我唱反调的心情，于是我录音的时候把自己的话也录进去了——我觉得是女孩。

我还和一位犹太教的拉比约定好，如果是男孩的话，就让他来给孩子行割礼——"拉比，1 月份的时候，我们家有 50% 的概率需要您的服务。"

我的妻子也准备了两个色系的衣服——蓝色和粉色。这件事我也一直没搞懂，难道孩子们对颜色很挑剔吗？可能吧。

就在写下这些文字的前一天我才意识到，米娅·萨拉的降生也改变了我们家庭的性别平衡，男性从此成为"少数群体"。

致孩子

孩子是我们发往未来时代的信息。

——约翰·F.肯尼迪

在为人父母之前,你也许很难有关于这件事真切的感受。清晨5点钟,我正在写作。我戴着耳机,贝多芬的《月光奏鸣曲》在耳边萦绕。天还没亮,妻子和孩子们仍在睡梦中。

这是幸福的感觉。

两个小时后,他们就会起床,我们会一起吃早餐,然后我会开车送孩子们上学。乔纳(16岁)要跟我"协商"一下到底该放什么音乐——古典音乐可不是他的最爱。汉娜会支持哥哥,米娅·萨拉(4岁)会提出自己的想法,必定是"小火车的轮子转啊转……转啊转……转啊转……"。我们最终会达成一致。乔纳拿到了临时许可驾照,他会开车带我们穿过一个漂亮的公园。我先把乔纳送到高中,再把汉娜送到初中,最后把米娅·萨拉送到学前班,一一和他们拥抱、亲吻、告别。

在写下这些场景时,我的心中百感交集。我知道,这一切都有终点。总有一天,他们会长大,家里只剩下瑞秋和我,刚才的一幕幕会慢慢变成遥远的幸福回忆。我多么希望这不会结束啊,我多么希望孩子们不会长大啊。然而,成年礼总在不断地提醒我,他们一定会长大！总有一天清晨，车里不再有他们的喧闹，校门前也不再有我们的亲吻与拥抱。

证券市场、经济理论、时事政治……与此相比都显得无足轻重了。几天前，汉娜过完了她的成年礼。这是她人生中最重要的日子之一，对于犹太裔的女孩，成年礼的重要性大概仅次于婚礼以及迎接第一个孩子。

在汉娜的成年礼上，我想表达对她的爱，也想告诉她成年的意义。前者比较简单，后者有些难度。

以下是我当天的演讲。

　　亲爱的汉娜：

　　每每想到你，我脑海中的第一个词就是"阳光"。你从小就爱笑。早晨我叫你起床，无论多早，你睁开双眼的时候总是冲着我笑。

　　没到4岁时你就开始滑雪了，没有一丝胆怯，没有一丝犹豫。你只有一个方向，就是前进。当然，滑雪给我们带来了其他的挑战。在基斯通滑雪场，在维尔滑雪场，我经常把你弄丢。

　　如果你妈妈知道我弄丢了你多少次，她应该已经学会滑雪，而且必定要跟着我们去了。

　　我尽量不去想弄丢了你多少次，多想想自己找到了你多少次。

　　刚开始弄丢你的几次，我可太慌了。你还那么小，滑雪场那么大。你刚开始滑雪的时候，我头发还很茂盛，那一年之后我就没剩多少头发了。

　　每次我们走散，你不哭也不闹，你会找人借电话，然后打给我。电话接通后，传来的总是你淡定的声音："爸爸，我在这儿。"

你总是洋溢着幸福快乐。无论走到哪儿，你都会用你的微笑为那里带去阳光。

这种由内而外的快乐太可贵了。

愿此与你常伴。

我总是在想，有什么独属于犹太民族的建议能在今天告诉你呢。我的心中充满矛盾。我在苏联长大，那个时候没有宗教，不仅没有犹太教，其他宗教也没有。在我7岁的时候，学校里面不断重复的话就是"宗教是麻痹大众的毒品"。

在18岁以前，我一直以为"犹太"仅仅代表民族，而且在那时的苏联，犹太族是一个不受待见的民族。

我的父母、祖父母都不信教，在我的成长中也就完全没有宗教信仰这回事。但是后来我意识到，关于宗教我有一个独特的视角，那就是我是从旁观者的角度看待犹太教的。下面我来分享一下我的看法。

一个犹太女孩的成年礼意味着什么？虽然我是犹太人，但是我的家庭里没有人信教，所以我得去查一下这个话题。我当然直接打开了现代智慧的来源——维基百科。

根据犹太律法，犹太女孩成年意味着她要对自己的行为负责……要自己承担犹太礼法、传统以及道德规范中对她的要求。

这对你来说理论上意味着什么呢？在我解释之前，我要先强调这只是"理论上"。

现在，你有资格被召唤到犹太教仪式的讲坛上诵读《妥拉》。

但是，妈妈带你去的是正统派犹太教堂，只有男性才能在讲坛上诵读《妥拉》。

你如果真的非常想有这个经历，跟我说一声，我马上开车带你到改革派犹太教堂，哪怕是安息日，我也会带你去。

你现在已经有权走入婚姻，至少根据犹太律法，你已经有了这个权利。

我想，圣贤们的意思就是你有权和书本或者学习结成更紧密的关系吧。

我很了解你的母亲，她不希望你过早地进入恋爱关系中。当然，如果有可能，她希望你将来能找口腔科毕业的犹太裔男孩当男朋友。你自己想追求什么事业都可以，只要最后人们对你的称呼是"汉娜·凯茨尼尔森博士"就行（汉娜·凯茨尼尔森特许金融分析师也行）。

作为凯茨尼尔森家族的一员，你要把家族传统传承下去，那就是对知识的追求以及终身学习的习惯。

我的父亲、你的祖父瑙姆是一位博士，他在 76 岁高龄的时候回到大学中学英语。我的奶奶艾米莉在 70 多岁的时候还在学英语、上声乐课。我的爷爷沃洛迪亚在 80 岁的时候还在翻译各种语言的科学论文。这仅仅是你爷爷这边的长辈们。

心跳不停，学习不止。

在今天之前，根据犹太律法，妈妈和我要对你的一切行为负责。

无所不知的维基百科还告诉我们，"根据传统，父亲要感谢上帝，从成年礼当天开始父亲将不再会因为孩子的罪行而受到惩罚"。其他父亲需要这么做，我不用。你能有什么罪呢？我能想象到的就是滑雪超过爸爸。如果一个 12 岁的女孩超越了 44 岁正值巅峰期的滑雪高手，确实不是很好。

现在，你有义务遵循《妥拉》中的 613 条戒律。

这才是我希望你认真思考的话题。

我希望，你从以下 3 个方面来思考自己的犹太人身份：传统、宗教、哲学。弄清楚三者的源头确实有些难。

我的建议如下。首先，对待宗教要像很多美国人对待前总统特朗普一样——严肃但别较真儿。犹太哲学中有着太多大智慧。

如果你要遵循 613 条戒律，你可能很快就会"只见树木，不见森林"。世界各地的基督徒要遵循"十诫"已经很困难了，犹太人竟然有 613 戒。

作为旁观者，我可以感受到遵循戒律的压力，也能理解为什么有时候遵循戒律的生活会变成由恐惧驱动的"修行"。

你在滑雪的时候一往无前，从来没有过恐惧，在人生中，也不应让恐惧成为驱动你的力量。

我喜欢犹太教以及犹太哲学给予你不断提问的勇气。

两个犹太人，三座犹太教堂——我们需要不同观点的存在。

对任何事情保持质疑精神，寻找意义所在。如果你能接受 613 条戒律，那一定是因为你选择接受，而不是因为恐惧而接受。

最后，在你的生活中，你不仅要对自己和你未来的家庭负责，还要对你的兄弟姐妹负责。乔纳和米娅·萨拉也在场，这句话对你们 3 个都适用。你们兄妹 3 人永远是彼此生命中最重要的人。永远如此。

汉娜，你是我的阳光。我知道当你长大时（根据犹太律法就是从今天开始），你必定会成为优秀、善良、体贴的人（你已经是这样的人了），会为身边的人带去温暖。

妈妈和我都为你感到非常自豪。

祝贺你成年！

我为什么要用古典音乐"折磨"孩子

刚开始，让孩子接受古典音乐的"折磨"完全是无意识的行为。

可能是由于惰性，我直接搬来了父母的一套。既然他们这么做了，我也照做，总没错。但是，我最近才意识到这是父母在通过后天努力培养我的音乐细胞。父母培养了我对古典音乐的热爱，这是他们给我的最好的礼物之一。

和很多犹太家庭一样，我的两位哥哥被迫去学了几年音乐。他们都不喜欢钢琴课，但不得不上。后来有一次，父母亲眼看到大哥从钢琴上拔琴键，他们终于选择接受现实。我逃过了钢琴的折磨，因为 11 岁那年母亲去世了，父亲突然要独自照料 3 个孩子。他给我报了钢琴班，但是我一点儿兴趣都没有，他也没有精力敦促我再试一把。上了几节课之后我就没去了。

10 年之后，21 岁的我又开始上钢琴课了。这一回完全是自愿的。但是，我不想从基础学起，太无聊了。我就直接从拉赫玛尼诺夫的《第三钢琴协奏曲》开始了。想也不用想，我学得一塌糊涂。

乔纳和汉娜都去上了钢琴课，都没什么兴趣（小女儿才 4 岁，目前还能逃过一劫）。妻子和我找了不同的老师，可是我们最终意识到，钢琴还是和我们两个大孩子无缘。作为家长，我有责任推动孩子们去尝试新的东西，甚至可以在一定程度上要求他们去尝试（至少得让他们克服懒惰吧，谁不知道出门玩耍比在家练琴有趣呢）。

与此同时，作为家长，我也要意识到要及时止损。

父母虽然让我们去学钢琴，但是从未强迫我们听古典音乐，而是选择了言传身教。他们会在家里播放古典音乐，不但称赞古典音乐，也称赞古典音乐的听众，还会带我们去音乐会。其实我对演奏没多大兴趣，但是会耐心地等待中场休息时间——他们会给我买甜点（对于那个时期的我来说这绝对是一大享受）。

因为童年时期的耳濡目染，后来的我才很快又爱上了古典音乐。

古典音乐是复杂的。我可能有以偏概全的嫌疑，但是总体上古典音乐比流行音乐复杂得多。乐曲中有很多的主题（故事），就像是深藏在平静水面下的暗流，没有下水的人无法感受到。有些古典音乐一听就会爱上，还有一些需要花心思，多听几次才能听懂。

父母早早让我接受古典音乐的熏陶，为我欣赏音乐奠定了基础。母亲最爱拉赫玛尼诺夫的《第二钢琴协奏曲》，我已记不清她反复播放了多少遍。我在很小的时候就喜欢其中的某些段落，到了18岁那年再次听到时，整首曲子一下就击中了我。

父母为我打开了古典音乐的大门，让我的生活变得更加美好、更加丰满。古典音乐与其他艺术相似，能够让人觉察内心深处潜藏的情绪，难以用言语描述的情绪。古典音乐能带来五感通达的体验，这是艺术的馈赠。古典音乐已成为我生命的一部分，如果古典音乐突然消失，那么生活该是多么索然无味啊。

所以，我想明白自己为什么要用古典音乐"折磨"孩子们了。这是身为父亲的我想要赠予他们的礼物，哪怕再过十几二十年他们才会发现。

阅读与听音乐

～～～～～～～～

　　12 岁的汉娜简直是我遇到过的最沉迷读书的人。刚刚开始阅读的时候，她只是偶尔读一两本书，为了鼓励她，我提出每读一本书就奖励她 10 美元。接下来的几个月里，她简直是手不释卷。我开始担心她就是为了钱才那么干，根本没有享受到读书的乐趣。几个月过去了，我已经奖励了汉娜 120 美元。有一天她突然跟我说，不需要奖励她钱了。她觉得很内疚，因为本来买书就要花钱。我很欣慰。真的，我还没见过谁像她那样沉迷阅读，一本接着一本，丝毫没有倦怠。

　　妻子和我从不限制汉娜在购书上的花费。她想看一本书，就先去数字图书馆找，如果没有，就在亚马逊的 Kindle 商店里购买，或者我们会去巴诺书店（美国最大的连锁零售书店）购买。汉娜喜欢读书，而我特别喜欢往返书店的路途。巴诺书店一直开着，我们几乎每周都会去一次。我们规定汉娜每次只能买一本书，这样我们购书的习惯就会一直延续下去。

　　有时候到了周五，我接汉娜和米娅·萨拉放学，然后就一起去巴诺书店。这家店以前主要的业务是卖书，里面有一家星巴克。不过随着亚马逊和数字时代的发展，这家店的主体似乎变成了星巴克，卖书好像成了副业，甚至还开始卖玩具。没带米娅·萨拉去之前，我都没意识到店里有那么多玩具，她第一次去的时候就想要买。我

　　　　　　　　　　　　　　　　　　　　　全情投入

们最终达成协议：去巴诺书店的时候只能买书（就像去星巴克时只买棒棒糖蛋糕）。现在每次踏进巴诺书店之前，米娅·萨拉都会认真地说一句："知道了爸爸，在这里只能买书。"

汉娜在青少年读物中畅游时，我会陪着米娅·萨拉在幼儿读物区域寻找适合她的书籍。让米娅·萨拉多接触书籍，多沉浸在这种积极的体验中，可能也会让她成为像姐姐一样爱读书的人。与此同时我们也创造出了一起去书店的小仪式。

在学前班毕业典礼上，汉娜被问及长大之后的志向，她想了一会儿，微笑着回答："我想成为作家，像爸爸一样。"

我从未将自己定义为"作家"，而是把自己当作"投资专栏作者"。汉娜不知道两者的区别，但是孩子们经常看到我工作——要么在读书，要么就盯着电脑码字。

阅读也给汉娜带去了意料之外的好处，最近她开始写故事了。她的文笔生动有趣，细致入微，故事情节跌宕起伏，人物性格极为阴暗（感觉弗洛伊德从她的人物身上能取得不少收获）。

自从我开始写作之后，我的阅读习惯也发生了改变，现在的我不仅是以读者的身份在阅读，也是以写作者的身份在阅读。纯粹的读者只关注内容，但是，有了写作者的身份，我开始关注内容的表达和呈现、句子结构，还有作者的语气。

乔纳和汉娜对投资都没什么兴趣，为此我有些伤心，毕竟，我们一起研究股票的场景可太令我动心了。最近，汉娜和我也聊了一下。瑞秋对她的希望和所有犹太家庭的母亲一样——成为医生。不过我告诉汉娜："你在选择职业的时候不需要取悦我们任何人，你需要取悦的人是自己。无论你做出什么选择，我们都会无条件地支持你。我们希望你能幸福，只要你是幸福快乐的，那我们也就会幸福快乐。"

这里就要谈到一个我经常被问及的问题：如何让孩子去听古典音乐呢？我发现，培养孩子对古典音乐的兴趣和培养他们的阅读兴趣很相似。父母在这个过程中一定要小心、要耐心。要达成目标也需要很多微妙的助推。

我在育儿方面绝非专家，和所有家长一样，我也是在错误中学习、进步的。但是，对于如何培养孩子们对古典音乐的兴趣，我确实有很多思考，因为古典音乐在我人生中的影响也在不断地增大。古典音乐的世界太精彩了，我当然想让自己的孩子深入其中。

我发现，孩子们在小的时候，总是特别喜欢和我待在一起。他们和所有小孩一样，也喜欢吃糖。我带他们去听古典音乐会，出门这一路肯定会有好吃的，一般我会在中场休息时给他们买冰激凌、汉堡、薯条或者曲奇饼干。

我记得 11 岁时，父亲带我去看亚历山大·鲍罗丁的《伊戈尔王子》，观演时我一直很安静，有两件事让我印象深刻。一个是台词"哦！给我自由，给我自由让我能洗脱耻辱"。另外一件事就是中场休息时父亲给我买了一块蛋糕。是的，我耐心地等待着中场休息，因为父亲承诺会给我买一块蛋糕。那是 30 多年前的事情了。我觉得在汉娜一开始读书时给她的奖励，也是一种类似的助推。

爱上古典音乐并不是一蹴而就的事情。古典音乐不是一下就能听懂的，需要下功夫——父亲这么向我描述。要听自己还听不懂的东西，确实乐趣不大，这也是要耗费精力的。

不过，父母除了带我和哥哥去音乐会，也会在家听古典音乐，让我们生活在有古典音乐的环境中，这是父母能做的最大努力。当我在若干年后重听古典音乐时，童年时期深藏在记忆中的音乐种子瞬间苏醒。无论是在家还是在上学路上，我都会和孩子们一起听古典音乐，有时候我们也在优兔网站上观看演奏视频。

　　　　　　　　　　　　　　全情投入

米娅·萨拉通过观看《小爱因斯坦》等动画片接触到了古典音乐。几天前，她跑过来问我："爸爸，这是什么曲子啊？"然后哼起了贝多芬《第五交响曲》开头的调子。我火速打开电脑，在优兔上找来视频，她安静地坐在我腿上认真聆听，我们甚至还有模有样地指挥起来。她坚持了7分钟，很不错！

　　作为家长，培养孩子的阅读兴趣或者音乐兴趣需要一定的"手段"（要投入时间，要准备好美食，有时候还得花钱）。言传身教也很重要，父母自身要有听古典音乐、阅读的习惯，无论是去书店抑或是去音乐会，请陪着孩子们（这也是我最喜欢的部分）。

一切都有终点

汉娜 14 岁了，我被她超越同龄人的成熟所震惊（也为她父亲的不成熟感到汗颜）。

去年夏天，汉娜开始打排球，她特别喜欢这项运动，先是参加了排球夏令营，然后又在 9 月份加入了排球队。

一开始，汉娜在 14 岁组别的队伍里，能力非常出众，教练还说要让她当队长。后来，项目总教练看到了汉娜在场上的表现，跟我说汉娜有一双"好手"，提议把她转到 15 岁组别的队伍里（当时汉娜才刚过 14 岁生日）。我转头就开始喊她"好手汉娜"！

妻子和我对总教练的提议有一些犹豫，是选择在较弱的团队中熠熠生辉，还是在较强的团队里接受平凡呢？（马尔科姆·格拉德威尔的建议是前者。）不过，汉娜告诉我们她想变得更强，强队更能激发她上进。于是，在一个月前，她加入了高年级组。

这天一大早，汉娜和我 6 点就起来了，然后驾车一小时去了科罗拉多斯普林斯参加联赛。汉娜所在的队伍要和其他 4 支队伍比赛，每场比赛有 2 节或者 3 节。结果，所有比赛汉娜都站在场边，甚至连球都没碰到。

我气得不行。首先，这天是星期天，我们开车 100 多千米来到现场，从早到晚 8 个小时待在嘈杂的场馆里（200 名青春美少女们尖叫起来可真是不得了）。看着汉娜的队友们在场上拼搏，而汉娜就坐在场边眼巴巴地望着，我不禁想问，这有什么意义？当然，坦白来说，主要是我觉得没意思，我可以带着汉娜去滑雪，或者去做些别的有趣的事。

其次，汉娜坐在场边，我心里太难受了。她就这么看着场上的队友。我想，她心里一定觉得自己是二等公民。但是，汉娜一直在微笑，每每队友得分，她总是起身欢呼，和她们击掌。我看着她，笃定她心里一定很难受，一定比我还要痛苦。

汉娜的队伍赢得了所有的比赛，挺进了下一轮。当天比赛结束后，每个球员都获得了一枚胜利胸针，大家还合了影。汉娜特别兴奋，满脸写着高兴。她的爸爸……似乎就没那么开心了。

回去的路上，我问她想不想让总教练把她调回原来的队伍。汉娜回答道：

> 当然不啊，爸爸。加入球队不仅仅是参加联赛，还有参加训练啊。这是非常重要的比赛，我们是要把握机会冲入下一轮的。如果我是教练，我肯定也不会让新人上场。我才刚加入，教练对我不熟悉。而且，我确实没有其他队友强。她们已经打了好多年，我才半年不到啊。在场边观战我也学到了很多。我看到有人犯了错误，我也要汲取教训。总之今天我很有收获，也知道自己哪里有进步空间，要更加努力才行。你看，我也得到了一个胜利胸针！

我说："但是如果联赛不派你上场，我们可以去滑雪呀。光在那儿看有什么意思呢？"

汉娜立马反驳道："你怎么不明白！如果我不去，谁给她们加油？我在场边给她们加油助威，这很重要。我的队伍赢了！我是队伍的一分子啊！"

我竟然无言以对，在沉默中继续开了两分钟。我回想起刚刚汉娜在场边的笑容，我竟然以为她是强颜欢笑，真是离谱啊。她是真心为团队感到高兴，她感受到了集体，感受到自己身在其中。

我哥哥埃里克斯打来电话，问我汉娜后来上场没有。（比赛的时候我给他打了几次电话，抱怨汉娜一直坐冷板凳。）我把汉娜说的话转述给他。我说："汉娜可比她爸爸聪明成熟多了。14岁的女儿用实际行动向我展示了什么叫队伍中的一员。"我也不知道再过一年，汉娜还会不会继续打排球（希望会），但是我知道她已经为未来的人生做好了充分的准备。无论她走到哪里，她一定会是那个集体中宝贵的财富。

还有一件事。10年前，如果让我陪孩子参加比赛一整天，我肯定觉得是个苦差事。往返就要两个小时！我刚刚提到200个女孩儿的尖叫了吗？总之，有这个时间，我宁愿做别的事情。但是，不久之前我突然意识到，生命中的所有事情都有终点，尤其是孩子，他们终有一天会不再是孩子。这又改变了我对生活的态度。我不再把陪女儿去参加联赛当作家长的义务，也不再觉得自己是迫不得已，我主动选择去做，而且也真的开始期待每一次活动。这一路上，汉娜和我听音乐、听广播、聊天、吃午饭。陪伴，是最长情的告白。

女孩的棋局

一切始于汉娜的某次家庭作业。她观看了《后翼弃兵》（又译作《女王的棋局》），然后强烈要求我也看看。我看了之后很喜欢。然后，汉娜说："爸爸，我们来下国际象棋吧。"

这我得琢磨一下了。我在苏联长大，那时候国际象棋既是观赏性的体育运动，又是国民运动，大概相当于冰球在加拿大的地位吧。我可能是在 5 岁的时候开始跟父亲学下国际象棋，没有去上过正规的象棋课。总之，对于国际象棋，我只是偶尔玩一下，水平很一般。

我的大儿子乔纳现在 19 岁了，他从幼儿园开始下国际象棋。有很长一段时间，我和他每天饭后都要下一会儿。一开始，他很喜欢，还参加了很多联赛，得了些奖。后来我给他找错了老师，导致他逐渐丧失了对下棋的兴趣。

那个老师是一位退休的俄裔工程师，曾在莫斯科的国际象棋比赛中斩获冠军。

他人真的很好，只是不太适合给 11 岁的孩子当老师。他的教学风格和我小时候在苏联遇到的老师很像。他对教学内容胸有成竹，但是非常严厉，几乎看不到他的笑容。他在教学过程中会强调负面信息（比如乔纳走错一着），淡化正面信息（比如乔纳来了一个妙着）。对于充满自信的成年人来说，他一定是个好老师。但是对于 11 岁的小孩，他确实太严厉、太死板。

我现在才意识到，国际象棋老师的工作不仅仅是教学生怎么下棋，还应该是培养学生对国际象棋的终身兴趣。乔纳上了两年课就没去了。虽然不去上课了，他还是继续参加比赛。对手们都还在勤勤恳恳地上课，苦练棋艺，他可好，直接上场比赛。

　　现在要是问乔纳，他给出的答案就是，去参加比赛不是享受比赛本身，而是喜欢午餐环节。每次都是我带他去比赛（妻子在家照料两个女儿），午餐的时候我俩会一起去日式快餐店，然后他一定会点 Izzy（一种气泡饮料），吃完饭后我们又会在隔壁的 DQ 买冰激凌。我的孩子们的所有美好回忆都和美食相关。不过我觉得这不仅仅是美食，还是我们共同度过的美好时光。

　　汉娜比乔纳小 4 岁，没上过正式的国际象棋课。她 7 岁的时候，我教了她一些基础。但因为有乔纳的经历在先，我一直没有刻意让汉娜去学国际象棋。其实，我也不太确定这个潜意识的决定源自何处，真的是因为乔纳的经历吗？还是因为汉娜是女孩子？我可能无法知道答案。我其实也没想太多。

　　如果我真是因为觉得汉娜是女孩，所以无意间放弃了推动她去学国际象棋，那我可真的就大错特错了。

　　在历史上，国际象棋确实是一项男性运动。从理性层面分析，我也一直很困惑，为什么国际象棋的比赛要分成男子组和女子组。在田径、足球、举重方面，男性和女性的生理条件确实存在区别，但是国际象棋是思维运动，让男性和女性分开比赛，似乎在区分男性与女性的智力水平。

　　我作为家长的职责之一就是要让孩子们坚信，他们只要愿意，所有事情都可以尝试。然而，我意识到，在国际象棋上，女儿们更需要我的鼓励。我一定要不断告诉她们，除了一些生理区别导致男女分工有差异（比如女性怀孕、哺乳），没有什么工作是男性专属或者女性专属的。

《后翼弃兵》点燃了汉娜心中对国际象棋的兴趣，于是我和她正式开始了练习，几个星期之后，我又给她的"小火苗"添了一把柴，为她请了专门的老师。这一回我谨慎了很多。汉娜的国际象棋老师出生于俄罗斯，25 岁的她已经是芝加哥的国际象棋高手了（网络授课让汉娜有机会跟她学习）。她的国际象棋课非常有趣，汉娜本来是一周一次课，后来每周又加了一次课。

还有一件好事，汉娜的妹妹——7 岁的米娅·萨拉看到姐姐上国际象棋课，表示自己也有兴趣。于是，她们俩现在一起上课。上周六，我在读书的时候，突然听到米娅·萨拉在教妈妈怎么下棋。看来，再过一段时间，我们家里就可以开赛了。显然，女子组的力量要强大很多啊。

这个经历中最精彩的部分就是我几乎每天都和女儿们下棋。而且，最妙的是，我是不会输的。如果我下棋赢了，我就是胜利的棋手；如果我下棋输了，我就是胜利的父亲——为女儿们的胜利骄傲。当然，如果是和妻子对垒，我还是输了好。我现在就开始期待女儿们战胜哥哥的那天，乔纳现在还对自己的棋艺沾沾自喜。这得意扬扬的日子没准儿很快就到头啦！

生活的学习者

《积极的价值投资》

过去几年中，我的书被翻译为汉语、韩语、日语、德语、波兰语、罗马尼亚语和俄语出版。通常情况下，原著出版公司会负责对外版权问题，原著作者一般不参与这一过程。有一天妻子给我打电话说，快递送了一箱子书到家里，书封五花八门，不过都印着我的名字，我这才知道自己的书在海外出版了。最近一两年，我经常收到在亚洲出版的我的书，都是各种亚洲国家语言。我不太清楚，没准儿我在韩国跟鸟叔（热门单曲《江南 style》的主唱朴载相）的知名度一样呢？

我为自己能在亚洲出版书籍感到高兴，但是我也希望自己的第一本书《积极的价值投资》能出俄语版本。我先来解释一下这本书的写作动机。

写作（或者任何需要投入大量时间的事情）的动机一般有 3 类。第一类就是那些在公开采访中提到的原因，为大众服务之类的，谁会买一本书看作者自吹自擂呢？

第二类就是你与密友或伴侣分享的原因。这些原因通常就不太无私了，可能更加利己（这没有任何问题）。

但是还有第三类原因，这类原因通常带有极强的个人因素。有时候，你甚至意识不到这些原因的存在，它们潜藏于意识深处，悄无声息地驱动着你的决策。

所以我为什么会写《积极的价值投资》？

在电视访谈中，我可能会说，"我有一个想法，我想探索它并与其他价值投资者分享""我希望开发新的横向市场投资策略""我希望在完成此书的写作时对自己的收获有更全面的了解"。这些理由都是真实的，但只是我写作动机的表层。

和妻子分享理由时，我会说，写《积极的价值投资》不可能让我超越 J.K. 罗琳，毕竟我只是为一小部分钻研价值投资的人而写的（这本书里面有 75 张图表，没点儿投资兴趣真的读不进去）。但是，写《积极的价值投资》有助于我的事业发展（后来也确实如此）。然后我会说："你看，如果你的丈夫不仅人不错，还写了书，那不是很棒吗？"（有点儿过分了，其实我没那么说，但有人会这么说对吧。）

还有一些非常深层的个人原因。正是出于这些原因，哪怕我搜肠刮肚写不出来，我也愿意坚持。于是，我又继续坚持搜肠刮肚了一年半。有一个潜意识中的原因其实已经出现在了《积极的价值投资》一书的题献页："致我的父亲瑙姆，以及逝去的母亲艾琳，谢谢你们对我自始至终的信任。"

在本书中，我也会不断提及这点：我的父母总是无条件地信任我，哪怕在我表现得不好的时候。他们给予我的信任总是让我不断克服一个又一个难关。《积极的价值投资》一书的写作是为了回报父亲，感谢他为我所做的一切，希望他能为我感到骄傲。仅此而已。

因此，我希望《积极的价值投资》被译成俄语，这样父亲就可以读了。父亲在 58 岁的时候移民到美国，他努力想要学好英语（在 76 岁的时候还坚持到丹佛当地的学校上英语课），但对英语的掌握还是有限。书中字字句句都是我的心血，我当然希望能和生命中最重要的人分享。于是，我把原书稿寄给了俄罗斯最大的涉外商业书籍出版社，希望他们能够出版。他们同意了，但是询问我是否愿意参与"编辑"。他们负责翻译，但是我需要审校译文是否准确。其实，我就算拒绝了这项任务，他们也还是会出版的，只不过他们觉得我会俄语，应该有些用处。于是我也就答应了。

几个月之后，我收到了俄语版本的书稿。不读不知道，一读我整个人都震惊了，里面每个单词我都懂，但是对连起来的句子是什么意思我竟毫无头绪。不是翻译的问题，是我的问题，我对投资领域的俄语可以说一窍不通。

我在18岁那年离开苏联，自此之后，和大部分朋友说的都是英语。哪怕是和俄裔的朋友聊天，只要谈到投资话题，我们就会说英语。我在投资领域的所有学习经历用的也是英语。

回到"编辑"这件事上。我一下子不知所措，毕竟已经答应对方了。于是，我向父亲求助，他在摩尔曼斯克航海学院教了将近30年书，而且还有博士学位。虽然他对投资所知甚少，但他确实很聪明。

在父亲成长的年代，私人财产几乎不存在。他之前以为，投资就是以合法的手段用他人的资金进行赌博，所以他难以想象我在投资领域还能干出一番事业。有很长一段时间，他不断劝我去搞实体经济，比如开一家面包店，甚至还提出要资助我。

2009年，父亲和我去南非旅游，我们把翻译的书稿也带上了，讨论了两个星期。因为有了和父亲的交流，哪怕是12小时的长途飞行，时间似乎也很快就过去了。他认真地阅读书稿，不断地提问题，关于投资、关于横向市场、关于犹太人的问候语，我们聊了很多。

读完我的书后，父亲对我的事业的态度发生了改变。在读书的过程中，他尝试把投资与科学做对比。投资为什么是科学、心理学与艺术的交集？我们为此进行了漫长的辩论。多年后回看这段经历，与父亲一同编辑俄语版的《积极的价值投资》成了我人生中的高光时刻之一。

在编辑完成之后，我问父亲能否为书创作一幅画。其实我已经用他的一幅画作为英文版的封面了，但我觉得俄语版也应有独特的地方。父亲答应了，幸运如我呀。

父母的信念

我的孩子们一天天长大，我也越来越能感受并感恩父母对我的影响。最近，我观看了由塞万提斯的小说《堂吉诃德》改编的电影《我，堂吉诃德》，主演是索菲娅·罗兰和皮特·奥图尔。小时候我就读过这本书，可是直到最近我才真正懂得其中的意义。我也才明白为什么这本书 400 多年来经久不衰。堂吉诃德虽然深陷在自己的幻想中，但是他看人看得比人们看自己真切。他遇到农场女孩阿尔东莎，不论是因为爱情而盲目，还是全然丧失了理性（也许二者皆有吧），他都将女孩视作自己心中的佳人，以礼相待。他甚至给她起了另一个名字——杜尔西尼娅。

阿尔东莎知道自己配不上这等待遇。但是，她也开始相信自己，这种信念让她变成了另一个人——她希望努力成为堂吉诃德眼中的她。

我在苏联上学时，不论是在中学还是后来到技术学院，都成绩平平。老师们不看好我，他们觉得我就是后进生，所以我也甘当后进生。但是，我的父母就像堂吉诃德一样，他们总是能在我身上看到更大的潜质，哪怕我配不上那样的期待（他们的想象力倒也挺丰富的）。

在我 11 岁的时候母亲去世了。30 多年后的今天，当回忆过往时，我依然能感受到母亲当年对我无比坚定的信念。我糟糕的成绩，普通得不能再普通的日常举止，哪一点能让她生出近乎盲目的信念呢？但她就是有。来到美国一年后，某天我不小心听到了父亲和邻居说："维塔利啊，他只要用心，什么事都能办成。"

我并不是想要自夸。说起这些故事，都是为了印证如果不是父母坚定的信念和持续的鼓励，我依然是苏联老师们眼中的我：不成气候。现在，我有了3个孩子，我也要努力成为和父亲母亲一样的家长。父母对孩子们说的每一句话对孩子来说都很重要！

最近我看了孙正义的采访。孙先生在美国的名气不大，但是他白手起家，创建了日本最大的企业之一——软银集团。他曾说：

> 我的父亲总是用赞赏给我"洗脑"。他总是说，"你就是天才""你可是日本第一""同龄人里你可是最厉害的""你就是最聪明的""你肯定会成就一番大事业"。哪怕是很小的事情，他都在给我"洗脑"。所以，在我还没上小学的时候，我就已经在想："也许我是真的很厉害呢。"

每个周五，我们一家开始吃晚餐之前，妻子和我都会为孩子做祷告。妻子是非常虔诚的教徒，她会依次把手放在孩子们的头上，然后念出祷告词。我会一一拥抱孩子，向他们表达爱意，告诉他们，他们将来一定会成为了不起的人，一定能够在努力做好的事情上做出一番成就。

诞生在路上的思考

———

制造回忆

我们生命中的每一天都在孩子的记忆库里制造回忆。

——查尔斯·R.司温道

渔人码头

有一次，我要到旧金山参加短会，因为讨厌一个人旅行，所以我带上了13岁的汉娜，还有我的阿姨娜塔莎。我总想找个机会去旧金山玩，这回终于成行了。我们在周日早晨抵达。我先去索萨利托参加午餐会，剩下半天和周一我们可以自由安排时间。

其实我去过旧金山好几次，但和汉娜一起重游必然充满乐趣。在成年人看来理所当然的事情，会让她满心欢喜，兴奋不已。我们在著名的波登面包店看到了形状各异的面包，甚至还有大鳄鱼面包。汉娜看呆了。她还惊讶地发现，吉尔德利牌巧克力店居然还会免费派发试吃。

我们在渔人码头看到了海狮，汉娜高兴坏了。动物园跟这儿可没法比呀，成群结队的海狮爬上了码头，团团围住岸边的船只。汉娜兴奋极了，一边跑一边拍照。"爸爸！我看到两头海狮接吻了！"她不停地提问题："为什么叫金门大桥？这不是红色的桥吗？"这就有点儿尴尬，因为我也不知道答案。后来我查了查，之所以叫它

"金门大桥"是因为大桥横跨通向旧金山湾的"金门海峡"。

我喜欢清晨，而且我是个早起的人，尤其喜爱城市的清晨。我日常生活在寂静的郊区，公司 IMA 所在的办公园区也很清冷。郊区的清晨没有城市中一天刚刚开始时的活力。

在洛杉矶，游客们还在沉睡的时候，汉娜和我已经起床了，我们穿过渔人码头附近的大街小巷。商铺准备开门，很快就要迎来游客大军。商店的门口冲洗得干干净净，街道上一尘不染。快餐厅正在接入一箱又一箱新货物。我们看向海湾，竟然有些勇士在游泳，有的人已经往恶魔岛那边游了大半程了。初升的太阳照耀着金门大桥，每一个清晨都见证着新一天的到来。

这趟旅程开始前，我给了汉娜 20 美元，这是她在旧金山的花费。这天早晨我们在路上走着，她看到一位流浪汉坐在渔人码头的街道上，于是走上前去，给了他 1 美元。（那时候她的 20 美元已经花得差不多了。）然后她走回来，跟我说："他的眼里都是善意呢。"然后她停顿了一会儿，微笑着看向我："爸爸，你欠我 1 美元。"我跟她说，做慈善可不是这样的。

汉娜和我又来到了波登面包店，我们分吃了一个巧克力葡萄干法棍，汉娜喝了杯热牛奶，我喝了杯美式咖啡。这是我在外面吃过的最美味的早餐。

和 13 岁的汉娜度过的那一小时是我一生难忘的回忆，但愿也留在了她的记忆里。我们的行程只有一天多一点儿，然而美好的画面那么多，就像浓缩了一个月的好时光。我想，生活不是看过了多少日子，而要看度过了多少美好的光阴。

几年之后，我再次来到旧金山。这一回，汉娜和乔纳都来了。

畅游旧金山湾

汉娜从小胆子就大。她开始滑雪的时候，只在兔子坡（新手场地）练了一天，到了第二天，她就开始上初级难度的绿道了。在6岁的前一个月，她已经上了高难度的黑道。乔纳恰恰相反，他滑雪时特别胆小，花了好几天才敢在兔子坡上往下滑，然后又练了一两个星期才上绿道。不过滑雪改变了乔纳，他开始学会面对并克服恐惧。

现在的他滑雪时已经毫无恐惧。两个孩子都比他们的老父亲滑得好，但是乔纳心中还有一些尚待克服的恐惧。我们在渔人码头上散步时，看到很多人在吉尔德利广场前的海湾游泳。有些确实是在搞训练的运动健将，大部分人都是下水去玩一把的游客。

我半开玩笑地跟乔纳说："你要是能游到那些船边，我就奖励你100美元。"（经济奖励对乔纳一直有效。）那些船只离岸边大约有900多米。令我意想不到的是乔纳竟然爽快地接受了挑战。当时，旧金山湾的水温差不多有12摄氏度，对于乔纳来说没有任何危险，只不过这又是一件他有些害怕做的事情。

第二天，我们又是一大早来渔人码头散步，带上了皮爷咖啡和波登经典的酵母葡萄干面包。离海湾越来越近的时候，我以为乔纳会因为害怕而放弃，结果他说："爸爸，今天是个好日子，你要是跟我一起游，奖励我50美元就行。"汉娜马上接话道："爸爸，要是你游的话，我也游！我不需要奖励，无偿下水。"

乔纳的脸色立马黯淡了一些，他的英雄气概坚持不到一会儿就要被妹妹超越了。一开始我没打算下水，毕竟还是挺冷的，到了这个分儿上，我是不得不下了呀——毕竟这笔交易不错，有人打折陪我，有人无偿陪我。

真的要开始了！汉娜和乔纳下了水，当水到膝盖的时候，乔纳停了下来，然后开始了一段单人喜剧表演——冷水对他的男子气概会有什么影响，其实他就是在拖延时间。

汉娜看着他，笑出声来，她意识到哥哥还得拖延一会儿，站在水里越来越冷，于是她赶紧开始游起来。（我站在岸边给他们拍视频。）乔纳哪受得了被妹妹抢在前头啊，妹妹比他小5岁，还比他矮一截。机不可失，失不再来。乔纳的脸色严肃起来，绷紧了身上的肌肉，他即将全力击败自己的恐惧，游入海湾之中。

乔纳游起来啦！他离船越来越近的时候我对他喊可以回头了。水很凉，乔纳虽然运动神经发达，但是游泳没什么技巧。他离岸边越来越远，我开始有点儿担心。其实，重要的并不是要游到船那里，重要的是克服恐惧。

我看到两个孩子都在离岸边不远的位置，很安全，于是我也下水了。刚开始的几秒钟确实很冷，但是身体很快就适应了水温，只要动起来，感觉就还不错。

现在，我们已经把旧金山湾游泳列入了旧金山旅行的例行打卡项目。

那次游完泳之后，我问乔纳为什么很爽快地接受了挑战。他说："几年前在水上乐园，你说如果我们从滑道上滑下来，就奖励我们，汉娜一下就做到了，但是我害怕了，没去，结果就一直在后悔。"

作为家长，我确实要推着孩子去做些事情，有时候靠奖励，有时候要靠惩罚。在他们还小的时候，一个冰激凌就够了。孩子长大了，奖励也得更丰厚了。但是这50美金花得可太值了，我由衷为乔纳感到骄傲。

现代艺术

在我成长的过程中，只要家里旅行去到新的城市，只要当地有不错的美术博物馆，父母就一定会带我和哥哥去参观。虽然我对音乐的热爱比对美术的强烈，但父母的做法我也沿用到了自己孩子身上。

这一回，我们去了旧金山现代艺术博物馆。现代艺术馆总是会挑战我们理解艺术的极限。你可能看到一幅"画"——一个马列维奇方块——整块画布涂满了同一个颜色。有一个笑话说，每次马列维奇方块被偷，门卫总有办法在第二天展馆开门前再弄出一幅来。

我能想象，家里做粉刷的师傅一天估计能画出上百幅这样的方块。去旧金山现代艺术博物馆也给我们带来了同样的挑战。其中一个房间里的角落里摆了一摞木头，还有一个房间的角落里放着一个书架，对着一堵墙（就和你在宜家家居看到的书架差不多，可能就是在那儿买的）。这就是展出的艺术作品。

如果展品如此荒谬，我为什么还一直要去呢？在过去，我的答案是，只需要一幅打动我的画就够了。现在，我又有了一个新的理由。

每次走入一个美术馆，我们就走入了一个新的领域。我们希望看到艺术，这也是你在美术馆中的所得。在作者将一堆木头放到那个空间后，你别无他选，一定会盯着木头看，然后开始尝试找出其中的美感或意义。

我们不断地问自己："这是什么意思？美感在哪里？"这些问题有时候会让我们以从未有过的视角看待事物。而且，如果我们以这种方法训练自己的大脑，那么在其他领域，我们可能也会发现更多的美感或者更多的意义（艺术也许在书柜本身，也许在别处）。

这么说来，你下次去宜家家居的时候是不是又多了一个审美的角度呢？

串联记忆

　　我的家庭与圣菲这座城的不解之缘，可以追溯到 20 世纪 90 年代早期。那时候，父亲每年都会把画送到圣菲著名的峡谷路上的画廊展出。隔一段时间，他和继母就会把画装到面包车上，一路开到圣菲。

　　我第一次去圣菲是在 1998 年，那并不是一次令人愉快的旅程。当时是和恋爱对象一起去的，我们到那儿之后发现天气特别热，基本也没怎么观光。圣菲让我失望了（我也让那个女生失望了）。去之前，我应该提前查天气的。

　　8 年前，我希望和父亲以及当时 12 岁的乔纳来一次自驾旅行。父亲提议说去圣菲，由此开启了凯茨尼尔森家族夏天去圣菲的传统。

　　圣菲距离丹佛 640 多千米，8 小时的车程穿越壮丽的落基山脉，每一步都是风景。我们早晨 7 点出发，在萨利达休息，吃了午饭，然后在下午 4 点抵达了圣菲。我们总是会去最喜欢的餐厅"印度宫廷"吃晚饭，把这项活动作为第一天行程的收尾。

　　然后，我们会花上半天时间专门逛圣菲的峡谷路——我心中的圣菲之光。走过峡谷路就是某个清冷寂静的小区，一条普通的居民街道。后来这里的房子被改造成画廊，整条路上有了上百家画廊。从一个画廊到另一个画廊有点儿像是在万圣节挨家挨户地喊"不给糖就捣乱"——即便拿不到糖果，你也一定要每家每户都喊到。

我的父亲会把这个挨个画廊"寻宝"的过程变成一堂 4 小时的艺术课。他既是出色的老师，又是称职的艺术导游。父亲在美国因画作成名，但在此之前，他已经获得了电气工程的博士学位，在摩尔曼斯克航海学院教了 27 年电工技术理论，是学校里最受欢迎的老师之一。所以，他既是科学家、艺术家，又是一位有才华的老师。无论他教什么，大家都愿意听。

我对艺术的所有了解都源自父亲。我提到过，我们在暑假时总会一起去艺术馆。后来我长大了一些，父亲和我去欧洲旅行，只要到有一定规模的城市，我们一定会去艺术馆。

父亲会把画廊之行变成精彩的艺术课堂。他非常温和，不会把自己的想法强加给我们，总是会让我们来讲讲对艺术的理解。他认真倾听我们的观点，将我们视作艺术领域的同辈。我们的资质虽然达不到，但是这种感觉真好。

生活的学习者

瑞安·霍利迪在他的《绝对自控》一书中曾说自我会扼杀成长——人会因为自我而不再学习。如果我们觉得自己什么都知道了，那还学什么？自我是一种写入每个人基因的"病毒"。它静静地潜伏在身体里，等待着进攻的时刻（很多时候，失败或成功的经历会为它创造机会）。

防范自我膨胀的最佳方式就是把自己视作生活的学习者。爱因斯坦曾说："随着我们的知识圈扩大，其未知的外围面积也在扩大。"我们要积极且真诚地面对"未知"。

现在想来，父亲应该就是"生活的学习者"的最佳范本。他在艺术领域颇有成就，获得了很多国内外奖项，他的画作还被收入了日本的一家艺术博物馆。70 多岁的时候，他依然去上大师课，总能从他人身上学到新知识。

4 小时的画廊之旅结束后，我们会去最喜欢的餐厅，坐在一棵大树下吃午餐、打牌。然后我们回到酒店，父亲去小睡一会儿，乔纳和我去游泳，然后我们再去吃晚饭。乔纳的第一选择必定是"印度宫廷"，我们就会再去一次。

圣菲歌剧院

晚上我们会去圣菲歌剧院——对我来说，这是旅程的高光时刻。我觉得，圣菲歌剧院应该是圣菲第二重要的地标。剧院本身就是杰出的建筑艺术，坐落在山坡上，西面是赫梅斯山，东面是桑格雷 – 德克里斯托山。

我去过世界各地的歌剧院，但是这是唯一一家在停车场举办车尾派对的剧院！不过，不是那种吃着热狗、喝着啤酒、看足球比赛的聚会。歌剧爱好者们会盛装出席，带上便携餐桌、亚麻桌布，甚至还有鲜花和蜡烛。大家会在停车场举着红酒杯，品着精致餐盘里的牛排、奶酪，享受着这独具一格的派对！

乔纳还说不上是喜欢歌剧，但他喜欢去歌剧院，因为我会在中场休息时给他买雪碧。他耐心忍受着漫长的歌剧，就是为了中场休息时能喝上喜欢的饮料。

2015 年，14 岁的乔纳、9 岁的汉娜、父亲还有我一起踏上了行程。我们依旧去了圣菲歌剧院，这是汉娜第一次去。我们观看了朱塞佩·威尔第的《弄臣》。演出结束后，我们往停车场走。这是几年前发生的事情了，但是我还清晰地记得当时的对话。我小心翼翼地问汉娜感觉如何，她回答说："爸爸，我知道你特别希望我能

　　　　　　　　　　全情投入

喜欢这个歌剧。但是，我要说，这和你个人的意愿一点儿关系都没有。我自己确实非常喜欢这个表演。"写下这一幕的当下，我的眼睛又有些湿润。

2020 年，我和汉娜一起去了圣菲。父亲和乔纳没能去成，所以这次成了一趟父女之行。

这回我们看到的圣菲和以往有所不同，因为正值新冠病毒肆虐期间，城市里仿佛空无一人。圣菲歌剧院关闭了。我们好像成了市里唯一的游客。虽然画廊都开着，但我们没进去。天气太热了，我们如果去参观就要戴着口罩，肯定坚持不了多长时间。

汉娜和我早上 6 点起床，喝上一杯星巴克，然后就趁着还凉爽的时候，在圣菲空荡荡的街道上闲逛。我们边走边聊，汉娜和我分享了她最近在看的科幻小说（听起来都很棒，我都忍不住想要去读一读）。她的阅读速度已经变成了每周两本书。然后我们会去吃早餐，找一棵大树下的长椅坐下来读书，一直到晚饭时间（午餐弄点儿零食解决）。这一趟父女之旅也可以说是阅读之旅。

火星救援

在来回车程中，汉娜和我一起听《火星救援》有声书。之前我们一起观看了埃隆·马斯克的 SpaceX 火箭将宇航员送入国际空间站的过程，汉娜对科学产生了很大兴趣。（因此我也更加理解 20 世纪 60 年代人类登月为何对美国人有如此大的激励作用。）

随后我们还看了宇航员克里斯·哈德菲尔德的大师课，我注意到汉娜的双眼一直在放光。然后我们看了《火星救援》电影版。但是和电影不同，原著更有深度，里面讲到了 NASA（美国国家航空航天局）宇航员马克·沃特尼（虚构角色）被困在了火星，通过科学知识以及个人智慧解决了重重难题，最终得以生存下来。

作为家长，一定要注意孩子对事物的兴趣苗头，抓住培养机会，帮助他们成长。汉娜也许会成为科学家，只要她开心就好，我也会为她高兴。（乔纳对投资毫无兴趣，汉娜也一样。6 岁的米娅·萨拉是我把 IMA 变成家族企业的最后希望。）

我们还没听完有声书，汉娜就已经能够用里面的知识来对付我了。书中写道，马克·沃特尼要在火星上行驶 2 000 多千米，要花费几周的时间。他的口粮只剩一些土豆了。于是，在出发前，他先把土豆烤熟然后冷冻起来，这样路上吃起来更方便可口，而且烹饪的过程能够分解土豆中的蛋白质，相比生土豆，烤土豆能提供更多的热量。

听完这段没多久，我们沿途经过萨利达，停车吃午餐。汉娜吃了黄鳍金枪鱼沙拉（其中大部分是生的金枪鱼）。吃完饭后，我们又上路了，没到半小时，汉娜跟我说她饿了，要停车吃点儿小吃。我说："你不是才吃了午饭！"她回应道："爸爸，这你就不懂了。刚刚吃的金枪鱼是生的，蛋白质没有分解，我都没有摄入足够的热量啊。"如此精妙的科学依据，我还如何反驳呢？

传统

有朋友跟我讲了圣路易斯面包公司的故事，这家公司就是今天的潘娜拉面包店。当年面包店刚开业时，做完第一批发酵面团后，面包师会把其中一团切下来放到一边。第二天，面包师会把前一天留下的面团加入新一批的面团中发酵，日复一日，年复一年。新开一家门店时，店员就从会其他家门店带一块前一天发好的面团作为面引子。这个做法已经延续了 40 年。

现在，潘娜拉有大约 2 000 家门店，每一块面包中都有 40 年前的发酵面团的痕迹。这些面包串联起了公司的发展历程。

这就是传统。在生活中,那些被一次又一次传递下去的"面团"是回忆,串联成了传统。我们和家人共度的时光就是这样串联起来的。去圣菲已经成了我们家的传统,每当我和汉娜走在圣菲的街道上,总是忍不住相互问道:"还记得这里吗? 还记得你和乔纳在这里找宝可梦吗? 还记得这里吗? 你和爷爷还有乔纳在这儿打过牌。"

这就是圣菲对我们家庭的意义,是无数回忆的串联,是承载了无数个"还记得"的地方。

消解固化思维

　　我喜欢去欧洲。过去几年中，我去了欧洲十几趟，每一趟都有着特殊意义。在美国，大多事物的历史不超过 100 年。在欧洲，一家咖啡店的桌子可能就是百年老物了。欧洲弥漫着古老的气息，走在鹅卵石的道路上，悠久的历史感扑面而来。

　　美国人时常觉得欧洲人很懒——假期很长，工作日很短。欧洲人反倒觉得美国人太专注于赚钱。有的读者可能已经开始聒噪了，吵起来吧！不过还是换个地方吵吧。

　　每一次去欧洲，我都希望自己能多沾染一些欧洲人的气息。放慢节奏，把生活的气息深深吸入身体，悠闲地吃午餐，恣意地品上一两杯红酒（没干什么体力活，少喝一点儿），在公园里散步，到森林里漫游，或者，就到街角的咖啡店坐着，读读书。多年来，我都希望自己变得更像欧洲人，但好像又不太成功。

　　如果你在汽车厂的流水线上工作，那么工作时间与产出确实有着直接关联——工作时间越长你能生产出的零部件就越多。但是，如果你是在投资行业或者其他创意性行业工作，那么你在电脑前待着的时间和你的产出——富有创意的想法，并没有太大关系。哈佛大学心理学教授埃伦·兰格在《专念创造力——学学艺术家的减法创意》一书中写道：

专念（即正念）是一个简单而轻松的觉知新事物的过程。觉知得越多，越能意识到事物的变化有赖于环境以及你看待事物的角度。但是，要展开觉知，你需要先舍弃原来看待世界的固定方式。

正念是创意的重要组成部分，因此，在欧洲的旅程在我看来就是消解我一部分固化思维的重要机会。

下面是两趟欧洲行程的记录，第一趟是从苏黎世到威尼斯，第二趟是从苏黎世到尼斯。

从苏黎世到威尼斯

我与哥哥埃里克斯，以及18岁的儿子乔纳一同完成了这次欧洲之旅。

这是乔纳第一次去欧洲，我多么希望他能和我一样喜欢这里。我希望他享受在欧洲街道上漫无目的地游走，偶尔停下来喝杯咖啡，吃顿饭。我希望他能沉浸在悠久而浓厚的欧洲文化气息中。

这趟行程安排得满满当当。我们一共游览了8座城市（瑞士的苏黎世和克洛斯特斯，还有意大利的米兰、摩德纳、维罗纳、博洛尼亚、威尼斯），参观了4个博物馆，还听了3场古典音乐会。我们参观了苏黎世美术馆，还在威尼斯看了彼得·保罗·鲁本斯的画展。我们还去斯卡拉歌剧院观看了《罗密欧与朱丽叶》，圆了我一个梦。乔纳可能觉得这跟古典音乐会差不多，为了让他对我的兴奋之情有些许理解，我解释说，斯卡拉歌剧院在歌剧界的意义相当于棒球界的瑞格利球场、芬威球场。朱塞佩·威尔第和贾科莫·普契尼的歌剧都在这里首演。

在摩德纳，我们参观了帕瓦罗蒂故居博物馆，还有法拉利博物馆。大概 10 年前，我参观过猫王故居雅园（歌手埃尔维斯·普雷斯利在孟菲斯的豪宅），极尽奢华。魅力非凡的帕瓦罗蒂有着独具一格的嗓音，每每听到他的歌声我都会油然而生一股虔诚之感。他的房子很大，但是十分朴素，和周围的其他房屋一样，总之算不上豪宅。走入他的故居似乎让他变得更加真实，从他生活的地方可以看到他真实的生活。

在威尼斯，我们观看了歌剧，还去了安东尼奥·维瓦尔第《四季》的演奏会。维瓦尔第在威尼斯出生，后来成为当地的神父，因此当地经常有他的作品演奏会，尤其是著名的《四季》协奏曲。这已经是我第 3 次来威尼斯了，其中一次是 2000 年，我和怀上乔纳 3 个月的妻子来过，所以我和乔纳说，这是他的第二趟威尼斯之行。

在旅途中，不论是去音乐会，还是去博物馆，乔纳都非常耐心，我又惊讶又开心。我知道对于现在的他来说，要让古典音乐取代流行音乐在他心中的位置，绝对没门。但是，作为父母，我还是会继续让他接触经典艺术，继续播种。随着年岁的增长，这些种子一定会发芽。

乔纳和埃里克斯都对瑞士的手表有着浓厚的兴趣，埃里克斯一直有收藏的习惯。他们在展柜前一边看一边讨论手表的细节，一逛就是好几个小时。我从来不知道手表还有那么多讲究，现在我知道了。虽然我不懂他们的乐趣，但看到自己最爱的亲人畅聊同样的爱好，也令我感到开心。

在埃里克斯和乔纳逛手表店的时候，我会戴上耳机听音乐，或者买杯咖啡观察来来回回的人，在快节奏的美国我从没这么干过。当我坐在一角静静看着人来人往时，他们的互动会被我放大，我揣测着他们的肢体语言、面部表情，仿佛能读出那微妙的关系以及背

　　　　　　　　　　　　　全情投入

后的人生。这些人我也许永远不会再见，他们却给我留下了一个个小故事。这种观察行为会让人从自己无比熟悉的世界中脱离出来，走进他人的世界，很多小说作品也是这么来的。

在威尼斯，我们去总督宫看了彼得·保罗·鲁本斯的画展。鲁本斯是17世纪的弗拉芒画派的画家，住在安特卫普。我是最近10年才懂得欣赏这一年代的艺术作品的，当时和父亲去了阿姆斯特丹的荷兰国立博物馆，站在伦勃朗（鲁本斯的同时期画家）画的《一位老人的肖像》前，我对父亲说，这对我没有任何触动，没有我钟爱的印象派的那种活力和情绪。父亲说："你认真看看他疲惫的双手，看着他的眼睛，他在想什么呢？"我们继续在画廊里参观了一个小时弗拉芒画派的作品，我终于领悟到了父亲的视角。这些画作令我们得以瞥见人物的内心。

现在，乔纳和我一起站在鲁本斯的画作前，我知道他也像10年前的我一样感到困惑。于是，我跟乔纳说了父亲当年的那番话。以往乔纳在艺术馆里都是走马观花，那一天，他放慢了脚步，想从每一幅画中读出大约400年前的人物的内心。在我看来，参观艺术馆和我在街角的人间观察很相似，我们尝试与他人发生连接，尝试走出自己的世界，尝试到他人的世界看看。

从苏黎世到尼斯

有一年，我的朋友盖伊·斯皮尔在瑞士举办会议，哥哥埃里克斯和我一同前往。

杰斐逊式餐会

在会议中，盖伊介绍了一个我不太熟悉的新概念，但现在我对它情有独钟。它由美国开国元勋之一托马斯·杰斐逊在 19 世纪时创立，叫作"杰斐逊式餐会"。

盖伊学习了这个方法，他会召集 12 个人一起开会。规则很简单，我们 12 个人围坐在一起，每次只能进行一个对话，不能和桌上的人单独谈话。在盖伊举行的这次会议中，我只认识其中几位。盖伊为了让我们尽快熟悉起来，就先让我们各自介绍了一下自己在生活里的高光时刻和至暗时刻，或者分享想到的任何事，然后再介绍自己，每人有 1~2 分钟时间。

盖伊从这一轮分享中挑选出话题，然后我们就这些话题展开了一小时的对话。

我喜欢这种方式，这消除了餐桌上聊天一般会出现的尴尬状况。桌上的所有人都成了交流对象，你可以听到更多的观点，而且也不再需要从天气或者其他无关紧要的话题聊起。如果你希望从聚会中有所收获，这就是很好的工具。

当然，我也感受到了其中的讽刺意味。我竟然是从美国去到欧洲后，才学习了美国开国元勋的会议理念。

洛桑与卓别林

会议结束之后，我们在苏黎世租了车，然后开启了去法国南部城市尼斯的旅程。

我们第一站来到的是洛桑，抵达的时候正是黄昏，夕阳下的日内瓦湖美不胜收。日内瓦湖是欧洲最大的湖泊之一，位于瑞士与法国交界，在法国一般叫"莱芒湖"。

自童年开始，查理·卓别林在我心中一直有着特殊的位置。对于很多美国的儿童来说，喜剧的代名词也许是米老鼠或者其他卡通人物，对我来说就是卓别林。他的电影作品甚至打破了语言的边界

（他的大部分经典作品都是默剧）。我的儿子和大女儿与我一同看《大独裁者》不下 10 次，该片可以说是希特勒在世期间讽刺纳粹主义最为犀利的电影。

1953 年，查理·卓别林去伦敦参加自己电影《城市之光》的首映典礼，结果被美国参议员麦卡锡指控有共产主义倾向，不得再入境美国。于是，卓别林搬到了瑞士洛桑。直到 1972 年，也就是卓别林去世前的 5 年，他才回到了美国，接受奥斯卡颁发的终身成就奖。

查理·卓别林在洛桑的住处被改造为博物馆，这可能是我印象最深的博物馆，参观过程中大脑里不断浮现出《寻子遇仙记》《大独裁者》的场景。我给 5 岁的米娅·萨拉买了一个查理·卓别林的小人偶，但她还不知道他是谁。太好了，现在我又可以和她一起重新开始关于查理·卓别林的影片之旅，这就是有孩子的美妙之处。我们就从《寻子遇仙记》开始吧！

瑞士

瑞士是个了不起的国家。除了美不胜收的风景，还有美食和一尘不染的街道(就连山川看起来也很干净)，而且瑞士的犯罪率极低，警察的数量很少。

瑞士的交通法规非常严格。如果有人在限速每小时 120 千米的区域超速至时速 180 千米,他就要缴纳相当于年收入 10% 的罚款（可能还要入狱）。基于收入的惩罚机制更能促进社会公平。

我的一位朋友在瑞士有了合法居留权，但是他能否成为瑞士公民得看他所在村庄的村民是否接受他。没错，村民们会投票来决定他是否能够成为这个社区的一员。

当我和朋友们讨论在瑞士的生活时，我也在思考自己是否会接受这样的生活。在瑞士，连 5 岁的孩子都是自己走路上学，没有家长陪同。我最近移民到瑞士的朋友告诉我，学校校长为此专门找他谈话。不过，我也好奇，在纪律如此严明、文化高度一致的社会中生活，个体的幸福感如何。

阿尔卑斯山脉与社会面貌

我生活在科罗拉多，每年都会去山里好多次，山川景色对我来说已经很熟悉了。虽然我也不是第一次见到阿尔卑斯山脉，但是这一回看到瑞士境内的阿尔卑斯山以及瑞士的其他美景确实很受震撼。

黢黑、锋利、冰冷的岩石与皑皑白雪、湛蓝天空，形成强烈的视觉冲击，美妙绝伦。

我们还看到了法国境内的阿尔卑斯山，可能是天气的原因，阳光普照，云朵很低，我们越往南开，山川也越平缓。冷峻的黑白山峰渐渐消失，在和煦的阳光下，山也变得温和起来，层层叠叠，绵延起伏，映衬着蓝天白云的爽朗。

这让我不禁想到自然对社会的塑造。当然，我只是非常粗略地概括一下，当你想到瑞士人时，你不由自主地会想到严谨、守时、保守，甚至有些冷漠、喜怒不形于色。他们主要说德语，听起来有点儿严厉，甚至有些生硬（向所有瑞士和德国的朋友道歉）。

再想想法国人，他们说话很柔和圆润，听起来很温和，情感丰富，但是他们又不太严谨。（法国的火车绝对没有瑞士的火车准点，不过，似乎没有哪个国家的火车能和瑞士比准点。）

我们讨论地缘政治的时候总会想到地理条件——处于沿海还是内陆，土地是贫瘠还是富饶，境内有没有可以运送物资的河道，还有周边国家等。或许，我们也应该讨论一下一个国家的自然环境对其社会产生的影响。

普罗旺斯与蔚蓝海岸

结束了洛桑的行程,埃里克斯和我一路开到了美丽的法国小城,被誉为"小威尼斯"的阿讷西。小城坐落在安纳西湖畔,倚靠着壮丽的阿尔卑斯山,保留着 15 世纪以来的建筑风格。

接下来的一站是法国第二大城市里昂。

然后我们又驾车前往格勒诺布尔——埃克托尔·柏辽兹(我将在后文中提到他)的故乡,还举办过 1968 年的冬季奥运会。我们乘坐缆车来到山顶的城堡,俯瞰整座城市。随后我们又到了阿维尼翁过夜。

接下来的一站是阿尔勒,它让我们瞬间置身于古罗马帝国。古罗马人在公元前 123 年占领了阿尔勒,这里甚至有两座古罗马剧院。

在历史悠久的阿尔勒漫步,无论走到哪里,你都能看到指向"文森特·梵高阿尔勒基金会"(梵高博物馆)的路标。梵高在阿尔勒旅居一年多,也正是在这里他精神疾病发作,割掉了自己的耳朵。阿尔勒耗资约 1 500 万美元将一座古老的旅店改造成了梵高博物馆。

不过,冬季是阿尔勒的旅游淡季,而梵高画作的保险费用又非常昂贵。所以,在梵高博物馆内,并没有梵高的真迹。这让我们有些惊讶,也有点儿失望。我的朋友亚当开玩笑说:"也就是说,我家也有梵高博物馆,因为我也没有梵高的真迹。"

我们的下一站是戛纳。我想,如果不是戛纳电影节,大多数美国人未必知道戛纳在世界的哪个角落,就像我们第二天达到的摩纳哥一样,它似乎成了富人和名人们的游艇汇集地。

在蔚蓝海岸,我最喜欢的地方就是尼斯、埃兹和圣保罗德旺斯。埃兹是离尼斯不远的一个小村庄,因为只有大约 3 000 人,常被称为"乡村博物馆"。当地的历史建筑得到了很好的保护,走在街道上好不惬意。

圣保罗德旺斯也是一个风景如画的小村庄，离尼斯很近，它看起来和埃兹很像。然而，与埃兹不同的是，它有很多艺术画廊。因此，除了在古老的街道上漫步，我们还可以欣赏美妙的艺术品，这也是我们行程的一部分。

圣保罗德旺斯也是画家马克·夏加尔度过晚年的地方。马克和我们家族的渊源很深。我父亲后来才到摩尔曼斯克定居，在此之前，祖辈都居住在白俄罗斯的小镇维捷布斯克，那里恰好是马克·夏加尔的出生地。祖母给我讲过他们的邻居——也就是马克的家人——借钱不还的故事。这个故事有点儿夸张成分，但我觉得这个故事很可爱，也为我与著名艺术家深藏的这点儿联系暗自欢喜。马克·夏加尔在圣保罗德旺斯度过了约 20 年，死后也在此安葬。

尼斯是我们旅行的终点。埃里克斯和我在这个城市里走着，宽阔的街道两边是美丽但不太悠久的建筑（以欧洲标准衡量），感觉就像另一个版本的戛纳。埃里克斯突然提议转个弯，又下了几级阶梯，突然间，我们发现自己来到了一座法国古城，街道狭窄，没有汽车，仿佛瞬间置身几百年前。这大概就是欧洲之美，在欧洲国家经常会有这种体验——现代与古老的生活如此接近，只有几级楼梯的距离。

每天一点儿改变

日常生活中的一些微调
最终改变了我的人生
希望它也能改变你的人生

多选变单选

我的"中年危机"在40岁的时候开始了,不过和别人有些不同。我没去找年轻貌美的女朋友,也没买红色的敞篷跑车,而是开始高度关注健康问题。年轻的时候,我们时常觉得自己身体一直不错,能出什么大问题?这种心态完全可以理解,毕竟在此之前,身体的大量数据都能让你得出这个结论。但是,随着年纪渐长,身体就像是汽车发动机一样,要保持正常运作就需要质量更好的燃料(减少"劣质燃料"——垃圾食品),需要更精心的养护(规律运动)。

我也意识到,保持良好的心理状态,要在生理状态上下功夫。也就是说,我得开始戒除坏习惯,养成好习惯。要戒除坏习惯有两种方法:第一,改变环境;第二,把多选变为单选。

在后文中,我会具体讨论环境的重要性。有意识地对周遭环境进行调整,会对创造性产出和决策能力带来积极影响。这里我主要讨论第二种方法。我读了罗尔夫·多贝里的《清醒思考的策略》,决定戒掉甜食(包括蛋糕、曲奇饼、糖果、冰激凌等)。我告诉自己:"我不吃甜食。"

且听我解释。如果我偶尔会吃甜食,比如有2%的概率会吃甜食,虽然这个概率很低,但是每每出现甜食的时候,我都要做决定——吃还是不吃。但是,如果我已经坚定地告诉自己"我不吃甜食",在这种思维模式下,遇到甜食的时候,我就不再需要做决定。

不用反复在"吃"与"不吃"之间做选择,我的选择早就定下来了——"不吃"。

关于意识与潜意识的关系,我读了很多书,也一直在思考。潜意识就像是负责身体所有功能(呼吸、输血、消化等)的超级计算机。如果把潜意识比作计算机主机,那么"意识"就像是一台智能手机,可以给主机发送指示,然后主机就会按指示运作。

"潜意识"接收每一条指示,并严格按照字面意思执行。也就是说,当我的意识把"我不吃甜食"输送到潜意识中时,潜意识就会忠实地执行这一命令。

这听起来是不是有点儿可笑?但我非常清楚,自己的意志力并不强大,而且我以前对甜食还挺上瘾的。自从我决定不吃甜食之后,我去过不少生日派对,也参加了很多晚宴,大家都在吃甜食,但是我完全不为所动,而且丝毫没有消耗意志力。是的,我早就做了选择。而且,我也没觉得不开心。最近,我刚做了胆固醇检查,情况有了很大的改善。

对于我来说,戒除坏习惯可比养成好习惯简单多了。为了养成健身的习惯,我需要外界的压力,于是我请了健身教练塞吉。他出生于乌克兰,曾获得过世界举重冠军。想象一下你在好莱坞电影里看到的典型俄罗斯壮汉,塞吉可以说是一模一样。他说话很慢、很轻,但有一种让人听到后即刻执行的力量。我和哥哥埃里克斯每周会跟着他上两次课。

上次在开始上课前,他似乎是怕我们听不见他心底的想法,跟我们坦言道:"好了,今天要折磨你们一小时,然后我还得去还车。"接下来果真就是一通"折磨",我差点儿走不出健身房,练完后整整一小时说不出话。我以前从没想到自己会享受举重运动,训练下来竟然获得那么多乐趣。在专注练习的时候,身体的疼痛真的会让我的思绪从证券市场、家庭生活中抽离出来，好像那个世界会暂时消失一小时。

如果没有塞吉，我不确定自己是否有足够的意志力坚持下去。显然，我自己是无法敦促自己的。塞吉替我做到了这一点。举重让我的肥肉变成了肌肉，人精神了不少，我觉得自己也冷静沉着了许多。

在有氧运动方面，我主要靠每周几次上下班的骑行和步行（单程 11 千米左右）来锻炼。有一次我去伦敦出差，有个会取消了，在下个会议之前突然多出了几小时，我所在的位置距离会议地点不到 10 千米。于是我戴上耳机，迈着轻快的步伐出发了。和我会面的人是好友加里·钱农（也是我最喜欢的英国投资人之一），他一看到步行而来的我就说："走起来！"于是我们一边聊着天一边畅快地又走了六七千米。

两年前第一次遇到加里时我们边聊边吃早餐，一聊就聊到了大中午。这一次的"步行会议"更加轻快、生动、有活力。加里的很多会议都变成了步行会议，我觉得很不错，开始效仿他的做法。有很多研究显示，一边步行一边谈话会激发创意。我打算以后每周都安排几次步行对话。

8%

我给自己的健康饮食设定了虚拟边界。

什么意思呢？且听我道来。

在丹佛，我有非常严格的健康饮食习惯，但是在出远门时就将其抛到一边了，我会想吃什么就吃什么。之所以有这个策略，是因为我发现离开家之后，要坚持日常的饮食计划非常困难，也不方便，甚至容易让我不开心。我每年大概有一个月的时间在外地（包括假期），只要我能在 11 个月中坚持健康的饮食习惯，也就是一年中 92% 的时间，我就完全可以保持体重并且控制好胆固醇水平。

一开始实施这个策略时，我最担心的就是回到丹佛之后很难重新适应健康的饮食习惯。实际上并没有出现这个问题。环境和饮食是匹配的，当我坐了两小时飞机，或者开了两小时车，大快朵颐是理所当然的；但是待在家里的时候，我总是能管好自己。

这个策略还有另一个好处。不过我先插一个小故事。

我在苏联成长的 18 年里，只喝过一次汽水，当时喝的是百事可乐。我依然清晰地记得第一次品尝到那冒着泡泡的甜丝丝的口感，太神奇了！那一年我 12 岁。在苏联，无论是百事可乐还是可口可乐都极为罕见。

直到 1991 年我来到了美国，终于再次喝到了可乐。我发现，这里的可乐是按桶卖的，跟饮用水一样。于是，可乐就成了我的"饮用水"。刚到美国的第一年，我可以说是把人生前 18 年错过的汽水都喝了。

到了 21 岁的某一天，我在餐厅吃饭，准备第二次续杯可乐的时候，我突然意识到，我好像尝不出可乐那种冒着泡的甜丝丝的快乐了。就这么大喝特喝几年之后，曾经风味独特的可乐于我已经变成了一种红棕色高热量的液体，仅此而已。

从那一刻开始，我规定自己只能在特殊场合喝可乐（比如去看电影的时候）。于是，喝可乐的频率也从几乎一天一次变成了每年几次。去年一整年，我竟然只喝了一次可乐，但是每一口都让我感觉那么快乐。

过度充裕的事物往往会降低其带来的愉悦感。过犹不及。

在吃东西这方面，我也用了同样的方法。

一年中我有 92% 的时间在丹佛，在此期间，食物于我就像是燃料于发动机，要保证发动机正常运转，就要保证燃料的高质量。当然，我并不是每天吃沙拉和粗粮，而是规避不利于健康的食物，比如红肉、冰激凌、比萨等。整体上，我吃的东西都是自己喜欢的。

到了外出的时候，我就放开来吃，哪怕是高碳水、高脂肪的食物，我会想吃就吃。正因为能好好享受一年中这 8% 的时间，我也能接受 92% 平平淡淡的餐食。也正因如此，欧洲旅游的快乐不仅仅来自悠然的生活节奏、亲友的陪伴，还有我无比期待的瑞士香肠、正宗意大利面。

25 年前，我停止了每天喝可乐的习惯，不是出于健康的考虑，毕竟那时候 21 岁的我并不太在乎健康这件事。但事后回想起来，那个决定让我在控制体重方面少了快 30 斤的忧虑。

我的大崩溃

有一天，我下班后回父母家吃饭，继母见到我吓了一跳，

"你气色看着不太好啊。眼袋都出来了，脸上也没什么血色。怎么了？"

其实，我比她看到的情况更糟糕。

亲爱的读者们，别怕，不是投资崩盘，是我经历了个人的大崩溃。

我写了一本关于特斯拉公司和电动汽车的小书——《特斯拉、埃隆·马斯克以及电动汽车革命》，大概花了一个多月的时间。那段时间，我把起床闹铃调早了一个小时——4点起来，然后开始写作。然后我又把睡眠时间延后了，因为晚上我要搜索资料为第二天的写作做准备。当时那个主题令我倍感兴奋，我进入了高度专注的状态。在完成书稿之后，我又写了20页的当季致客户信——这又花了两个星期。这时候，我已经养成了很糟糕的习惯——睡得太晚，起得太早。

饮食上是没问题的。我也每周锻炼两三次。总之我觉得自己正值当打之年啊。结果，由于缺乏睡眠，我整个人开始崩溃。每天下午都觉得自己像被车撞了，如行尸走肉一般。有时候正跟人说着话，某些名字或者事情就是记不起来。更可怕的是我太疲惫了，甚至都没意识到自己已经出了问题。

因为这种状况，我开始研究睡眠问题。我读到了加利福尼亚大学

伯克利分校的神经科学和心理学教授马修·沃克的专著《我们为什么要睡觉？》，它彻底改变了我对睡眠的看法。在当下工作至上的社会文化中，废寝忘食地工作被过度美化，早出晚归才会被尊重。睡眠因为抢占了清醒的时间，几乎被视作社会发展的阻碍。"死了想睡多久都行"——这就是我的想法（我怀疑，这也是整个社会的心态）。

我可真是错得离谱啊。

对于影响健康的因素，我有过很多思考——饮食、运动、生活（包括个人关系、压力等），但竟然从没想到睡眠。《我们为什么要睡觉？》让我突然意识到，睡眠是健康中不可或缺的一部分，却也是被大家严重忽视的部分。

在清醒的时间中，我们的大脑受到损伤，因此需要睡眠时间修复大脑。如果没有高质量的睡眠，我们必将要付出惨重的代价。

没错，就是这么简单。睡眠不足或者睡眠质量不高，会给身体最重要的器官——大脑，带来短期和长期的伤害。而且，受到损害的不仅仅是大脑，糟糕的睡眠也会损害免疫系统（致使人感染流感的概率上升），增加罹患癌症的风险，而且也是诱发阿尔茨海默病的重要因素。我不打算详细讨论大脑中产生的化学变化，总之，缺乏睡眠的大脑让人更容易抑郁、焦虑，更容易心脏病发作，更容易发胖，更容易出现情绪波动且更难控制自己的情绪。坏处还远不止这些，但大家应该已经理解我的意思了。

我觉得自己还算幸运了，当时我整日处于极度疲惫的状态，真有可能发生更严重的事情，比如车祸。我每天开车送孩子们上学，开车上下班，危及的不仅是自己的生命，还有家人的安全。[1]

---

[1] 缺乏睡眠的司机发生车祸的概率是正常情况的 15 倍。每年，由于司机缺乏睡眠引发车祸导致死亡的人数超过滥用药物和酒精导致死亡的总人数。我们不但要严格禁止酒驾，也要严格禁止疲劳驾驶。

人类进化而来的身体并不能应对睡眠不足的状况。如果你饿着肚子，在你驾车去麦当劳时，路上堵车了，脂肪细胞储存的能量至少还能让你撑一会儿。但是，我们的身体中没有存储睡眠的机制。所以我们需要保证每天充足的睡眠，对于大部分人来说是至少 8 小时。

以下是一些可以改善睡眠的方法。

在凉爽的房间睡觉。比一般温度低 1~2 摄氏度的室温更有利于睡眠，18.5 摄氏度是比较适宜入睡的温度。

泡个澡或者冲个澡都有利于睡眠。这听起来好像有点儿违背直觉，洗了不是更清醒吗？其实，在洗澡时人的体温会上升，随着体温下降，人会更容易入睡。

每天在固定时间入睡和起床（包括周末）。大自然给人类设定了生理节律，也就是大致以 24 小时为单位的生理周期，身体的节律（包括体温）会随着这个周期变化，这是由自然光线和温度引发的（后文中会详细说）。

睡或不睡，生理节律都会一直循环。为了有好的睡眠，我们需要根据生理节律调整好睡眠，这个是因人而异的。我是一个早起的人，晚上 8 点左右我的体温就开始下降，所以这个时间段我比较容易入睡，这样做也会让我早上更容易醒来。

和我同床共枕了 20 年的某人——这里就不点名了，不是晨型人。她如果跟我一样早睡，那必然是睡不着的。她的生理节律和我不一样，所以她会晚些睡，也会晚点儿起，要是起太早，她就会头疼。

生理节律不一定能改变（我个人认为很难改变）。所以，一定要先了解自己是晨型人还是夜型人，根据实际来安排每天的计划。你可以根据情况做以下调整。

调节褪黑素的分泌。在数百万年进化过程中，没有闹钟，没有人造光线，人类的身体通过太阳光线调节睡眠。当光线变暗时，身体会释放褪黑素——黑暗激素。如果说睡眠是一场 8 小时慢跑，那么褪黑素就是起跑的哨声。褪黑素调节的是入睡时间，和睡眠时长、睡眠质量没有关系。褪黑素对光线很敏感。

因此，我们可以好好利用这个自然规律。

在睡觉之前的几小时调暗光线。我正打算在全屋安装可调节灯，在大家睡觉前的一两个小时把光线调暗。

合理使用太阳镜。早上不要戴太阳镜，自然光线有利于我们尽快清醒过来，你可以从下午开始戴。

在睡前一两个小时限制电子设备的使用。现在我准备开始用墨水屏设备读电子书。而且，如果晚间使用笔记本电脑，我会戴上防蓝光眼镜。

适度饮用咖啡和酒精饮料。咖啡因会阻碍大脑接受"该睡觉了"的信号。喝咖啡 30 分钟后，咖啡因开始奏效。但是，咖啡因的半衰期是 7 小时，也就是说，喝了咖啡 7 小时之后，50% 的咖啡因还留在身体里。这虽然不怎么影响入睡，但是会让人睡不好。

我总会喝很多咖啡。通常每天的第一杯是为了醒神，接下来再喝咖啡都是因为想要品尝咖啡风味。因此，在早上八九点之后，我就会喝低因咖啡，让身体有 12 小时的时间来代谢咖啡因。提示：低因咖啡中仍含有咖啡因，不过咖啡因含量是普通咖啡的 10%~30%。另外，随着年纪增长，身体代谢咖啡因的时间会增加。[1]

冥想。人躺在床上的时候，往往会回顾当天发生的事情，然后

---

[1] 酒精也许会帮助入睡，但是会严重影响睡眠质量。而且，酒精会影响到睡眠的快速眼动期，也就是做梦的时间。快速眼动期睡眠与情商和创意密切相关。

就容易睡不着。冥想能够让我们冷静下来，把已经度过的一天放下。我和冥想之间的关系一言难尽。我发现自己早上很难挤出时间冥想（因为会占用写作的时间），所以我打算把冥想时间调整到睡觉前。

小睡。小睡的时间也很重要，安排得好，有利于在一天之中给自己充电，但是睡太久（超过15分钟）或者在接近晚上的睡觉时间小睡，都很有可能会影响正常的睡眠质量。

读一读我的书。我听说，我的书，尤其是《积极的价值投资》特别催眠。注意，不要在床上读书，大脑应该对床有准确的认知：床就是睡觉的地方。

在我看来，很多时候医生的处方上应该写的是"睡眠"。[1] 不过，医生在医学院上了那么多年学，可能还欠了一大笔学生贷款，只对病人说一句"你需要每天睡够8小时"，可能有点儿说不过去。

除了上述提及的健康问题，还有一些需要考虑的事情。作为家长，我特别注意孩子晚上使用电子设备的时间，也会关注他们的睡眠时长。如果他们早上起不来，我不觉得他们是在"睡懒觉"。我会让他们多睡会儿，他们需要睡眠。

创造力对我的工作很重要——无论是投资还是写作。另外，生活本身就应该充满创造力。因此，我非常清楚睡眠缺乏给创造力带来的伤害。作为雇主，我也需要了解员工到底是晨型人还是夜型人，让他们更好地根据生理节律安排工作。

我也意识到，我需要提前一天为每天的工作和生活做好准备。假设我要坚持早上4点起来，那么前一天就要7点30分睡觉。这其实不太现实（我不想比孩子睡得更早），那我就8点30分睡觉

---

[1] 我强烈推荐马修·沃克的《我们为什么要睡觉？》一书，上述信息都来自我和他的访谈以及他的著作。

（大概 9 点睡着），第二天 5 点起床。我如果遇到了特别有趣的话题，也应该稍稍克制自己的兴奋。如果确实需要 45 天完成写作，那就不要硬挤在 30 天里完成。

　　缺失的睡眠是无法弥补的。也许还要几百年人类才能进化出新的机制来弥补这一缺陷吧。

　　我祝大家晚安，睡得踏实。

习惯的 3 层思考

新冠肺炎疫情影响了太多的事。

我虽然喜欢居家办公，但是现在也意识到了居家办公的代价。在 2020 年 3 月到 4 月，我过去几年里辛辛苦苦养成的大部分好习惯都中断了。因为要保持社交距离等原因，我没法去找私教上课，于是也就停下了健身的习惯（没了外部压力真的不行）。

4 月份我也没写什么文章。3 月份的时候市场震荡，我每天都在加班加点，所以到了 4 月，我要尽可能保证充分的睡眠，早上到 7 点才起。因为之前都是 5 点起来写作，调整了睡眠之后连写作习惯也丢了。

好习惯一点点消失，我终于意识到自己不能再眼睁睁看着事情进一步恶化。于是我开始积极寻找恢复和建立好习惯的方法。

詹姆斯·克利尔的《掌控习惯》又被我拿出来重温。以下是我对这本书的一些思考。

在改变习惯上，有 3 个不同层次的思考。

第一层就是最浅显的一层：设定目标或者专注于结果。很多运动员都有同样的目标，但是有人成功，有人失败。所以，目标并不是区分成功或失败的关键，关键在于我们为实现目标建立的体系。插一句题外话，投资也是如此。目标常常会与我们长久的成功和幸福相冲突。一旦目标完成了，接下来要干什么呢？旅途的意义不仅在于目的地，更在于旅程本身。目标（目的地）的意义主要在于设定方向。

因此，这就让我们有了第二层思考：建立系统，也就是实现目标的环境和过程。詹姆斯·克利尔写道："你不会成为你设定的目标，而会回归你遵循的系统。"

我如果要写作，那就需要早起、早睡，中午后就不能再喝咖啡，晚餐得早点儿吃，吃得要清淡，然后睡前洗个澡，把闹钟设定在5点。

这就是让我保持每天写作两小时的"系统"。在被打断之后，5点起床变得很痛苦，尤其是第一周，我得逼着自己醒来——这是扰乱系统的代价。到了第二周，稍微轻松了一些，我醒来之后会用冷水洗个脸，然后煮咖啡，戴上耳机，点开音乐播放清单，然后一直写到6点半。

我从詹姆斯·克利尔的书中学到了一个小技巧——在好习惯之上搭建另一个好习惯。写作之后，我会到公园里步行5千米，大概一小时。在这个过程中，我会听有声书、听音乐、听播客节目，这太美好了。早上5点起来然后写作两小时，然后我就可以享受在公园散步的乐趣了。

然后就是第三层改变习惯的思考：身份，也就是自我定位、自己的世界观。

克利尔写道："当你重复某个行为时，你其实就在增强与此行为相关的身份。"英语中 identity（身份）一词来自拉丁语词汇 essentitas（存在）以及 identidem（重复）。也就是说，"身份"的字面意思是"重复的存在"。

我是写作的人，我是健康的人，我是……每个人都有不同的身份。芝士汉堡配奶昔并不符合健康人士的定位，所以，午餐我肯定不会去快餐店解决。

我有一位朋友是犹太教正统派拉比。有一回他来我家，告诉我说自己最近胖了不少。他说："我吃太多面包了。"我让他改变自己的身份，把自己定位成不吃面包的人。他一脸茫然。我解释道："你要耗费多少意志力让自己不吃猪肉？"他说："毫不费力。因为我不吃猪肉。"我接着他的话告诉他，用同样的方式对待面包即可。于是他照做了。几个月后，他给我打电话，感谢我让他成功减重。

从另外一个角度看待这 3 个层次的思考：系统是你所做的事情，目的是你最终的收获，身份则是你的信念。

这个 3 层框架的妙处就是你可以通过设定目标、设计系统，重构自己的身份，而且这个过程可以根据自身实际情况来调整，一开始可能是装装样子，但是随着时间的推移，这就会成为真实的你。没错，装样子也是其中的一部分。如果你有 300 多斤重，上几层楼梯就气喘吁吁，那么你说自己是个健康人士，确实是"装"的。但是，一旦你开始像健康人士一样行动，体重开始下降，减了四五十斤，你可能已经开始相信自己就是健康人士，随着这个过程的推进，你会对自己越来越有信心。

当写作成为习惯时，我就不用逼着自己去写了，这已经成为我自我定位的一部分——我是一个每天早起写作的人。停止写作一个月之后，我发现自己的大脑开始混乱，就像停止运动之后我的身体也开始变得不对劲。写作不是我的副业，是我生活的必需品，通过写作我才能保持清晰的思考，才能让凌乱的思绪变得有条理。

每次建立新习惯，我都会使用"最小计量单位"（MMU），这个计量单位需要有意义——如果你不断重复它，你就能够感受到变化或者获得成就感（建立习惯通常需要一到两个月）。但是，不能把计量单位设计得太大，否则习惯就很难坚持。而且这个"单位"

必须可以量化，方便你从心理层面（以及实际层面）确认自己完成了任务。

我开始建立每天散步的习惯的时候，"最小计量单位"就是在公园里面走3圈（大概是5千米）。写作的"最小计量单位"是从清晨4点半开始戴上耳机，坐在电脑面前，手放在键盘上，看着电脑屏幕，一直到6点半。在这个时间段，我只需要做好准备，然后等待潜意识引领我的写作。

"最小计量单位"会随着时间变化而变化。比如我刚刚开始骑行的时候，最小计量单位是每天20分钟，后来就变成了"以每分钟60转的节奏骑行X分钟"。有段时间我的背部受伤了，"最小计量单位"就变成了"出家门能骑一会儿是一会儿"。

我已经意识到，应该珍视并维护好自己的每个好习惯。在疫情之前，我并没有意识到去办公室上班的好处，而现在我发现，去办公室的习惯为我提供了一个很好的系统。当我开始居家办公时，我应该有意识地建立新系统，维系好习惯，或者利用新的好习惯替代之前的好习惯。比如说，虽然我不能跟着私教锻炼了，但是我可以在公园散步，可以自己做伏地挺身、仰卧起坐和深蹲练习。

总之，无论是重建好习惯还是养成新习惯，我得动起来了。希望大家也能有所收获！

冥想与大脑的思维派对

> 让你快乐或不快乐的不是你所拥有的或你所做的，不是
> 你的身份，不是你身在何方，而是你如何思考。
>
> ——戴尔·卡内基

好的想法给你带来快乐，坏的想法给你带来焦虑和痛苦。

我们的大脑无时无刻不受到想法的侵入。可能"侵入"一词描述得不准确，似乎想法是外物，而不是存在于大脑中的东西。虽然听着有些奇怪，但是，我们只是大脑中的客人。是的，在我们的大脑里，无数想法汇集在一起，像个全年无休的派对，而我们自己只是其中的一位客人。很多人认为可以控制自己的想法，其实不然。在大部分时间，我们甚至没有意识到自己的想法。

正因如此，我要来谈谈冥想。冥想让人能够有意识地进入大脑的思维派对中，扮演监护人的角色，仔细检验每个客人（想法）及其意图。

冥想有很多方法，我所使用的是正念冥想。

我会选择一个舒服的坐姿，专注于自己的呼吸，感受呼气与吸气时气息在身体里的流动，除此之外，别无他念。如果我发现自己开始走神，有了呼吸之外的其他念头，我会不带任何偏见，承认这个念头的存在，然后它会离开——这个方法叫作"标记"。

我的目标是能够冷静沉着地观察自己的想法。那么最明显的障碍，也是需要我不断努力的方向就是清除与呼吸无关的想法。我刚开始接触冥想的时候，尝试了几个星期就放弃了，不能思考让我感到沮丧，而且大脑里面总是不断有想法涌入，我觉得自己根本做不到"冥想"。后来我才意识到，认识到想法的存在并不是"失败"，而是冥想的一部分。

冥想的益处

我重新接触冥想后才领悟到了其中的益处。在第一回失败后，我就觉得冥想只是让人冷静下来的方法，这是非常狭隘的认知。冥想确实会让人冷静下来，但是益处远远不止于此。

以下是我发现的其他益处。

冥想能缓解痛苦。维持消极的情绪也需要耗费精力。我们如果反刍负面情绪，就是给负面情绪火上浇油。冥想可以让我们发现负面的想法，标记情绪，承认其存在，负面情绪的火苗就会因此而逐渐熄灭。[①]

冥想大师萨姆·哈里斯做了精妙的总结：不进行冥想的人会遭受不必要遭受的痛苦。没错，通过冥想，可能持续数日的（不必要的）痛苦在两分钟之内就可以被消解。

冥想专注于当下。人总是习惯性地活在过去或是活在未来，而冥想让我们回到当下。冥想的过程就是在训练大脑专注于此刻。我

---

① 著名神经解剖学家吉尔·伯特·泰勒在其著作《左脑中风右脑开悟》中提到了"90秒原则"："当一个人在其身处的环境中对某事做出反应时，身体中会出现90秒的化学反应过程，在此之后，所有的情绪反应都是因为个人选择停留在情绪的循环中而产生的。"

发现，当下实在是太美好了！这种状态已经开始延展到生活的其他方面。

举个例子。我跟着自己的举重教练上课已经快 3 年了。这个锻炼过程真是让我又爱又恨。我并不期待每次锻炼，但是每次锻炼之后我又确实感觉很不错。总之，坚持锻炼是为了保持健康，而且我和哥哥埃里克斯一起上课，这也是我们相处的好机会。

在我养成冥想的习惯前，每次锻炼对我来说更像是折磨，我巴不得早点儿结束。我的大脑一直在倒数，期待着结束的那一刻。冥想练习进行了几个月之后，我发现我在举重时能更享受当下了。当我发力的时候，大脑能充分感受到每块肌肉的紧张，就像在冥想时大脑能觉察到每一次呼吸。

活在未来对我来说曾是一种默认的思维模式，哪怕面对的不是自己讨厌的事情，我还是习惯把思考的重点放在未来。

2010 年，我和父亲一起去了趟维也纳。有天下午我们在街上逛着，他对我说："你总是在想着抵达下一个地方。"他说的没错，无论我们去博物馆还是去景点，我总是急着赶往下一个地点，沉浸在当下并不是我默认的状态。

现在，活在当下，脱离以目标为中心的思考，成了我的目标。（是的，写下这句话的时候我也感受到了其中的讽刺。）在这一方面，冥想对我大有裨益。现在，无论是散步，还是和孩子相处，我都比以往更能沉浸其中。

我不断提醒自己，就像《功夫熊猫》中，乌龟大师对阿宝的教导："昨天是历史，明天是秘密，而今天是礼物。"

冥想能提升情商。① 在面对压力的时候，只要能把握短短的几秒时间，深呼吸，情况就会大有不同。而冥想能帮助你做到。

有一次，一名员工打电话跟我说不小心删除了某个数据库，而且当时我并不确定数据库有备份。我清晰地记得，我心里的怒火一下冲到了嗓子眼儿，但是我马上进入了冷静的旁观者视角，看到了情绪的存在。这几秒钟的时间让我缓和下来，我说："那我们来想想办法吧。"因为我认识到了负面情绪的存在，所以我很难再继续保持愤怒，几分钟之后，刚才的怒火已烟消云散。

坚持日常中的冥想

我多么希望自己 30 年前就开始冥想了。曾经我对冥想的误解似乎是一张海报造成的。我在宣传冥想的海报上看到，一位身姿曼妙、面容姣好的女性扎着马尾，盘腿坐在山边，面对宏伟的山景，轻轻闭着眼睛，每一寸肌肤都沐浴在和煦的阳光里。这就是冥想吗？对我没有任何吸引力。

后来我发现，冥想是对空间、环境要求最宽松的运动。我不需要早上 4 点起床，然后开车到山里去冥想，冥想可以在任何地点进行。我已经把冥想和散步结合在了一起。通常我会在公园步行结束后到最喜欢的长椅上开始冥想。不过，就算在办公室、酒店大堂、家里后院，哪怕是躺在床上也可以冥想（当然最后这一种会让我很

---

① 冥想有很多益处我还未能亲身体会。哈佛大学的研究"8 周改善大脑"发现，8 周的正念冥想能够显著改善与记忆、自我感知、共情、压力处理等相关的大脑功能。压力水平降低的参与者的大脑杏仁核灰质密度均有所下降，杏仁核在大脑处理焦虑和压力方面有重要作用。也就是说，通过 8 周平均每天 27 分钟的冥想，参与者的大脑功能从根本上得到了改善。其他研究也有类似发现。

快睡着）。我还算是冥想新手，所以需要安静的环境才能进入状态。但是根据我的了解，即便在喧闹的环境中，冥想也是可以实现的。冥想是大脑的运动，和所有运动一样，坚持很重要。

我认识所有冥想的人都是每天冥想，我也是。我每天会冥想一到两次，每次 10 分钟，最近开始 20 分钟的尝试。我会使用萨姆·哈里斯开发的手机软件——Waking Up（醒来）。还有很多类似的手机软件。可能随着练习的增加，之后我就不再需要语音指导了。另外在优兔、Spotify 等视频、音频平台上，也有很多冥想练习可以参考。

有时候我会在每天步行的时候冥想，结束之后，我会坐在椅子上，听古典音乐，看着周围的树，然后仔细聆听音乐中每种乐器的声音、每个节拍，不去思考。这种冥想式听音乐会让听音乐的过程变成一种沉浸式的体验。

我之前觉得有个好朋友一定会从冥想中受益，于是我给他发了这段内容的初稿。他回复说："听起来冥想是一种万能工具啊。希望我能和你一样受益。"我琢磨了一下他说的话，意识到冥想也需要信念和耐心。没错，信念，就是相信你的大脑，相信只要花上一定的时间，你就会更好地掌握大脑中的力量。

在冥想的过程中，10 分钟也好，20 分钟也好，大脑就在发生改变。每个人的大脑不一样，每个人的性格不同，因此，学习冥想的过程也因人而异。降低期待，你就不会失望。

冥想也需要耐心。冥想练习和健身举铁很相似。即便是举同样的重量，用同样的频次练习，但是每个人的身体状况不同，最终的结果也会不同。但是有一点可以确定：在举重的时候，肌肉纤维撕裂重组，这个过程会让人感到疼痛，也会让肌肉变得更健壮。冥想也是如此。我们冥想时必须专心，有耐心，只有这样，我们才能真正获得成长。要对这个过程有信心。有些人会比其他人更享受痛苦的感受，但你大可以放心，在冥想中你不会有太多痛苦的感觉。

那么冥想多久合适呢？

在前文中，我提到了"最小计量单位"的概念。我刚接触冥想时给自己设定的最小计量单位是"没有杂念的一段时间"，这必然是要失败的。现在，我每次冥想 10~20 分钟，只要冥想的过程中有完美的一分钟我就很满足。在每次冥想快结束时，软件会提醒我，这是最后一分钟。我会让这最后一分钟尽可能完美。我仍然无法做到在一分钟时间内不思考任何事，但我每次冥想都会使自己比之前进步一点儿，将不思考的时间延长一毫秒。这个旅程，没有目的地，目标仅在于享受旅程。

投资中的辩论与沟通

> 开口之前，对于想说的话，先问自己 3 个问题——是真的吗？是必须说吗？是出自善意吗？
>
> ——鲁米

我初读戴尔·卡内基的《人性的弱点》是在 1990 年。来到美国之后，我又读了好几遍，也更能理解其中的深意了。

当时冷战即将结束，来自资本主义美国的图书在苏联流行起来，卡内基的作品成了当时第一批被译为俄语的书籍，可以说是当时的"必读书目"。我本期待这本书能让我变得更好。然而，在当时的我看来，书中充满了虚伪，主要内容就是教读者不要那么真诚，让人变成伪君子罢了。

回想起我读卡内基的那个时候，要真正读懂是不可能的。当时的我深受苏联教育体系的影响。你要是看过情景喜剧《宋飞正传》里的"汤纳粹"那集（严厉的汤店店主只要对顾客不满就会大吼一声"你没汤喝"，并拒绝出售汤品），大概就能了解我们当年的境况了。当时，关爱并鼓励学生的老师会被视作无能。我记得在学校里有两位老师被列为楷模，在他们的脸上从来找不到一丝笑意。他们很少表扬学生，但是学生一旦回答问题出错，必定会遭到无情的羞辱。他们之所以受到尊重是因为对教学内容烂熟于心，而且能镇得住学生。

卡内基曾说：“与人相处的时候，我们要记住，不要把对方当作逻辑动物，人是情感动物，充满了偏见，而且受自尊心和虚荣心驱使。”

如果人像计算机一样，没有感情，那么苏联的老师们说得没错，唯一重要的就是知识，而教育（和沟通）就仅仅是老师将信息直接传递给学生的过程。如果你觉得某些东西值得传递给他人，他人也需要并且愿意接收，那么这时候，卡内基的智慧就有用武之地了。如果人类和计算机一样，那么信息如何包装对我们来说都无所谓，内容才是最关键的。但是，人毕竟不是计算机，对内容的包装是很重要的，这直接影响到了对方是否能接受。

批评是无效的，因为批评会让人马上进入防御模式，会更想要证明自己。批评也是危险的，因为批评会伤害人的自尊，削弱人的自信，引发憎恨。

我有一位同事会定期跟我做任务。她工作兢兢业业，但时不时会犯错误。在没有读懂卡内基之前，我会选择直接批评她。但现在呢，我会先给予表扬，肯定她的工作，尤其是对细节的关注，令我无比钦佩，然后我会委婉地提起她的错误。我对她工作的肯定绝对真实——她不是傻子，说假话她能听懂。而且，我确实也传递了同样的信息——她在工作中犯了错误，但是信息的包装方式变了，结果呢？她的错误减少了，而且我们的工作氛围改善了。

作为投资者，我经常会和他人展开讨论、辩论。我也经常和合作伙伴麦克还有我的投资圈朋友辩论。麦克和我经常有不同意见——这是好事，因为如果我们总是意见一致，那绝对有一个人在敷衍了事。卡内基书中的话改变了我对辩论的看法：

争辩从来没有赢家。如果你争辩输了，那就输了。即使你赢了，结果还是输。为什么这么说？想一想，假如你赢了辩论，证明别人是错的，将对方驳得体无完肤。可那又能怎样？自我感觉或许很好，但是对方的感受呢？对方只是觉得受到了羞辱，自尊心受到了伤害，他自然会不可避免地嫉恨你的胜利。

卡内基提出了以下建议：

在出现争执的情况下，人的第一反应就是自我防卫。一定要小心。要保持平静，不要被第一反应左右，因为这很可能是你最糟糕的样子。控制情绪。一个人脾气的大小，决定了这个人的气量和将来可能取得的成就。学会聆听。让不同意见得以表达，给你的对手发言的机会。求同存异。耐心听完对方的观点，首先去思考哪些是你认同的。

过去我觉得辩论一定要赢，每次赢了都沾沾自喜，现在想来真是没必要。

25年过去了，我多希望告诉17岁的自己：慢点儿读这本书，用心去读，这将是你读过的最重要的书，这会是改变你命运的书。可惜我没有时光机，但我可以鼓励身边的人，包括我的孩子，去读一读这本书。

卡内基的书会让人更善于投资，因为它可以让人更好地理解他人。更重要的是，这本书也会让人变成更好的伴侣、更好的家长。

为自己所驯服的一切负责

～～～～～～～～～～～

在生命的终点，你后悔的不是没有通过的考试、没有打
赢的官司、没有成交的订单，你后悔的是没有和伴侣、朋友、
孩子或父母共度多一刻的时光。

——芭芭拉·布什

我有一位客户的丈夫是第二代俄裔美国移民，他从耶鲁大学法
律专业毕业，在他父亲创建的家族企业中工作。4 年前，他被诊断
出罹患癌症。他积极接受治疗，但是癌症最终还是带走了他，终年
66 岁。

他留下 1 亿美元的资产给妻子、儿子还有女儿（他的儿女当时
都将近 30 岁）。我最近和他们会面，儿子和儿媳妇很快要迎来宝贝
女儿的降生。我和这位准爸爸聊了起来，我问他想成为什么样的父
亲，他说："一定不能是我父亲那样的。"我有些惊讶，问他为什么。

他说：

父亲去世后，他的很多朋友跟我说他为人多么风趣、多
么友善，我从来没有见过他们眼中的父亲。他每天工作 16 小时，
全年无休，办公室在家里的地下一层，他一般出来吃个晚饭，
然后就又回去了。他从来不陪我和妹妹，所有事情都是妈妈

包揽，接送上学，接送我去足球训练。我总觉得自己是妈妈一手养大的。我不希望成为一个缺席的父亲，我想陪着孩子长大。

他接着说道：

> 我的父亲直到生命最后都坚信自己会战胜癌症，所以他一直没有向我和妹妹表达自己真实的想法。直到一年后，他的朋友告诉我，父亲曾经坦言说自己应该多花时间陪伴我们。

听着他的话，我特别想冲回家给孩子们一个大大的拥抱。同时，我也感到了深深的遗憾："如果那位父亲每天工作8小时或者10小时，留下的遗产是1 000万美元而不是1亿美元，孩子们的生活会有何不同？"他的子女都是彬彬有礼的年轻人，也不追求奢华的生活。我想，这个儿子更愿意有一个陪伴他成长的父亲吧。

这件事对我触动很大，因为我自己也投资，我问自己："我在孩子们心中也是这样的吗？"几天之后，我开车送18岁的乔纳去机场，他高中毕业了，准备开始"间隔年"。接下来的一年他会在以色列度过，在当地的美国犹太大学上课，利用课余时间实习、旅游，以及发现自己。

当孩子离家的时候，作为父母你往往会重新审视过去的生活，你会问自己："我给孩子足够的陪伴了吗？"乔纳登机之前，我们交换了给彼此的信（这是乔纳提出来的），妻子和我给他写了一封信，他给我们（包括妹妹）写了一封。信中的一段话让我瞬间热泪盈眶：

谢谢你在繁忙的工作中抽出时间，给我留下了许许多多的美好回忆……不久前，你读了一本关于巴菲特的书，书中谈到他希望自己花更多的时间陪伴孩子。你担心自己是不是也没有给我们足够的陪伴。别担心，我可以拍着胸脯告诉你，无论过去还是现在，你都是一个好爸爸。在我人生中，我从未感觉到父爱的缺席。

我感觉与此相比，人生中的其他成就黯然失色，都只是过眼云烟。

我记得乔纳才几岁的时候，我握着他的小手，想象着他将来长大的模样。成年的他到底会是什么样子呢？我想不到。十几年过去了，站在我眼前的乔纳是个一米九的大高个，声音低沉，一头鬈发，为人幽默风趣，还有一颗善良的心。

今天的我看着两个女儿，也在想象她们长大后的模样。我依然想象不到。但我知道，她们终有长大的那天。再过 5 年，汉娜就要离家了，再过 13 年就是米娅·萨拉了。这听起来很遥远，但耐不住时光飞逝。

我们和乔纳拥抱，目送他上飞机，妻子看着两个女儿（13 岁的汉娜和 5 岁的米娅·萨拉）说："你俩在家上大学，哪儿也不许去！"

我理解妻子的感伤。我们都知道，孩子必定会长大，但是，我们也总想让这个过程慢下来。在那一天到来之前，我们所能做的就是给予他们尽可能多的陪伴。即便如此，当离别的时刻到来，心中的难舍难分依然是那么强烈。

根据蒂姆·厄本的计算，在一个人高中毕业时，他和父母相处的时间就已经度过了 93%。我现在每天和孩子们在一起的时间是 6

小时,周末两天是 20 小时。当孩子们与你生活在一起时,作为父母,你是他们唯一的依靠,对于年龄小的孩子更是如此。

现在米娅·萨拉和汉娜都不会开车,而且没有大人陪同,妻子根本不会让她们出门(她应该很想给米娅·萨拉弄个安全绳)。等到她们上大学,结婚生子,每个月能和我们见上 6 小时就很不错了(我当然希望有更多的时间)。

现在,在与孩子们共度时光时,我给自己设定了更高的标准。最近我在书中读到"注意力就是时间的货币"。我希望在和孩子们相处的时候,我能全心全意,把注意力放在她们身上,尽量不被股市或者最近读的书分神。

最后一点。创业人士总是想要不断扩大业务。目前的营收和利润总是有增长空间,总能成为下一年度的基准,我们总想追求更多。但是,"更多"背后也有隐藏的代价:和家人相处的时间会变得更少。我的重要责任就是给家人创造更好的生活,但是在某些阶段,我觉得(某些读者可能也发现了)"更多"并不意味着更好。

有时候,工作就像是游戏——一个现实版本的《糖果传奇》(消除类手游),在这个游戏世界中,金钱不是可以购买实物产品的货币,而是花不出去的筹码。这些筹码可以用来衡量我们成功的高度,筹码越多,等级越高。有人会为了升级而沉迷在游戏中,也有人会沉迷在工作中,原本的谋生工具可能会成为一种难以戒除的瘾。

我的父亲引用过安东尼·德·圣埃克苏佩里所著的《小王子》中的一句话:"你永远,要为自己所驯服的一切负责任。"

6个月的人生倒计时

> 想象你已经死了，你已经过完了一生。
>
> 现在，带上你拥有的，好好生活。
>
> ——马可·奥勒留

某一年的瑞士和意大利之旅结束后，我在威尼斯机场给妻子和两个女儿买了手镯作为礼物。到法兰克福机场转机时，我发现手镯落在了礼品店！在郁闷了 5 秒钟后，我想起了《最后的演讲》中的一个故事，我在回家的飞机上第三次阅读了这本书。这是一篇以第一人称视角写的、关于波许教授的人生故事，他在 46 岁那年确诊胰腺癌，生命突然被宣告只剩下 6 个月的时间。

这是其中的选段：

十多年前，我的外甥克里斯 7 岁，外甥女劳拉 9 岁，有一天我开着自己新买的大众敞篷车去接他们。姐姐叮嘱他们："这是舅舅的新车，把脚蹭干净再坐上去，别把东西弄乱弄脏了。"听着姐姐的话，作为还单身的舅舅，我只能想："这种话对孩子有什么好处，他们肯定还是会把车弄脏呀，小孩就是小孩嘛。"所以，我让事情变得更加简单轻松了一些。

姐姐还在给他们讲规矩，我打开一瓶汽水，把饮料倒在了敞篷车后座上。我想表达的就是，人比东西重要。一辆车，哪怕是我的宝贝新车，也只是身外之物而已。

虽然我们的人生和波许的不一样，但所有人终将面对死亡。波许的人生计时器被医生设定为倒计时 6 个月（后来他又为自己争取了 11 个月）。有些人的生命会意外终止，比如科比·布莱恩特，也有些人会特别长寿，比如柯克·道格拉斯。总之，世事难料。

假如生命只剩 6 个月，你会如何度过呢？你所在乎的事情还一样吗？落在了机场的小玩意儿还重要吗？车座被弄脏了你还会生气吗？我们都认真想想。2008 年 7 月，波许去世。当年的车现在在哪里呢？座椅还干净吗？车身上有没有凹陷？这些还重要吗？身外之物来去匆匆，只是我们的选择了赋予它们或轻或重的意义。

我一直用"我们"，其实我要反思的是自己。在那次出发去欧洲前，我叮嘱妻子，我新买的特斯拉 Model 3 停车时不要离其他车太近，不然很容易被蹭到。妻子每次去买东西，总喜欢找离商店门口最近的车位，也就是说，她停车的位置就是车最多的地方。我记得在欧洲的时候，收到妻子发来的图文信息，新车停在停车场最边缘的地方，附的文字是："你的车没被蹭到哦！"

如果我的生命只剩 6 个月，我还会让她这么做吗？我们很容易过度重视物质，尤其是车。如果生命只剩下 6 个月，我们就会重视真正重要的事：亲情、友情，活在当下，享受生活。如果生命只剩 6 个月，当我们重新设定自己重视的东西时，绝对不会是身外之物。

我也不知道自己的生命还有多少时间，但是我会让自己记住"6 个月"倒计时的心态（终有一天也会迎来真正的 6 个月倒计时）。亲爱的，如果你读到这儿，我想告诉你，车子你想停哪里都可以！

改变我人生的理财建议

　　2000 年，我结婚了。最佳新婚礼物之一应该是妻子瑞秋和我同我的好友马克·鲍尔的一顿午餐。马克和我在科罗拉多大学上课时认识，他也是我最靠谱的学习伙伴。他比我大 10 岁，也就是说，在那一次午餐的时候，他已经比我成熟了许多（当年我 28 岁）。

　　在婚礼前的几个月，马克邀请我和瑞秋一起吃饭。在餐桌上，他坦率地说，很多婚姻就是因为钱的问题搞砸了。

　　马克告诉我们：

　　　　有一个对我来说很有用的工具，那就是家庭预算。听起来很简单，你计算自己的收入（如果是家庭收入，那就是两个人的薪水），减去日常开支，得到的就是净收入。如果净收入为正，就是有存款，喜欢的东西只要买得起就可以买。

　　说到这儿的时候，我确实对他有些失望。我已经获得了金融硕士学位，还有几个月就要拿到特许金融分析师证书了。这个建议如此简单，似乎有点儿瞧不起我的意思。

　　马克看到我有些淡漠的表情，继续说道：

　　　　正常的家庭预算会考虑日常支出，比如房贷、水电费、生活用品等，但是会忽略未来支出。比如说你的车，已经全款买下了，很好。但是，5 年之后你可能会想要换车，突然间你就有一笔 20 000 美元的大支出了。这类突然性的支出是可以避免的，毕竟你肯定不会计划一辈子只开一辆车。不仅是车，旅游度假，孩子上学，还有家具换新，都是如此，当然，还有退休之后的生活。

这就有点儿意思了：

好好想想所有的支出，包括当前的和未来的。然后你就可以给未来每一笔大的支出建立"偿债基金"了。

马克跟我解释了一下"偿债基金"：

你可以把它理解为从现在开始筹备未来的支出。

以买车为例。假设 5 年之后，你要购买 20 000 美元的新车，现在的车到时可能折现 5 000 美元，那么你还需要支出 15 000 美元。也就是说，从现在开始，每年要为此存 3 000 美元，平摊到每月就是 250 美元，那么这 250 美元就应该成为每月预算中独立的一项，你应该为这笔存款设立单独的账户。或者你可以只用一个存款账户，但是在单独的表格中记录"偿债基金"。你还可以算得再细一些，比如计算一下存款利息。一般 5 年内的存款复利我都忽略了。保持这个大体正确的方向即可。

认识到这些未来的支出后，重新做家庭预算。这个时候你就会发现，真实的净收入比想象中低。很多钱现在不花，未来迟早要花。

很多家庭没有考虑到未来支出，往往会面临需要贷款的窘境。贷款会提升支出的成本，因为这个时候是别人在收你的利息了。

听完马克的一番话，我迫不及待地回到家里，打开 Excel 就开始做预算。瑞秋和我对每月的支出和未来的支出一头雾水，于是我们开始给父母打电话。之前我们都住在父母家里，所以对什么东西该花多少钱确实没有概念。首先我们搞清楚了当前的日常支出，包括水电费、生活用品、车险、衣物等，然后我们预测了未来的大笔支出，很多之前没想到的东西出现在了预算表上：家具、保险自负额、新电视（当时电视机还是挺贵的）……这还只是孩子们没出生前的支出。

将近 20 年过去了，是马克的建议让我们把无意识的冲动消费行为变成了谨慎的、有规划的行为。这是一个很好的排序工具。瑞秋和我会把有限的收入首先分配给最重要的事情，而意义不大的支出就会被划掉。通过将眼前和未来的支出纳入每月的预算中，我们避免了很多措手不及的经济窘境。而且，哪怕有意外发生，比如汽车坏了，或者房子需要维修，因为有了"紧急事件"偿债基金，钱在单独的账户里，花钱的时候也不至于太心疼。

我终于意识到了马克当年的领悟：欲望是无尽的，而且永远超出收入水平。无论你挣多少钱，没有合理的规划，无度的欲望必定赶超你的收入。

有人会想，如果收入增加 2 倍或者 3 倍就会快乐起来。真的吗？多少钱才算够？除非支出一成不变，我们才可能说得清到底多少钱算"够了"。但是大部分人的支出都不是恒定的。挣的钱多了，就想喝好一点儿的酒，想开好一点儿的车，也想换大一点儿的房子。

财富不在于拥有很多，而在于想要很少。

——爱比克泰德

邻居也好，朋友也好，总有人的东西比自己的高级。如果你心中的指针由他们左右，人生必然艰难，因为收入永远赶不上人的嫉妒心，自己必定会被卷入一场无休止的比较中。沃伦·巴菲特说过，在所有致命的罪过中，嫉妒是最愚蠢的——毕竟，其他罪过还能让人享受到某些快乐。

大家应该可以想象到，投资行业中经常能接触到千万富翁、亿万富翁（可能是你的客户或你的同事），坚守自己的初心并不容易。这几年中，妻子和我（主要是我）一旦有什么冲动，就会立马打开预算表，看看如果真的要去买新车、买新房，需要舍弃什么？和我们冬天的滑雪之旅相比，和去佛罗里达度假相比，买这个房子真的值得吗？

我们发现，房子、车子等物质层面的东西其实并不是最重要的。我们看重的东西主要有4类：健康、人生体验、时间和教育。我们在这4个方面的预算非常宽松，不是说完全不做预算，但是这4类确实包含了很多东西。

健康。没有健康，其他一切免谈。去上私教课看似没必要，但是，我自己尝试锻炼的努力都失败了，多亏有我的教练。饮食也在这一类中，我们其实并不太在意日常食品的价格。

教育。除了孩子们的学费，还有课外活动，买书这方面我们家也是不设限的。对于我和瑞秋的学习也是如此，比如我们会参加研讨会或者请教练上课。

人生体验。孩子们在长大，我也深切意识到与他们在一起的时间越来越少。无论是全家度假之旅、滑雪之旅，抑或是单日往返的出行，都对我们很重要。我如果要出差到别的地方，必定要带上一位家庭成员。

时间。关于时间的思考我这几年有很大转变。过去，有些投资界的朋友会雇用助理，我们的电话会议由助理安排，我给他们发过去的邮件也是助理回的。有很长一段时间我都对此感到困惑。那时候我觉得，他们是想要证明自己的地位更高吧。但是，随着年纪增长，我意识到这是用钱买时间。

如果可以减少花在低价值任务上的时间（比如查看邮箱、回复简要的邮件、安排电话会议、预约看病时段、订机票等），你就有更多的时间去做研究、跟客户沟通，还有与家人相处。

这听起来可能有些自负，那我再举一个例子吧。有一次，信用卡公司有一笔 6 美元的收费有问题，我打了一个小时电话跟他们理论。现在的我不会这么做了。

健康、教育、人生体验和时间是我的家庭中最重要的支出，因此，这方面的预算比较宽松。但是，这只是我家的情况，每个家庭或者个人的权衡都不一样。价值观、经济状况、人生阶段等因素都会影响自己的支出。我列举的条目只代表对我自己的家庭来说比较重要的选项。

再举一个例子。

我有一个朋友离婚了，但是他和女儿的关系不错，女儿现在已经 21 岁了。他是一位健身私教，每周工作 20 小时，自己住的房子不大，而且还有一个室友（他的女儿自己住）。他不经常在外吃饭，生活也比较简单朴素，但是他特别喜欢旅游。他每个月会抽出 3 天时间和女儿一起选个国内的目的地去玩。他们会选择比较便宜的汽车旅馆，大概 60 美元一晚。我知道，和女儿共处是他喜欢旅游的主要原因。他也非常喜欢驾车，虽然收入一般，但是每两年他都要换辆车。

我不太确定他有一笔一笔算过账，但是他已经通过价值排序完成了做预算的过程，也就是挑选出自己真正重视的事情，比如旅行和驾驶，舍弃一些不重要的事情，比如饮食，还有住房条件。在人生这一阶段，他继续工作只是为了满足日常生活所需。最重要的是，他感到非常幸福。个人预算应该与价值观匹配。我们要知道自己看重的事情，据此安排如何花钱。毕竟，花钱买到我们看重的东西时，钱是花得最值的。

我不确定金钱能否买来幸福，但缺钱一定是不幸福的原因之一。这句话不知道是否符合严格的逻辑，但是现实的确如此。氧气不会让你感到快乐，但是在缺氧的时候，你很快会变得不快乐。这跟人与钱的关系很像。不过，到底怎样算是"缺钱"？大家也有很多不同的看法。

总之，幸福等于现实减去预期。控制预算就是在控制预期。

如果支出总是超过收入，那么你很快就要花存款了（如果还有的话），然后就要开始背负债务。因此，哪怕是在健康、教育、人生体验和时间上慷慨支出，你也要注意量入为出。瑞秋和我放弃了一些我们不太看重的东西——新的房子、新的车。

因为坚持执行预算内的计划（当然，也有赖于好运），瑞秋和我从来没为钱发生过争执（但是为其他事情吵过）。因为预算是我们一起做的，所以我们也能时时保持同步。

我很幸运有马克这个朋友，一顿饭的时间让我的人生变得更加富足、简单。希望这个建议也能帮助到有需要的人，还有乔纳、汉娜、米娅·萨拉。

斯多葛主义

——

人生哲学

斯多葛主义给我的人生带来了意义深远的影响。我多么希望自己年少时就读过斯多葛哲学，如果是这样，很多不必要的痛苦大概就能避免了吧。希望读者们能与我一样有所收获。无论在人生的高峰抑或是低谷，斯多葛哲学都会照亮前路。

我把这一部分分为"操作系统"和"价值观与目标"。"操作系统"介绍了斯多葛学派的一些基本概念，包括控制二分法、消极想象、重构、应对侮辱及其他，它对我们的日常生活大有助益。

"价值观与目标"则详细讨论了我十分重视的话题。①

---

① 在这部分，我不会讨论斯多葛学派中的重要美德——智慧、正义、勇气和节制，因为不想卖弄自己尚没有内化的东西。同理，这也是我为什么没有讨论斯多葛学派的另一原则——与自然和谐相处。这听起来不错，但我仍未真正明白其中的含义。

操 作 系 统

人类降生到地球时，脑中空空，就像是一块空白的硬盘。大自然母亲让我们拥有了最基础的"狩猎 - 采集操作系统"，随后父母也开始在我们的硬盘上编写程序，然后是外部的环境……总之，人的"操作系统"是由家庭、朋友、同事、媒体（以及新媒体）还有周围环境编成的。

你如果足够幸运，遇到了好的父母、兄弟姐妹、朋友，读到了好书，生活就会一步步朝着正确的方向前行，这个程序就会越编越好。但实际上，如果没有自己的主动介入，大部分人的"编程"都是随机的。

生活总是扑面而来。

正因如此，我们需要"正念"。正念是对思想的思考，是对决策的觉知，是全情投入当下。正念需要从自身往后退一步，从旁观者的角度观察自己以及自己的想法。冥想能够帮助我们实现这一点。（前文中介绍了不少关于冥想的内容。）

一旦我们进入"正念模式"，要打开哪些"程序"？关闭哪些"程序"？每个人的硬件都独一无二，因此我们也需要创造和维护对应的"程序"。

我觉得自己非常幸运，如果把人生比作彩票，那么我可以说是大赢家——我遇到了很好的父母、亲人、朋友、妻子和子女，还有一份不错的事业；我有幸在苏联出生，也有幸移民到美国。但是，在我开始写作之前，我并未有这种反思或者自觉。我曾经也是缺乏正念的人。

　　我发现自己需要有意识地给自己（以及自己的潜意识）"编程"，找到适合自己的"程序"（宗教并不适合我）。

　　斯多葛主义成了我的选择。

　　以下不是关于斯多葛主义的学术探讨，而是对一个实践系统的探索，我为自己而写，为子女而写，也为你而写。

知道与做到

斯多葛学派哲学家

我刚开始接触斯多葛主义的过程十分缓慢，可能是偶尔读一条来自塞涅卡或者爱比克泰德的名言。突然有一段时间，我发现自己开始大量阅读斯多葛主义的书籍，完全停不下来。

斯多葛哲学为我提供了宗教所不能提供的、一个在今生兑现的"操作系统"，不需要天上的朋友[①]，也不需要信仰的飞跃，是逻辑严谨且实用的应对生活的方式。这对我太有用了。如果你有宗教信仰，斯多葛主义与任何宗教教义都不冲突，甚至在人类心理洞察方面会与其形成互补[②]。

我们先来谈谈斯多葛哲学以及斯多葛学派哲学家。

"philosophy"（哲学）在古希腊语中是"对智慧的爱"。对我来说，哲学是一个思维框架，一个相互联系的心理模式的框架。

但是，斯多葛主义的名声好像不大好（它需要更好的公关团队）。人们普遍认为，斯多葛主义者就是像斯多葛学派创始人的石

[①] 有宗教信仰的朋友并不会认为上帝是"天上的朋友"，我表示尊重。我在写作时会从我自己的视角出发进行论述，我在成长的过程中形成了这种视角。

[②] 我一些信教（不同宗教）的朋友在读完本书初稿之后，指出斯多葛哲学中的智慧与宗教教义有很多相似之处。

像一样，毫无情绪。"stoic"（斯多葛派的）一词常用来形容坚韧克己的人，表示某个人没有痛苦、快乐、愉悦或悲伤的感觉。

亲爱的读者们，你们也许不了解我，坦白说，我是个情绪非常饱满的人。一个主张没有情绪的哲学根本不适合我。这有可能是"stoic"的一个解释，但绝对不是斯多葛主义。斯多葛主义旨在减少不必要的消极情绪，从而放大积极情绪。

当大脑中消极情绪减少了，承载积极情绪的空间就变大了。我在写完这本书后不会变得像希腊的大理石雕像一样冷若冰霜，你们读完之后当然也不会。

纳西姆·尼古拉斯·塔勒布解释得很好："斯多葛主义者将恐惧转化为谨慎，将痛苦转化为改变，将错误转化为起点，将欲望转化为追求。"

斯多葛主义发端于公元前 300 年左右，由古希腊人芝诺提出。芝诺曾是一个富商，但是遇上了海难，失去了所有财富，自己还差点儿丢了性命。

在本书中我会不断提到：痛苦往往会释放出创造力。一夜之间失去了所有，对芝诺来说一定是无比痛苦的经历。但是，他后来写道："最让我获益的旅程始于海难之后的那天，始于我失去所有财富的那天。"

有一段时间，芝诺的哲学理念被称为"芝诺主义"，但也许是不想让这一学派成为对个人的盲目崇拜，于是芝诺改用他和学生们在雅典聚集的地点——Stoa Poikile（意思是"彩绘的门廊"）为其理念命名。几千年后，这一传统被美国的对冲基金公司沿用，创始人常用自己成长的地方、初吻的地方等来给公司命名。

有 3 位斯多葛学派哲学家的著作流传至今，他们是爱比克泰德、塞涅卡以及马可·奥勒留。今天，我们正是通过这 3 位斯多葛学派哲学家的眼睛看到了斯多葛主义。

我先提醒大家，下文中会出现大量的引用。他们的原著中蕴藏着无尽的美丽与智慧，我希望大家还是能去读读原著。

当阅读这些著作以及了解这些伟人时，我总是会惊诧地发现，2 000 多年中人性之变化竟然微乎其微。

爱比克泰德

我们从爱比克泰德（约公元 50—138 年）说起。关于他身份的信息不多，我们只知道他原来是奴隶，"爱比克泰德"也不是真名，在古希腊语中的意思是"得到"。后来他获得了自由，开始传授哲学。爱比克泰德并没有留下任何著作，但是他的授课内容被学生阿利安记录下来，编成了 8 本书，命名为《爱比克泰德语录》，但只有 4 本留存下来。爱比克泰德提出的控制二分法，简单而绝妙。我们在后文中会讨论。

马可·奥勒留

马可·奥勒留（公元 121—180 年）是古罗马帝国皇帝、哲学家以及斯多葛主义者。我对其印象最为深刻。

不是因为他皇帝的身份震撼了我，而是因为他身居皇位，依旧能坚持做一个好人。想要毁掉一个人，就给其至高无上的权力和数之不尽的财富。历史上因权力和金钱而身败名裂的统治者不计其数。奥勒留却是例外。公元 2 世纪的罗马帝国，已经控制了地中海沿岸的所有领土。奥勒留说的话就是法律，只要是他想要的，他都可以拥有。他完全可以在人生的路上走捷径。但是他没有。

在统治罗马帝国的 19 年间，奥勒留从未滥用过权力，治理国家公正而文明。他承诺绝不会控诉政治对手，也践行了承诺。

奥勒留流传下来的唯一文字是他的个人日记，又被称为《沉思录》。日记不是为了后世的出版而写，而是奥勒留独自反思生活的空间。

他写道，"不要再浪费时间争论什么是好人了，做一个好人""让你背弃承诺或者丢掉自尊的东西，不要视之为对自己有好处的东西""一个人的价值不会超过他的抱负的价值"。

塞涅卡评论道："人的智慧不是出自偶然。"奥勒留也非天降之才，他将斯多葛主义应用在生活的各个方面，通过刻意练习，悉心培养，才成就了自己。

不过，奥勒留生活的时代距今 2 000 多年，我们也无法确定，上文对他的描述是否过于理想化。爱比克泰德说过："想象一个人物，一种模范人格，下定决心在个人生活以及公共生活中坚持效仿。"对我来说，奥勒留就是这种"模范人格"，而且我知道，自己很难达到他的水平，但在不断努力的过程中我的人生会得到升华。

塞涅卡

塞涅卡全名吕齐乌斯·安涅·塞涅卡（约公元前 4 年—公元 65 年），出生于西班牙。他是真正的文艺复兴人才（哪怕他生活的时代距离文艺复兴运动还有很多年），他既是哲学家，又是投资家、编剧、作家、元老院元老、罗马皇帝尼禄的顾问。他也是 3 人之中最高产的一位。

塞涅卡的智慧简洁得令人惊叹。我最喜欢的一句话只有 3 个词——"时间发现真理"。这句话高度提炼了人世间很多事情，比如，

　　　　　　　　　　　　全情投入

它直接击中了投资的核心要义。作为投资者，我的目标就是要赶在时间的脚步前发现真相，即一个公司的价值。

如果你在与他人对话或争辩的时候，脑子里一直记着这句话，那么对话的目标就会从两个人争夺上风变为寻找真理。毕竟，时间会发现真理，如果对话不能改变一个人的想法，也许就没必要进行这场对话。（后文中我会详细讨论如何在智识层面坦诚辩论。）

塞涅卡也是三位斯多葛学派哲学家中最具争议的一位——他的人生充满了矛盾。

他认为，财富必须以道德的方式获得。第一个矛盾之处来了：塞涅卡为邪恶的尼禄皇帝服务，成为罗马最富有的人之一。这位皇帝刺杀了自己的母亲，后来又下令让塞涅卡自杀。我们并不知道塞涅卡的初心。尼禄是暴君，塞涅卡可能觉得为其服务从而造福罗马及其公民是自己的责任。但塞涅卡的确通过为尼禄服务获得了很多财富。

还有一个矛盾之处。塞涅卡写道，"财富是智者的奴隶、傻瓜的主人""伟大的人把陶土盘子当作银盘子用，但把银盘子当作陶土盘子用的人同样是伟大的"。然而，塞涅卡似乎成了财富的奴隶，极其沉迷于物质享受[1]——他喜欢富丽堂皇的家具、异域面容的奴隶、陈年的美酒，还有华美的耳饰。

塞涅卡正体现了那句"理论上，理论和实践没有区别；实践中，理论和实践有区别"（出自美国传奇运动员尤吉·贝拉）。塞涅卡写了很多关于斯多葛主义的作品，却难以把理论落实到生活中。他也承认没有达成个人理想。如果你们期待我对他的批评，抱歉，并没

---

[1] Emily Wilson, "Seneca, the fat-cat philosopher," *The Guardian*（27 March 2015）.

有。塞涅卡的挣扎让我认识到，理论只是前提，是远远不够的，成功来自实践。

换言之，如果我没有在生活中践行斯多葛主义，那么洋洋洒洒写下这本书并无太大意义（除了让读者们对此有所了解）。有一句来自东方的谚语说①："知道但没做到就是不知道！"因此，我的目标就是成为既知道又做到的斯多葛主义者。

---

① 在找不到原话出处时，我们经常会这么说，有很多出处是相互矛盾的，没人搞得清楚。又或者，真实的源头就是东方吧。

控制二分法

　　"有些东西可由自己掌控，有些东西不由自己掌控"，爱比克泰德如此介绍控制二分法。

　　他解释道："由自己掌控的是观点、目标、愿望、怨恨等，总之就是自己的事情。在自己掌控之外的肉体、财产、名声、头衔等不是自己的事情。"

　　什么取决于我们自己？我们的观点、行为、感受、目标、价值观、愿望等。这些东西是从内部产生的，完全受个人控制。在自己之外的，就是难以控制的事情。这个二分法框架正是斯多葛主义最先吸引我的地方，它改变了我与他人的交往方式。是的，人也许是我最大的负面情绪来源。

　　除非我的余生会和立誓保持沉默的僧侣一起度过，否则我就必须接受生活现实：无论是所爱的人（朋友、亲人）抑或是陌生人（租车柜台的服务员，或者电话销售），总会有让我不悦的时候。他们可能会说一些我不喜欢听的话，做一些我不喜欢的事情。面对这类问题，我目前还没打算出家修行。即使我不能控制他人的言行，我也可以控制自己的回应。也正因如此，我们没理由为自己不能控制的事情（外部因素）大动肝火。

　　当然，如果你为明天太阳是否升起而担忧，这是你的自由。然而，太阳并不能意识到你的存在或者你的忧虑，太阳是否升起与你的忧虑无关。爱比克泰德精妙地总结道："我们越看重自己不能控制的东西，我们所能掌控的东西就越少。"为自己完全无法控制的东西担忧，会增加负面情绪出现的频率以及强度。而且，负面情绪会相互叠加，你对很多小事的担心，最终会积累成巨大的压力。如果你总是担心自己不能控制的事情，那你一定会吃不必要的苦头。爱比克泰德说道："不能掌控自己的人无法获得自由。"所以，我们要成为自己的主人。

我来讲一个故事吧（这一部分我会讲很多故事）。20 世纪 90 年代，我打算考下特许金融分析师，这是一个 3 年的项目，相当于投资专业人士的升级版 MBA（工商管理学硕士）。我经常和会计师朋友们开玩笑说，特许金融分析师类似注册会计师（CPA），但是更难考。考生每年 1 月份购买课本和学习指南等材料，然后开始找学习小组学习或者开始自学，然后在 6 月份参加考试，通过考试后就可以进入下一级别的学习（一共有 3 级）。如果 6 月的考试没有通过，那就要等到来年 1 月重新开始准备。

我不想在任何一级多花一年，铆足了劲儿地学，别人刻苦，那我就双倍刻苦。特许金融分析师协会会在考试结束至少一个半月后发放成绩，大概是在 7 月末。从 7 月中旬开始，我几乎天天关注着邮递员的动向，早上 11 点开始就盯着家门前的邮箱。可以说，那时候每年 7、8 月份我都比较焦躁。每一次，我都是在 8 月中旬收到结果（每次都通过了）。每年的 1 月到 8 月，我的心里有且只有特许金融分析师考试。

20 年后回想起来，我那时面对考试的态度其实大错特错，我把自己的幸福和自我价值捆绑到了自己不能完全控制的事情上。美国政治家威廉·欧文在其著名的斯多葛主义著作《像哲学家一样生活中》将爱比克泰德的控制二分法变成了控制三分法。有些事情完

　　　　　　　　　　　　全情投入

全由自己控制——价值观、目标、情绪反应（内部因素）；也有些事情完全不由自己控制，比如太阳是否升起（外部因素）。欧文补充道，还有些事情自己可以控制其中的一部分。

这里就把特许金融分析师考试套用到这个框架里。

是否能通过一门考试受到很多外部因素影响，比如，考试题目是否清晰，身体是否会突然感到不适，是否不小心错过了某些题目（当年，在一场 6 小时的考试结束前 20 分钟，我突然发现自己漏了一些题还没写）。

通过考试并不完全由我个人控制。因此，我不应该把"通过考试"作为目标，我所设定的目标应该激励自己更好地学习备考，应该是一个由我自己来设计过程并执行的、以过程为基础的目标。良好的目标应该基于过程，有固定的短期反馈，这样你在推进的过程中就可以不断调整。而且，这个过程完全由自己控制。

在斯多葛主义的观点中，通过考试应该是一种偏向，而不是一个目标。如果通过了考试，我会感到高兴；如果没有通过，我也不用感到难过。换句话说，就是没有负面情绪。我喜欢这种情绪的不对称。我已经竭尽全力地去学习了，我为自己付出的努力骄傲，也为自己的所学感到高兴。如果没通过考试，那就再来一次！（我写到这儿时，19 岁的儿子乔纳正在备考统计学考试，每天学习 6 小时。我发现自己并不介意他是否获得高分——那是在他控制范围之外的因素，但是我为他的专注感到高兴——这是他可以控制的东西。）

一旦离开考场，我对结果就没有任何控制力了。从这时候开始，我应该放下考试，然后好好享受夏天，告诉自己从现在开始事情不属于我的控制范围，任何焦虑的情绪都不会改变最后的结果。

在人际关系中，我们设定的目标不应该是让谁喜欢自己，而是根据自己的价值观行事，为人得体，心怀善意。我们无法控制他人是否喜欢自己，但是可以控制自己的行为。

有一段时间，我很困惑为什么很多演员、歌手最终的生活都非常悲惨。现在我明白了，有赖于他人吹捧的幸福感就像是毒品，为了持续获得快感，你需要不断加大剂量。这些人把自己的幸福感与不受自己控制的因素捆绑在了一起。然而，你的粉丝今天疯狂地迷恋你，明天可能就会喜欢更闪耀的人。

我并不是写作界的巨星，不过确实收到了很多读者来信。这些来信是一阵儿一阵儿的。邮箱中出现的邮件必然会刺激多巴胺分泌。如果我谨慎对待，那么这些邮件也许也可以向我表明，写作有意义。但是如果一不小心，我把个人幸福与之相联系，那么我的情绪就会受其影响。现在，我给读者邮件单独设立了收件箱，每周只会查看几次。

另外，如果我写作的目标是获得更多的读者邮件，那么我的写作质量必然会变差，我会只写读者喜欢的事情，忽视那些于我来说更有意义的事情，用长远的幸福交换眼前的多巴胺。我应该专注写作（这是我自己能控制的），不要太在意他人的看法。

人越是把幸福与自己无法控制的事情联系在一起，就越会让自己受制于外部世界的波动。因此，我们在制定目标时，应该注意这些目标是自己能控制的。

标记

在我的日常生活中，只要负面情绪的诱因出现，我就会将其标记为内因或者外因（从冥想中学到的技巧）。某天，妻子说了一些我不喜欢的话，但我没在大脑里做标记，而是直接语音标记了，朝她喊道："亲爱的，你就是个外部因素！"她给了我个眼色，当天晚上我就自己睡沙发了。重要的教训——标记在心里做就行。

我认为，斯多葛主义就像是精神层面的合气道。合气道是20世纪诞生于日本的武术，由柔术衍化而来，其目标是创造一种能用来防卫，同时也能避免攻击者受伤的道术。因此，合气道不像传统武术一样直接硬挡攻击，而是利用对手的能量将其攻击转移开，借劲使力。在某种程度上，我正是如此看待控制二分法的：一旦认识到给自己带来负面情绪的东西是外部的，我就从心理上让其转向而不受其力。

奥勒留说过："你可以控制自己的思想，而不是外部事件。充分认识这一点，你就会找到力量。"我与这位罗马皇帝所见略同，如果要补充一点，那就是，找到了力量，你就会找到幸福。学会消除生活中的负面情绪，就像是在烹饪的时候懂得用盐调味，用盐带出鲜味，消除负面情绪，带出更大的幸福感。

事件－判断－反应框架（EJR）

有一回，我到租车柜台领车，工作人员告诉我预定的 SUV（多功能运动车）拿不到了，要的话只有一辆小面包车（没错，就是这么气人）。在过去，我的反应很难说，可能取决于早餐吃了什么吧。

控制二分法让我领悟到，我无法改变他人的行为，这是不受我控制的外部因素，但是我可以控制自己的反应。当然，说起来容易，做起来难。我的情绪非常丰富，如果不加监管，负面诱因很可能会自动触发负面情绪，然后又会引发人对这些负面情绪的愧疚之感。总之，这是一种很糟糕的生活方式。

斯多葛主义有一个绝妙的概念：预情绪（propatheia）。预情绪是一种与生俱来、不经判断与衡量的感觉。我在租车柜台第一时间产生的感觉是愤怒，这就是预情绪。它不由我控制，是大自然母亲赋予人类的本能。在山顶洞人时期，当豹子从灌木丛中跳到人面前时，人的本能不是哲学思考，而是身体迅速做出反应。

如果没有判断力，预情绪会自动转化为情绪，然后转化为反应。但判断力可以将这种预情绪转化为更积极的情绪，然后转化为更有效的反应。二战幸存者、心理学家维克多·弗兰克尔说过："在刺激和反应之间存在一个空间。在这个空间里，我们有能力选择自己的反应。通过反应，我们会看到自己的成长和自由。"

在弗兰克尔描述的那个短暂的空间里，在刺激（事件）和反应之间，在预情绪和情绪之间的，正是人的判断。这是预情绪概念的巧妙之处：预情绪可能是大自然母亲的问题，但是情绪由我们自己负责。

什么是正确的判断？理性的我有一个核心价值：我的人生应该让世界变得美好一点儿。我应该为我所接触到的人增添一丝美好。但是，我的情绪可能会阻挡自己实现这个理想。我的判断标准就是自问以下问题："一小时后再看当前的行为，我会为之骄傲吗？我是否遵循了自己的价值观？"

我无法控制租车公司，也无法改变世界。是的，世界有时也会让我失望，但我可以控制自己的应对方式。

以上基本概括了事件－判断－反应框架。有一个事件触发了你的预情绪，然后你可以在一个空间中做出判断，通过这个步骤你可以校准你的情绪和反应。

还有一点。虽然预情绪是大自然母亲赋予的本能感受，但通过一段时间的事件－判断－反应框架练习，我们可以改变本能。我会把这些小事件当作斯多葛主义的小测验，通过这些机会将事件－判断－反应框架应用到生活中，不断练习把预情绪调整为健康情绪。

爱比克泰德已经对此做了总结："记住，你之所以受到伤害不仅仅因为你被打或被侮辱了，也因为你相信自己受到了伤害。如果有人成功挑衅你，那么你的思想必是这挑衅的同谋。因此，我们不要凭借本能做出反应。在做出反应前，停下片刻，你会发现控制自己其实不难。"

消极想象

IMA 是一家投资咨询公司。我们是长期的价值投资者。如同所有聪明的投资者一样，我们会仔细分析企业的长期走势。如果发现价值被低估的企业，我们会购买其股票，但不知道其股价第二天或者几个月后会是什么情况。

IMA 规模尚小的时候，有一个大客户找到我们。我们说明了自己的业务，对方也阅读了公司长达 30 页的介绍，然后签了合同，这看起来很完美。直到几个月之后，我才意识到，客户每周都在评估我们的业绩。（注意，我们是以年为单位在做投资的。）

如果现在遇到这样的客户，我会好好和对方谈一下，告知对方自己的业务可能和对方预期不符，希望他能重新界定自己的投资周期，或者重新考虑我们的合作关系。

当时，我们没有选择权。但是，我竟不自觉地开始应用消极想象（虽然当时我并不知道这个词）。我想象最终流失客户的原因，甚至按照这个客户已经不再与我们合作的情况来管理公司。这种消极想象没有持续很长时间，4 个月后，这个客户离开了。不过流失客户的影响并不大，因为我已经从心理和资金层面都做好了准备。

在坏事发生之前进行想象和思考，就像是在未来的不利局面到来之前打了预防针，这就是消极想象。当你已经想象到了未来的情景时，大脑就可以先开始适应。哲学家塞涅卡诠释道："谁能预知祸患的到来，谁就能拥有夺去祸患的力量。"

消极想象还会让我们更加珍惜眼前。在前文中，我写到母亲去世后，因为害怕与伤痛，我无意间开始想象失去父亲的可能。这让我从很小的时候就珍惜和父亲的相处，也让我们的关系更加稳固深厚。

除了母亲去世那段时间，在亲友的生死问题上，我再也没有使用过消极想象（因为很痛苦）。我确实想象过孩子们长大离家，去上大学，也确实更加珍惜和他们生活在一起的每分每秒。当你意识到周遭的所有人与事都不可能永恒时，你会更加珍惜他们。也正因为能够珍惜，你和所爱之人的关系可能会进一步得到改善。

我要说明一点，消极想象并不是沉浸于负面因素，觉得坏事一定会发生在自己身上。比如，我不会一直想着孩子们要离家，去过自己的生活。消极想象只是在提醒我，不要整天对着电脑，要把注意力（时间货币）放在孩子们身上，去骑骑车，逛逛书店，去滑雪，或者在晚饭的时候和孩子们好好聊天。把潜在的负面因素变成眼前的积极因素。

消极想象可以激发我们采取行动，积极应对压力，减少当下的痛苦。试想一下，你正开车回家，家里人做好了晚饭正在等你，然而路上堵车了。如果你进行积极想象，那么你的大脑就会比较两种活动：坐在车里干等着路况变化和吃美味的晚饭。在车里干等着肯定不如吃晚饭开心。你必然会觉得难受，负面情绪越来越重，幸福感越来越低。这种画面可能都不需要想象，大家平时也没少经历。

这时候就可以启动事件－判断－反应框架了。我们面对的事件是堵车。在做判断时，我们可以选择消极想象，把堵车和另外一个更糟糕的情境相比，比如，你在从医院回家的路上，被医生告知时日无多了。突然之间，眼前30分钟的路途好像就没有那么糟糕了。

还有几个例子。我有一回和朋友聊天，他的妻子过世了，自己最近刚刚开始重新约会，但是喜欢的女士又和他分手了。他既难过又孤独。我安慰他说，你已经70岁了，身体很不错，孩子们都很爱你，他们也很健康，生活也很快乐，你还有很多朋友，经济也独立，虽说没有私人飞机，生活过得也很宽裕。你喜欢的足球队去年表现都很好。想象一下，如果你失去刚刚提到的一切，你感觉怎么样？对比之下，你现在的生活还很糟糕吗？他沉默了一会儿，认真想了想，然后说："确实，没那么糟。"我在他的脸上看到一丝微笑闪过。（提醒自己：给别人提建议很简单，希望我自己也能听进去。）

还有一个故事是朋友告诉我的。当时他在机场，在航空公司服务柜台前排队，前面有位男士，看起来像是从中东地区回来的军人。朋友听到航空公司的工作人员告知他，他的包被弄丢了。这位军人很冷静地回复道："好，没关系。没人伤亡。"是的，如果你曾经在战争中直面死亡，如果你曾目睹战友随着炸弹爆炸而丧生，丢失行李就会变得多么微不足道啊。这位军人不是在练习消极想象，他是亲身经历了消极想象，这已经成了他的本能。过去的经历让他更加清楚且坚定地认识到，真正重要的是什么。

我在和妻子的相处中经常会无意识地利用消极想象。妻子在消费上比较谨慎，如果我在她的预期之外购买了某些东西，她就会给我一个质疑的表情，问我："花了多少钱啊？"假设这个东西100美元，我就会说成300美元。她必然大吃一惊："什么？这要花300？！太贵了啊！"然后我就会告诉她真实的价格。我先说出300美元，让她在300美元的消极想象中停留一会儿，然后当我再说出100美元时，感觉就像捡了大便宜。没错，就是这个小建议，已经拯救了好多夫妻关系。不用谢我！

最后一点。通过斯多葛主义视角，我们也更能理解为什么社交媒体会让人不爽，看真人秀里支离破碎的家庭关系（此处请联想家庭恩怨、伴侣出轨等画面）会让人有些快乐。

社交媒体会带来积极想象（让人们更加渴望自己想要的东西）。大家不会把生活中的一地鸡毛发到网上——你很少看到社交媒体上有怄气的伴侣、胡闹的孩子、乱七八糟的房间。大家都是发美美的照片、高光时刻的视频，记录他们整洁干净的房间、可爱听话的孩子、满眼爱意的伴侣。

你觉得，看到朋友的幸福时刻也会让自己受到感染，自己也会感到幸福。打住！你的潜意识会开始将你平凡的生活与朋友的美好时光进行比较。你已经开始觉得，自己比不上人家了。

相反，那些失败人生的真人秀会激发人们的消极想象，我们会意识到，生活竟然可以那么糟。

斯多葛主义者会如何评价社交媒体和真人秀呢？

塞涅卡会提醒我们时间的宝贵（下文中他也会一再发出提醒）。他肯定不喜欢社交媒体或者真人秀。爱比克泰德会引用自己的话："如果身体麻木了，大多数人会感到恐惧，所以会尽可能避免，但对灵魂（和思维）的麻木却没有这种意识。"奥勒留会在他的日记中反思并认识到，参与让自己痛苦的互动没有意义。

斯多葛主义者不会建议大量观看真人秀从而缓解社交媒体带来的负面影响。他们的建议是想象自己失去眼前的生活，然后更加珍惜现在。

如果奥勒留来总结本章，他会说："不要去幻想那些你不曾拥有的，要去思考那些你所拥有的，想象你不再拥有它们的时候，你会多么渴望得到它们，记住心中的感激。"

任何事情都有最后一次

那一天，你最后一次给自己点了开心乐园餐，可当时的你还不知道那是最后一次。

——麦当劳

上面这句话来自麦当劳，而不是古罗马的哲学家。我在写这本书的时候，浏览器里出现了麦当劳公司在推特上发的这条推文。它可以说是精确总结了威廉·欧文在《像哲学家一样生活》中提到的一种想象方法，即"最后一次"。

任何事情都有最后一次。（是的，也包括最后一次呼吸，不过这还不是当前讨论的重点。）对我来说，我已经经历了最后一次给米娅·萨拉换尿布，最后一次送乔纳去学校，最后一次给汉娜讲故事哄她睡着，最后一次看到母亲，我也会经历最后一次在麦当劳点麦旋风（开心乐园餐我一直不喜欢）。

"最后一次"的消极想象是为了激发对时间的感激，虽然时间是无限的，但每个人可以度过的时间是有限的。这个消极想象让我们认识到个人时间是有限的，也让我们进一步认识到当下时间的价值。

塞涅卡在《论生命之短暂》中写道："生命并非短促，而是我们荒废太多。一生足够漫长，如能悉心投入，足以创造丰功伟绩。"

下面是塞涅卡的妙语金句："然而，把时间浪费在奢侈生活中，浪费在无益的活动中，最终在面对死亡时，我们才会幡然醒悟。浑然不觉中，时光已经流逝了。因而，我们的生命本身并不短暂，是我们自己使其变得短暂。自然并非吝啬，而是我们浪费了太多……所以，若能妥善安排，我们的生命便足够漫长。"

我们总是活得不在此处，不在当下，我们做着关于过去或未来的白日梦，而时间一如既往，将未来变成过去。伟大的音乐家佛莱迪·摩克瑞说过："时间不会等待任何人。"

在毕业典礼上、在葬礼上，我们认识到生命的短暂，在回家的路上，我们思索生命的短暂，然后，又将之抛到脑后。

写下这些文字的此刻是清晨 5 点，明天就是感恩节了。我们一家正在滑雪胜地韦尔度假。两个小时后，孩子们就会醒来，妻子会准备早餐，会开始担心孩子们穿得不够暖和（做母亲的常态），然后我们就会一起为滑雪做准备。

我会把工作放到一边，在明天清晨的写作时间到来前不再想书稿的事情。我要专注于和孩子们共度的时光——给 6 岁的米娅·萨拉穿上可爱的滑雪靴，提醒 14 岁的汉娜拿好自己的手套，在乔纳教米娅·萨拉滑雪的时候给他鼓掌叫好。

我知道，今天的某些事情可能就是"最后一次"了。孩子们会长大，米娅·萨拉很快就会自己穿滑雪靴了；可能汉娜还是会粗心大意弄丢手套，未来的某一天她的丈夫会提醒她；米娅·萨拉也不再需要乔纳做教练了，乔纳可能会开始教自己的孩子滑雪。

是的，今天我要最后一次做某件事情了，我还不知道这件事是什么，只有在回望今天的时候才有答案。我希望自己全情投入在这一刻。我需要每天提醒自己时间的可贵、生命的短暂，而不是等待毕业典礼或者葬礼的到来。

威廉·欧文写道："世事无常，我们通过思考，不得不认识到某些事情可能是最后一次在做，这种领悟能让眼前事情有更大的意义，让我们更加专注。"[1]

我对宗教没有很大兴趣（从小在苏联长大的原因），但是宗教确实形成了日复一日的仪式感。"最后一次"的消极想象也是一种有益的日常仪式。每天早上起来提醒自己，今天的某些事情是最后一次在做了，过去的事情已经过去，未来永远在前方，我们拥有的就是现在，只有现在。

用塞涅卡优美的语言来说，就是："让我们头脑清晰地认识到生命的有限，不再拖延，让我们平衡生命的每一天。认真对待每一天的人永远不会缺少时间。"在古老的东方哲学中也有相似的表达："人有两次生命，在意识到自己只有一次生命时就是第二次生命的开始。"

---

[1] W. Irvine, *A Guide to the Good Life* (Oxford University Press), p. 84.

重构

我之前提到过，斯多葛哲学就是一套心理模型工具。事件 – 判断 – 反应框架与另外一个工具——"重构"紧密相连。当你处于"判断"的状态时，你就有机会重构"事件"，将其从消极转为积极。爱比克泰德对此进行了总结："我们可以控制对事件的态度，却无法控制事件本身。没有什么事情的本质是悲惨的。"

2010 年，我和妻子、孩子以及我的阿姨驾车穿越某个国家公园。当时我开的是妻子的车，出发前没有注意到油量有些不够，到了半路，我们的车真的没油了。车子停在了国家公园里。

那里前不着村，后不着店，妻子开始有些不耐烦。如果是平时的我，也会觉得很不爽。但是，当时作为父亲（以及后来的斯多葛主义者），我问自己："如果是我的父亲，他会怎么做呢？"我想了想，微笑着安慰大家说："如果我们开车经过这里，什么事都没发生，那只是平平无奇的一次从 A 到 B 的出行，但是现在我们有了将来绝不会忘记的小意外。大家都是安全的，没有危险。不妨坦然点儿面对嘛。"

这个故事没有跌宕起伏的情节（谢天谢地）。我给父亲打了电话，让他给我们带汽油过来。在等待父亲的时候，我们在国家公园里玩起了橄榄球，还散了散步。一个小时后，父亲就到了。

孩子们和我把这次小意外当作愉快的回忆——在汽车没油的

时候我们做了一些有趣的事情。妻子将这件事归结为我的粗心大意——出发前忘了检查油箱。

当时我还没正式接触斯多葛主义，但是我尽力避免了责怪自己或者妻子。车子没油了，责备人并不能改变这个事实，这是外部因素。我只能控制自己对事情的反应，所以我选择把这次意外当作"小小冒险"而不是"倒霉事"。这就是重构。虽然当时我不懂这个说法，但我实际上经历了一个斯多葛主义测试，我以优异的成绩通过了这项测试。

在上面的叙述中，我将"事件－判断－反应"框架、"重构"和"控制二分法"联系到了一起。事件：汽车没油，困在国家公园。判断：选择对事件进行重构，不把眼前的境况看作"被困"，而是看作与家人一同在国家公园度过一段时间。其实我还可以加入消极想象！当时我们遇到了好天气，阳光明媚，要是天寒地冻可就糟了！

乔纳在高三那一年也经历了一次重要的重构。他人生的第一辆车是我妻子的本田奥德赛多功能车（小型面包车，美国妈妈们接送孩子的常用车型），当时妻子准备要购入新的SUV，这辆开了11年的旧车给乔纳太合适了，毕竟他做新手司机的几年肯定会有些磕磕碰碰的。

乔纳就读于切里克里克高中，这所高中有点儿像美剧《飞越比佛利》里的学校，总之丹佛当地的富家子弟都在这上学。乔纳的车子旁边必然停满了豪华的德系车。

虽然拥有了人生第一辆车很值得高兴，但是乔纳还是开始担心朋友们的眼光。我认为他可以改变自己对车的态度。我给他看了一部我最爱的电影——1995年上映的《矮子当道》。约翰·特拉沃尔塔在片中饰演一名黑帮分子——奇利·帕默，他专程到洛杉矶为黑帮追债。他本来以为自己租了辆配得上黑帮身份的凯迪拉克，到了机场才发现因为下大雨，所有车都被租完了，只剩一辆小型面包车。这时候，他只能二选一——要么打车，要么开走面包车。他选了后者。

来到洛杉矶之后，帕默决定要当电影制片人。他认为自己应该呈现出非常冷酷的黑帮分子形象（这个角色是影片的亮点）。有一幕，他遇到了一位著名演员（丹尼·德维托饰演），对方被帕默的魅力及其黑帮背景深深吸引，在送帕默去取车的时候，镜头推到了那辆面包车前，德维托问："奇利，这是你开的车啊？"

帕默不带一丝紧张尴尬，没有半句废话，张口就来："是呀，我喜欢坐得高一些，视野很清晰。这车是面包车中的凯迪拉克。看！"然后他按了下遥控，后车门打开了，德维托眼神一下亮了，好像看到了法拉利的新车型，问道："我能开出去转转吗？"后来，在电影快结束的画面中，出现了一家好莱坞电影制片厂的停车场，里面停满了面包车。

给乔纳放了这部电影，尤其是那一幕之后，乔纳的态度改变了（重构已经完成）。在学校里，别人怎么看你的车取决于你怎么表现。如果你表现得像开着全校最酷的车的人，那么你的车就是最酷的。

乔纳在学校里挺受欢迎。他身高一米九，又很帅气（作为父亲，这个评价我已经尽力客观了），总是面带笑意，还经常给别人帮忙（非常善良）。所以，他肯定是有机会扭转局面的。乔纳给车起了名字——奥可萨纳（好像和一部叫《波拉特》的电影有关，我没敢多问），每天开车去上学可骄傲了（就像电影中的奇利·帕默一样），他还跟朋友说自己的车是面包车中的宝马。（凯迪拉克的名头没有以前那么响亮啦。）

问题解决啦！

几个月之后，乔纳又遇到了一些更加棘手的难题，他又开始了更大的"重构"。

乔纳上高中的时候遇到了喜欢的女生，最终没有令人欢喜的结局。他伤心透了，成绩一落千丈，之前努力提升的平均绩点也大幅下滑。高中毕业时，好朋友们都去了自己心仪的大学。乔纳还很小的时候，我每年都会带他去科罗拉多大学博德分校一两回，观看科罗拉多水牛队的橄榄球比赛。乔纳因此爱上了那个校园，去那儿上大学也成了他的梦想。

现在乔纳的梦想破灭了。他要去国外社区大学读一到两个学期，然后才能申请转入科大博德分校。他难过了好一阵儿，然后开始重构这个问题。他不再把眼前的境况视作"没有进入理想的大学"，而是将其看作出国学习的一次机遇。

他去以色列待了一年，在当地的美国犹太大学上课，在一家金融科技公司做实习生，空闲时间还会去旅游。在美国犹太大学中，他取得了优异的成绩。①

---

① 提醒：家长要开始"炫娃"了。乔纳后来再次申请了科大博德分校，我从未见过他如此坚定。他花了一个月的时间完成申请文书（我只提供了很浅薄的意见），最终通过了申请，还拿到了奖学金。

这个故事的后续就是，在乔纳被录取之后，新冠肺炎疫情席卷全球，他意识到自己如果选择入学，就要一直在家上网课，无法体验校园生活，这并不是他梦想中的大学生活。于是，乔纳做出了自己的选择。他在本地社区大学注册，并开始上网课，用节省下来的大学学费和 3 个好朋友去了夏威夷，在那儿待了几个月。上网课的好处就是摆脱了空间限制。他在 5 000 千米之外冲浪，本地社区学校的课也能照上不误。过了一学期，博德分校还是没有开放，于是乔纳继续在社区大学上课，住在家里，差不多每天都去滑雪。绩点也一直保持得很好。

2021 年秋季，博德分校终于重新开放。乔纳申请转换学分，终于进入了童年时梦想的大学。

我可能有些啰唆了，但是有一点确实很重要。博德分校第一次给乔纳发来的拒信，使他大受打击。在那个时候，去社区大学对他来说就是噩梦。一年之后，他两次选择去社区大学上课，曾经看似可怕的事情成了圆梦的一部分。噩梦与美梦之间的差别就在于乔纳接受了在社区大学上课的选择。生活里总有逆境，如果我们选择像受害者一样生活，那必然会过上悲惨的生活；如果我们选择面对逆境，那么生活的色调一定会发生改变。

你现在要是问乔纳，他会告诉你，收到博德分校的拒信是人生中一次美好的机遇。

当你遇到堵车时，你可以在车里抱怨 30 分钟，也可以重构这个境况，将它视为补听播客的好机会，或者与自己的想法独处的好机会。

正如爱比克泰德所说，"困扰人们的并不是发生的事情，而是人们对事情的看法"。我们只需要记住，看法完全由自己决定。我们可以用一种最大程度上减少痛苦的方式来重构我们的看法。

你也可以把发生在自己身上的事情视为故事。所有作家都知道，故事需要冲突。我与不写作的人相比有一个优势，那就是我总是在寻找故事。写作需要人的头脑对故事保持敏感。如果一切如常，事事顺利，那故事也就变得索然无味。

乔纳因为超速收到了人生第一张交通罚单，他挺不高兴的。我们聊了之后我才发现，他不高兴不是因为他自己辛苦挣的 200 美元交了罚款（这是我们把车给他的时候达成的协议），而是因为"这罚单也太无聊了，没什么戏剧性，没有什么故事可说"。没有故事可说确实有些遗憾，不过他有了寻找故事的思维，这让我备感自豪。

不幸的遭遇给了我们把遭遇变成故事的机会。在故事中，我们自己就是主人公，要成为优秀的主人公，我们应该表现得像个主人公。生活给予了我们无数的机会，去成为故事里的主人公。

生活无法按部就班。而且，如果一切都在计划之中，那么生活该是多么无聊啊。世事无常，某些事情一开始可能被视作坏事，但是"坏事"也只是我们对事件的"理解"，在绝大多数时间，我们掌握着"重构"它的主动权。①

　　塞涅卡说过："优秀的人会将经历的事情赋予自己的色彩……会把自己经历的一切变成有益于自己的东西。"

---

① 斯多葛学派哲学家会说是"任何时候"，但是我个人还是很难对所爱之人的故去进行重构。

愤怒

在奥勒留之前的罗马帝国皇帝是哈德良。有一回，哈德良在暴怒之中戳瞎了奴隶的一只眼睛。等恢复理智时，哈德良问奴隶自己能为他做点儿什么来补救自己的过失。奴隶答道："我只想要回我的眼睛。"[1]

虽然愤怒只是一种情绪，但因其造成的伤害无法弥补，斯多葛学派单独将其作为一个重要的话题。

奥勒留写道："愤怒带来的后果比引发愤怒的境况要严重得多。"

愤怒诱发的怒火一旦无度蔓延，必定会带来悔恨。我们感到愤怒是觉得自己受到了伤害，愤怒是向外界传递不满的一种情绪捷径。但是，如果你的目标是成为自己的主人，那么愤怒也最容易让你偏离轨道，因为你把掌控自己的主动权交到了外人手中。

塞涅卡将愤怒称为"暂时性精神错乱"。我们在愤怒的时候，一时间很难控制自己的言行，会失去清晰思考的能力，还会伤害他人——时常是自己所爱的人。我完全无法忍受愤怒的自己。当我愤怒的时候，我总觉得像是被人控制了身体。

---

[1]　D. Robertson, *How to Think Like a Roman Emperor*（St. Martin's Publishing Group）, p. 83.

还有另一种愤怒。有时候我们会把愤怒当作一种权宜之计来获得想要的结果。比如，在租车柜台，因为无法获得自己预定的汽车，有人会表达愤怒，以期获得服务升级。塞涅卡在《论愤怒》一书中指出，人不应该如此利用愤怒。"最优方案是直接拒绝愤怒的诱因，在一开始的时候就抵挡住愤怒的苗头，不要被诱导到愤怒之中，因为愤怒一旦占据上风，人就很难回到正常的状态；因为激情一旦进入大脑，任由个人意志赋予其权力，理性就再也无济于事。它将会任意而为，不再受你控制。"

　　换言之，愤怒就像是最终会脱缰的野兽。你认为自己可以握紧缰绳，但是你每次想要利用它，你就会放松一点儿对它的控制，最终它会挣脱开你的控制，向你扑来。

　　塞涅卡说过："愤怒没有立足之地，它并不来自稳固坚实的基础，它像风一样空洞无形，愤怒与宽宏之间的距离，正如鲁莽与勇敢之间的距离……愤怒没有任何宏大或美好之处。"

　　愤怒是一种负面情绪，而且是一种打了兴奋剂的负面情绪。如果把一般的负面情绪比作海浪，那么愤怒就是海啸。斯多葛学派注意到了这一显著区别，所以将愤怒作为独立的问题来分析。塞涅卡为此写了一本书——《论愤怒》。

　　在愤怒即将爆发时，事件－判断－反应框架也许可以发挥作用，这取决于事件和反应之间有多少用于判断的时间。如果你可以控制住自己，争取用于判断的时间，那么你有可能像处理一般的负面情绪那样处理愤怒。你也可以使用控制二分法（以及其他前文讨论的方法），你不能控制外部世界，但可以控制自己的反应。

　　塞涅卡认为，当人被愤怒占据的时候，最好的方法就是什么都不做。他写道："当你感到愤怒时，你就不应该做任何事。你也许会问为什么，因为人愤怒的时候，也是最想要为所欲为的时候。"

奥勒留也认同这一观点，他曾说过："对愤怒最好的回答就是沉默。"

愤怒仅有的一点好处就是人通常不会持续愤怒。所以，当我们感到愤怒时，我们要为自己争取时间，数到……不管数到几，让自己镇定下来。

25 年前，我可能用不着写这些文字。那个时候，你如果对某人感到愤怒，得先找个座机打电话，还不一定能找到对方。总之，你需要一定的时间，通常在这段时间里你已经冷静下来了。现在呢，大家兜里都有手机，让愤怒的野兽摧毁一段关系可能就是几秒钟的事。

现在，你在愤怒之中回复的邮件或者社交媒体信息可能会毁掉你的事业、名声。我给自己定了一条规矩，就是在愤怒的时候绝对不回复邮件、信息、电话或者社交媒体评论。

一旦怒气开始减弱，奥勒留就有很多办法了。在《沉思录》中，奥勒留提供了很多应对愤怒的策略。在《像罗马皇帝一样思考》中，心理学家唐纳德·罗伯逊为我们解读了这些策略。

人是社会动物，会相互帮助。我们明知道有些人会激怒自己，仍然应该接受要与这些人相遇的事实。如果不是他们的存在，生活就会变得无趣。我们可以把这类相遇视作"斯多葛主义测试"。我经常提醒自己，自己的人生应该让世界变得美好一点儿。对我不喜欢的人或者意见相左的人表达愤怒并不会让我实现自己的价值。

要整体看待一个人的性格。想象那些冒犯你的人如何生活——吃饭、开车、睡觉。这么想来，他们也是普通人，想象他们生活的全部，你就很难对他们生气。如果对方是一个你熟悉的人，很亲近的人，那就去回想自己与对方相处的美好时光。

没有人故意犯错。奥勒留写道："你应该用简单的二分法来看待别人的行为：他们要么在做正确的事，要么在做错误的事。如果是正确的事，那么你应该接受，停止对其感到烦恼，放下愤怒，向他人学习。如果他们做了错误的事，那么你应该相信，这是因为他们不知道什么是更好的选择。"

奥勒留说过，每当你认为有人误解你，先思考他们正误判断的预设是什么。你一旦真正理解了他们的想法，就不会对其行为感到惊讶，你的愤怒情绪自然就会减弱。①

人无完人。要不时提醒自己曾经犯过的错误。如果开车的时候被人加塞，在愤怒之前，我会先想到，自己也曾有不文明的驾驶行为。如果我对那个人表达愤怒，那我应该先对自己表达愤怒。

期待世上的人都是完美的人是一个近乎疯狂的想法。难道我们真的希望自己在生活中遇到的所有人都完美无缺？生活千变万化，我们也许会在糟糕的日子里遇到暖心的人，也可能在平平无奇的一天中遇到糟糕的人。这就是生活。奥勒留认为，在现实生活中，面对挑衅时，展现出温柔善良的人比愤怒的人更加强大与勇敢。

我们无法确定他人的动机。我们假设人性本善。在愤怒的状态中，人很容易过度确信自己对他人动机的判断。哪怕他人的动机并不清晰，我们也非要对动机下结论。唐纳德·罗伯逊解释说，认知心理治疗师将这种行为称作"解读行为谬误"。我们要抱有开放的心态，意识到他人意图不一定是坏的。对一个行为可以有很多种解读，保持开放的态度会冲淡内心的愤怒。

我的妻子是家里最大的孩子，她有一个妹妹、一个弟弟。岳父最开始想要儿子，但是两个优秀的女儿先出生了，儿子出生之后，就成了家里的小王子。妻子总是有一些嫉妒弟弟，毕竟他得到了父

---

① D. Robertson, *How to Think Like a Roman Emperor*（St. Martin's Publishing Group），p. 236.

亲最深的宠溺。

10年前，因为我们自己家要重新粉刷，岳父岳母刚好外出度假，我们就搬了过去，妻子和我就睡在他们的卧室。第一天住下的时候，我刚走进卧室就发现妻子坐在床边，难过得眼泪都要出来了。发生什么事了？她说："看到窗台上的画了吗？弟弟8岁的时候画的，也不是很好看啊。我画了那么多好看的画，在这里一幅也没见着。"我告诉妻子，父母是爱她的，哪有父母不爱孩子？我把画放到了旁边的梳妆台上。

几个小时之后，我们熄灯准备睡觉了。然后，我感觉好像有束光照在了脸上，突然间我就明白过来了！原来夜晚街灯会照进来，小舅子的画是放在窗台上挡光的。我想，画了什么，是谁画的，岳父岳母可能都没在意，就是把它当作了挡光板而已。妻子听完，和我一起笑出了声。

不要预设最糟糕的结果。

人总是会死的。提醒自己，你和让你生气的人最终都是会死的。从这个视角想，你的愤怒是多么短暂易逝。

令我们难过的是我们自己的判断。这又回到了爱比克泰德的控制二分法。"如果你因为外部因素感到不快，那么痛苦并非来自外物而是来自你对它的评判，你完全有权随时撤销这个评判。"

愤怒弊大于利。佛陀曾说："放不下心中的愤怒就像是抓着一块热煤想要扔向他人，自己才是被烫伤的人。"奥勒留告诫自己，他人的恶行本无法渗透自己的人格，除非得到了自己的默许。经历愤怒的人被愤怒伤害最深，而他是唯一能够停止愤怒的人，多么讽刺。[1]

---

[1] D. Robertson, *How to Think Like a Roman Emperor*（St. Martin's Publishing Group），p. 242.

大自然赋予了我们应对愤怒的美德。这是我最喜欢的一条。如果有人给我发了带有恶意的邮件，一旦内心的怒火平息，我就会善意和礼貌地回应对方，让彼此卸下敌意。当你对一个人特别好的时候，你就很难再对他生气。我把这样的时刻看成"斯多葛主义测试"。而且，在这个过程中你会见证善意如何改变自己和对方。

最后我要引用沃伦·巴菲特曾给出的建议："你可以告诉别人'去下地狱吧'，但最好等到明天再开口。"①

---

① 巴菲特引用的是大都会/美国广播公司（Capital Cities/ABC）前 CEO 汤姆·墨菲的话。

每一天都是一次新生

人对时间的掌控非常糟糕。我们会觉得这是当今的社交媒体、网络娱乐造成的。我可以理解，但不能认同。

塞涅卡生活的时代距今有大约 2 000 年了。当时，和朋友们相聚的留念被刻在了石头上，没有被发在社交媒体上。历史曾在罗马斗兽场中被书写，现在也可以由网飞的电视剧呈现出来。在那个时候，塞涅卡在《塞涅卡道德书简》中的第一封信中写道："我们生命中最大的一部分时间在错误中被耽搁了，有相当一部分时间在无所事事中荒废了。还有一部分时间，我们在徒劳无功的努力中度过了。"

即便在那个时候，人们浪费时间的现象也让塞涅卡感到沮丧。"你认识那些人吗？那些珍视时间的人，那些认识到每一天价值的人，那些领悟到每天都离死亡更近一步的人？我们总认为死亡在前面等着我们，那是错的。死亡是一个漫长的过程，我们流逝的岁月已经在死亡的手中。"

他提出了建议："将每个小时都掌握在自己手中。处理好今天的任务，不依赖明天的时间来完成。当我们拖延的时候，生命正在飞速消逝。"

当你又开始在网络平台上看小猫咪的视频时，提醒自己："除了时间，我们一无所有。大自然仅仅赋予了我们时间这一样东西，而时间又是如此脆弱、稍纵即逝，任何人都可以轻易将时间从我们手中夺走。"

塞涅卡自己也有时间管理的问题，他承认："我不能吹嘘自己什么时间都没有浪费。但是我能告诉你，我把时间浪费在何处，浪费的原因以及方式……"

接下来这部分我希望孩子一定要读。

塞涅卡写道："我建议你去珍惜那些真正属于你的东西，越早越好。"

在读了塞涅卡的话语后，谁不想要迫切抓住与生俱来唯一拥有且无可替代的礼物——时间呢？但是要怎么做呢？我也从塞涅卡身上获得了答案："从现在开始，把每一天当作一次新生。"

"把每一天当作一次新生。"太妙了！以日出为起点，以日落为终点。一天就是完美的最小计量单位。我可以回顾每一天，审视每一天如何度过。如果大部分时间都过好了每一天，那就算过好了自己的人生。

每年1月份，很多人都会立下新年目标。虽然大家不一定认为这和斯多葛主义有什么关系，但这就是把每一年当作塞涅卡所说的"一次新生"。不过，一年很长，到了3月份，大家的新年目标基本就被抛到脑后了。

把每一天视作一次新生有很多好处。每一天你都能得到反馈，及时进行调整。你会专注于过程，而不是结果。如果你想减肥，不要设一个"减重30斤"的新年目标，换成每天可执行的方案——每天摄入多少热量、每天锻炼多长时间等。（我知道可能以一周为单位设定运动目标更好，大家视情况而定。）没有人知道自己的生命有多长，但是可以确定的是天数一定比年数多。

完美的一天是什么样的？不是上班路上一路畅通无阻，不是租车公司提供了完美的车型，不是好天气，不是遇到的人都按我的意愿行事。爱比克泰德对此给出的指导是："不要希望任何事情都如你所愿，所有事情无论如何发展都坦然接受，这就是通向平和的道路。"

这就像是把每一天都当作生命的最后一天度过（这一天也终将到来）。在这样的一天，你会关心什么呢（也许是所爱的人）？你不再介意的事情是什么呢（租车公司弄错了你的订单）？

目标不是改变自己的日常活动，而是改变进行活动时的思维。你不可能不去思考未来，也不可能不为未来做计划，只是当你想到明天的时候，你也要充分感恩今天。[①] 用塞涅卡的话说就是："抓紧时间活在当下！"

当太阳下山，一天结束时，我会评估这一天。

我的时间是否用来解决好的问题？我和家人朋友相处的时候，是否全心全意，是否真的在关心他们，是否心怀善意？如果我今天离开世界，此刻的世界有比我刚来时美好一些吗？生活中有没有出现"斯多葛主义测试"（如堵车问题、租车问题等）？我通过了吗？我是否在实践"运动中的平静"（我会在后文中解释这个问题）？我是否打乱了自己正在培养的某些习惯？我身上是否有某些坏习惯出现的迹象？（比如，在点餐时连续点了两回高热量食品，这有可能是一个坏习惯的开端。）

说到这儿，我也想提一下记日记的习惯。在每天结束后，我们可以通过写日记来检验这一天的新生。

塞涅卡写道："当灯光熄灭，妻子睡去时，我开始检查自己的一天，回顾自己所做的事情、所说的话。"[②]

他利用这个机会重新审视这一天，看看自己是否犯了错误，是否可以原谅自己，提出改正的方案。"我不对自己有任何隐瞒，无

---

① W. Irvine, *A Guide to the Good Life*（Oxford University Press），p. 71.
② "The Art of Journaling," Daily Stoic.

所遗漏，我对自己的错误没有恐惧，只要我能告诉自己：'认识到了错误，就不要再犯了。在这一刻，我可以原谅你。'"

回顾自己的一天可以让你有机会从自己的错误中学习，改正错误。比如说，今天我和一个朋友就政治问题争辩起来。回顾那一个小时，我觉得完全浪费了，这是无法再弥补的时间。我们没有改变彼此的想法，甚至对彼此有些恼怒。下一次的聊天中如果出现政治话题，我应该让朋友先说出想法，不去反驳，试着改变对话的方向。如果没有改变，我应该告诉他，我不谈论政治。

日记可以早上写也可以晚上写，或者早晚都写——这会成为一个改变人生的习惯。日记不但是每天的记录，也是自我反思的机会。我可以向各位保证，这比去看心理医生的费用要低得多。而且，这是一个对自己诚实的安全空间。日记和冥想一样，你可以发现并应对在潜意识中不停打转的想法。

还有一个好处，如果你在睡前写日记，你的睡眠质量就会更好（亲测有效）。

塞涅卡不是唯一写日记的斯多葛学派哲学家。我们对于奥勒留的认识也来自他的日记，又叫《沉思录》。只有在日记中，他才可以坦诚与自己展开对话——毕竟，皇帝是高危职业。

日记要写多长呢？尽力而为。如果你写起来很困难，那么写一句话也行。这就像是建立好习惯，持续性比数量甚至质量更加重要。

日记也像是一种时间旅行。著名魔术表演组合"佩恩与泰勒"的佩恩·吉列特从 30 岁开始写日记，当时他还觉得开始得有点儿晚了。他持续写了 35 年日记，一天不落。他会记下每天的重要对话，看了什么书或电影，写下当天发生的事情。而且，他会回看一年前的这天，10 年前的这天，20 年前的这天他都写了什么内容。

正如苏格拉底所说，"未经审视的人生不值得过"。

社会动物与他人的想法

　　人是社会动物，本能会让我们在意他人眼中的自己。奥勒留为此感到困惑，他说："我们爱自己胜于爱他人，但又在意他人的想法胜于自己的想法。"

　　爱比克泰德写道："不要倚赖他人的赞美，当中毫无力量。人的优点不是从外部获得的，不是从个人的关系中获得的，也不是从他人身上获得的。他人，包括爱你的人，不一定会赞同你的观点、充分理解你、懂得你的所爱。成熟一点儿！别在乎别人怎么看你！"

　　诺贝尔物理学奖获得者理查德·费曼曾说过："你没有责任按照别人对你的期待生活。我也没有责任按照别人对我的期待去过一生。这是他们的错误，不是我的失败。"

　　是的，这又回到了控制二分法。我们无法控制他人的想法。所以，如果你为他人的想法赋予太多意义，你就会想要满足他人的想法，然而他人的想法难以捉摸，而且会改变。这必然会让你失望、痛苦。我们应该按照自己的价值观来生活，也按照自己的价值观来评价自己。

　　沃伦·巴菲特不但是"奥马哈先知"，也是一位斯多葛主义者。他认同爱比克泰德的控制二分法："关于人们的行为，最重要的地方在于他们使用的是'内部计分卡'还是'外部计分卡'。如果你对使用内部计分卡感到满意，那就很好。"

斯多葛主义

不过内布拉斯加的斯多葛主义者巴菲特又进一步提问："如果让你选择：你会选择做世界上最好的情人，但大家认为你是最糟糕的情人？还是做世界上最糟糕的情人，但大家认为你是最好的？你怎么选？"

用奥勒留的话来回答就是："如果有人鄙视我，那是他的问题。我唯一关心的就是自己的行为或言语是否值得被鄙视。"

侮辱

在人生的道路上，我们有时候会遇到某些恶意的礼物 ——侮辱。侮辱其实是他人以冒犯我们的形式表达的想法。

我们都知道，侮辱会诱发负面情绪，包括愤怒。如果我们训练自己在"事件"阶段转向，那么还没到"判断"阶段，负面情绪就已经大幅减弱了。

在这方面，斯多葛主义为我们提供了有益见解。

首先，应对这个问题的核心也是控制二分法。爱比克泰德认为："如果有人想要控制你的身体，迫使你成为奴隶，你会为自己的自由而抗争。但是，有人侮辱你的时候，你怎么就轻易地交出了自己的思想呢？当你沉浸于那些言辞中，让其主宰你的思想时，侮辱你的人就成了你的主人。"

我们无法控制他人的想法或者言论，他人的侮辱自然也不在我们的控制范围内。奥勒留说："你可以控制自己的思想，而无法控制外部事件。意识到这一点，你就会找到力量。"

侮辱只是被我们赋予意义的言辞，所以我们也完全可以用斯多葛主义的视角解读它们。爱比克泰德解释说："那些嘲讽你的人、攻击你的人并没有侮辱你，但是你把这些当作了侮辱。所以无论别人如何冒犯你，你要知道是你的观点冒犯了自己。所以，面对侮辱，第一反应该是不要被表象所迷惑。你如果稍等片刻，就会更容易控制好自己。"

我经常写作，有成千上万的人读我的文章。我也经常被批评、被侮辱。我如果真的往心里去，那早就不写了。

我们需要思考侮辱或者批评的来源。如果一个人的建议你不会接受，你也就不必接受他的批评。[①] 正如爱比克泰德所说，"面对智者，不需要争吵；面对傻瓜，不需要理会"。我会加一句，他们不了解这个话题，不需要理会。

我来给大家举个例子。我的妻子从来没有滑过雪，也从来没上过滑雪课。但是，我和她一起看孩子们的滑雪视频时，她经常提建议。我从来都是笑而不语。

斯多葛主义哲学家建议，用自嘲来回应侮辱。塞涅卡写道："当你自嘲的时候，你就不再是笑柄了。"爱比克泰德补充："如果有人说你坏话，不要辩护，就回一句'那你显然还不知道我的其他恶行，不然这哪够你说的'。"

塞涅卡为反应不够机敏的人也提供了建议：无视侮辱。"对于通过侮辱他人获得乐趣的人，无视他的侮辱便剥夺了他的乐趣，这就是一种报复。他会想'我的天！他是没听懂吗'。"关键来了——"侮辱是否成功取决于受害人是否敏感和愤怒。"无视侮辱你的人，你就贬低了对方的价值，这就是一种更高级的还击——"合气道式"还击。

面对侮辱，奥勒留总结出最重要的事情就是："最好的报复就是不要像你的敌人一样。"

---

① 我读到过这句话，可惜忘记了出处。

以他者作为自己的测试版本

软件开发中有一个概念叫"测试版本"（beta）——软件已经可以发布了，但是还需要再仔细检查并修复漏洞。我也是这么看待自己的，我永远是测试版的自己。

这种"测试版"态度令人豁然开朗，你发现自己可以不断提升，不断改进，不断学习，不断成长。当然，这不是让你埋头读一堆个人成长书籍，而是要你持有这种态度——做生活的学习者。

我们总能获得不断学习的机会，不仅仅是从书本中（当然书本确实提供了无尽的智慧与范本）。正如拉尔夫·沃尔多·爱默生所说："在我的人生道路中，每一位遇到的人总有比我厉害的地方，我会向其学习。"无论是朋友、点头之交，抑或是陌生人，他们身上总有值得我们学习的地方。

我来举一些例子。

有一回，哥哥埃里克斯和我一起去得克萨斯州达拉斯，和约翰·莫尔丁见面。约翰拥有经济学家、思想家、作家三重身份，他写了很多书，他的个人邮件简讯有上百万的订阅者。与大多数金融类作者不同，他写的文章很有温度，读者能感觉到文章就是为自己而写，而且文中充满了趣事，也有他个人的人生见解。

我从约翰身上学到了两点，让我受益一生。

首先，他非常真诚。邮件简讯中的约翰和他本人完全一致。当然，

斯多葛主义   169

约翰说话时没有写作时那么文绉绉，我想大部分作家日常说话也不会出口成章吧。他说话的时候带着得州独有的腔调——在文章里这部分肯定是消失了。总而言之，每周都要发布好些文章的人，要伪装自己是很难的。约翰把复杂且无聊的经济学概念融入平易近人的故事中，他将写作过程视作与读者持续的对话，因此，长期关注他的读者会觉得自己认识这个人。约翰对我的写作生涯产生了极为重要的影响。

在去达拉斯时，我从约翰身上学到的第二点就是要永远对他人保持善良。约翰对待你的方式会让你觉得你对他来说是世界上最重要的人。在与他交谈时，你总会如沐春风。在他身边，我感受到自己独特的存在，我也发现这是他待人接物的一贯作风。我们当时先去了约翰在达拉斯市中心的公寓，然后到附近酒店的酒吧里聊了3小时。

在我们走进酒吧时，约翰跟经过身边的人微笑、问好。他和服务生说话时，感觉他们已经认识很久了。在对话中，你能感受到他的全心全意。

与之相比，我和服务生说话时，往往心里还想着别的事情。我有时候看着服务生，却全然没有注意到对方。有好几次，服务生转身离开后，我发现自己完全无法描述出对方的特征。约翰则不同，他会全然投入每一次对话中，而且和他说话的人一定能感受到。现在我和他人说话时也会提醒自己："约翰会怎么做呢？"①

---

① 一个人对待服务生的方式很大程度上可以反映出其人品。我在 IMA 招聘员工时，有时会和应聘者去吃午餐，然后让服务生故意把点的餐弄混，观察求职者的反应。如果他对服务生颐指气使，这也就是他对待下属的方式。

乔纳曾在切里希尔乡村俱乐部当过几年球童，那是丹佛当地很奢华的高尔夫俱乐部。乔纳跟我描述自己的工作经历时说道："我不喜欢伺候别人的工作。不过，这个工作也让我学习到如何与不同人相处——这将是我人生中很重要的技能。有时候我会遇到有趣的人，有时候我要去应付一些喝醉酒的浑蛋。总之，我期待每一次的经历，因为我也好奇自己会遇到什么人。如果是有趣的人，我就会学到一些优点。如果是喝醉酒的浑蛋，我就会学到如何处理这种情况。总之，我一定会有所收获，学到待人接物的该与不该。"看来，我也从乔纳身上学到了不少。

全情投入

塞涅卡说："有人在的地方，就应该有善意。"

作家本·汤普森有一个关于技术话题的邮件简讯，我每天都会读。从他身上我学到了严以律己。你如果每天写作，那一定会产出很多观点和分析。但是人总会犯错。本会回顾自己过去的分析，毫不留情地揭露自己的错误。当我发现自己过去文章或者想法中的错误时，我会提醒自己："本会怎么做呢？"

还有一个人——伊恩·布雷默，他经营着欧亚集团，一家全球知名的政治风险分析和咨询公司。我从他身上学到了两点。第一，他总是寻找与自己意见相左的人。第二，他在处理每一个问题时都不带有任何先入为主的偏见。当我分析政治问题并发现了自己的偏见时（在政治问题上很难避免偏见），我就会问自己："伊恩会怎么处理这个问题？"

每个人平均有 5 位密友。[①] 这些人要么会让你往上走，要么会把你往下拽。塞涅卡提出警告，恶行是会传染的。恶行的传染悄无声息而且很迅速。[②] 我很谨慎，也很幸运，遇到了让我不断提升的朋友们。

我们从朋友身上总能学到很多。我的每一位好朋友都有值得我效仿的优点。

我的朋友达伦和马特乐观包容，从不戴有色眼镜。我给他俩起的昵称分别是"丹佛摩西"和"西雅图耶稣"（可以看出是根据宗教和地理位置起的）。他们绝不会说人坏话，即便是对坏品质，他们也会找到中性的词汇描述。这种乐观主义色彩也体现在他们的性格中。"你的灵魂会沾染上思想的颜色。"所以，当对一个人产生负

---

① 谷歌搜索显示，这句话是励志演讲人吉米·罗恩说的。
② W. Irvine, *A Guide to the Good Life*（Oxford University Press），p. 135.

面的想法时，我会提醒自己："达伦和马特会怎么做呢？"

还有很多好朋友的品质值得我学习。巴里，他对待孩子们总是非常冷静沉着，有理有据。克里斯一直在努力提升自己。丹尼尔和杰夫对待孩子总是全心全意。伊森能够完全掌控自己的情绪（爱比克泰德看到了都会点头称赞）。艾伦心里总是惦记着需要帮助的人。有一次我们在特拉维夫的餐厅吃饭，最后有面包没吃完。艾伦把面包打包，然后在回酒店的路上把面包给了一个流浪汉。我还可以举很多例子，这里就不赘述了。我们可以从朋友身上学到很多，所以，我们要谨慎挑选自己的朋友，也要关注自己能从对方身上学到什么。

当然，你也能从朋友和他人身上认识到不该做的事情。有一位人士我很敬佩他的思想，但是他有另外一面。当有人不同意他的观点或者他认为自己被他人误解时，他会在公共场合训斥对方，将对方贬得一文不值。一方面，我从他的智慧中汲取到了养分，但是另一方面，他也警醒我哪些事不该做。也许沃伦·巴菲特的建议会让他受益——"公开表扬，私下批评"。

当然，我最重要的老师就是我的父亲，读者们应该也在本书中领会到了他的一些人生智慧。我每次遇到困境，都会问自己："父亲会怎么做？"

斯多葛主义者也曾处于测试阶段。奥勒留在《沉思录》中就在不断反思自己从他人身上、从生活中得到的收获。塞涅卡晚年也一直在写作，一直在学习。

永远不要觉得自己已经没有进步空间了，永远保持测试阶段的心态，正如塞涅卡所说，"只要活着，就要向生活学习"。

"觊觎" 的解药

有一回,我和某位朋友展开了非常深刻的关于人生意义的对话。他也是一位价值投资者。我问他:"你希望像巴菲特一样成功吗?"

他对这个问题有些错愕,问我:"这是一个反问句吗?"

不是。

我把妻子曾与我分享过的犹太智慧中的一点,告诉了这位朋友。首先,我们回顾一下摩西十诫中的一诫:不可觊觎。说的更具体一点儿就是,不要觊觎邻居的妻子。我要说清楚,这里的觊觎不是通奸,而是对邻居妻子的念想。我还要再说清楚一点儿,这不是在讲我邻居的妻子(希望我的邻居看到这本书时不要会错意)。

那么我们来点儿实际的犹太智慧吧(具有我个人色彩的解读)——大胆觊觎邻居的妻子,不要只觊觎她美丽的双眼、温柔的声音、曼妙的身姿,而要觊觎她的所有。别忘了,她的母亲可能总会索要你的亲吻,还喜欢给你提不计其数的建议,别忘了她的兄弟时不时需要你去交保释金,别忘了她每天在镜子前要花上多少时间(甚至忘掉她丈夫和孩子的存在)。

放开了觊觎。要觊觎全部。是的,觊觎的解药就是全方位觊觎。

当你觊觎巴菲特的成功时,你也要觊觎他的全部。不仅是他的商业帝国、他的巨额财富(他要捐出去的),还有他生活的全部。我读了爱丽丝·施罗德的《滚雪球:巴菲特和他的财富人生》,最

斯多葛主义 173

重要的一点收获是不要像巴菲特一样。很庆幸在孩子们还小的时候，我就读到了这本书。巴菲特对股票的痴迷达到了一种难以想象的程度。第二天要发售的报纸前一晚就会送到他家。清醒的时间他都待在书房里，完全不理会妻子和孩子。他的妻子，他此生的挚爱，因无法继续忍受他而离开了他。你还觊觎巴菲特的一切吗？

如果巴菲特没有牺牲自己的婚姻、没有忽视自己的孩子，他还能在金融界获得如此巨大的成功吗？我们也不知道答案。也许他可以，但也许他只会成为亿万富翁中的一人，而不会成为全球瞩目的亿万富翁中的佼佼者。

我的直觉告诉我（当然我的直觉可能完全是错的），如果人生可以重来，巴菲特不会改变自己的投资理念，比如，他不会更早开始关注科技公司（巴菲特直到 80 多岁的时候才对一家科技公司进行了重大投资）。但是，他会多关心自己的妻子和孩子。

当我们决定拒绝错误的事情时，我们也拥有了很大的力量来摆脱痛苦。这个信息在斯多葛主义哲学中不断得到重复，塞涅卡也做了诠释："没有人有能力拥有想要的一切，但是所有人都有能力拒绝自己不想要的东西，并充分利用自己所拥有的。"

觊觎的好处

觊觎的表亲是嫉妒，这是一个更有趣的话题。嫉妒就是觊觎他人拥有的，并为此怨恨他人。嫉妒会毒害生命。我们如果能学会避免觊觎，也许就能将嫉妒扼杀在摇篮中。

巴菲特就说过："作为投资者，你可以从所有致命的罪恶中取得收获，嫉妒除外。嫉妒他人非常愚蠢。希望别人遭殃，或者希望自己跟别人一样好，都会毁掉自己的生活。而且，对他人毫发无伤，总之就是有百害而无一利。"

查理·芒格也对嫉妒这个话题提出了有趣的见解：

> 莫扎特……也许是有史以来最伟大的音乐天才。但是他的人生是什么样的呢？苦不堪言，英年早逝。这就是莫扎特的一生。莫扎特是怎么搞砸的？有两点注定了他会不幸。首先他花的钱远远超出了自己的收入。这很愚蠢。其次，他的人生充满了嫉妒和怨恨。你如果现在入不敷出，还充满了嫉妒和怨恨，你就会过上不幸的人生，而且英年早逝。看看莫扎特就知道了。

斯多葛学派应对觊觎（以及嫉妒）的方法很有趣。他们将爱比克泰德的控制二分法应用于此。邻居的妻子、巴菲特的财富都是外部因素（巴菲特的财富可以是一种积极的外部因素：拥有是好事，但不是必须）。

有趣的地方就是根据斯多葛学派的观点，你可以学习巴菲特身上的优点，让其变成你内在的一部分（这也回应了我们在前文中的讨论）。我刚刚谈到自己从巴菲特的错误中学到了什么，但是，我从他身上学到的东西不止于此。

以下是一些例子。

报刊测试。如果你知道你的某些行为明天将会被刊登在报纸上，你会有什么感觉？树立名声需要一辈子，毁掉名声只需要5分钟。换言之，你每时每刻都要谨言慎行。

巴菲特定义的成功（可能是人生后半段得出的定义）。你的行为方式应该让你所在乎的人爱你。他说道："如果你到了我这个年纪，没人喜欢你，那无论你银行里有多少存款，你的人生都是一场灾难。"

巴菲特有一位朋友是纳粹大屠杀的幸存者。她看人的时候只会问自己一个问题："他会保护我吗？"巴菲特说："当你70岁的时候回望人生，如果你知道有很多愿意保护你的人，那你的人生就是非常成功的。"

公开表扬，私下批评。我在前面提到过这点，巴菲特从不在公开场合对个人提出批评，与此同时，他在公开场合从不吝啬对个人的赞美。巴菲特对我的写作生涯也有着重要影响（我会在后文中详述）。当然，他的投资人身份也对我和数以百万计的人带来了重要影响。

塞涅卡一直坚信，我们应该内化敬重之人的品质。"选择一个人，他的生活方式、一言一行、道德品质都受到你的认可和敬重。你可以将他当作你的守护者或你的榜样。在我看来，我们必须要将一个人当作衡量自己品行的标杆。如果没有标杆，人就很难知道如何修正自己。"

智者学派的诡辩

在古希腊和古罗马，父母会让孩子去跟智者学派（也作"诡辩派"）学习演说技巧。智者学派专注于情感和理性结合的说服艺术，孩子们要学习如何从正反两面来进行辩论。斯多葛学派则强调沟通中的理性（而非情感）。

智者学派的演说技巧就像是长矛——强大的武器，既可行善，也可作恶。因此，学生们通过接受道德教诲才知道长矛应该指向何方。[①]

斯多葛学派对智者学派尤为谨慎，他们认为说服他人的措辞很关键，因为说服意味着对他人思想产生影响。[②] 如果通过煽动情感的方式说服他人，我们就会用到丰富多彩的比喻以及富有戏剧张力的表达。如果我们有两个大脑，一个和他人对话，一个和自己对话，那就没问题。但事实并非如此，那些措辞可能会影响到我们自己，影响我们的情绪状态。

正因如此，斯多葛主义者的观点中不会有色彩，只有黑与白。我能理解这种思维的价值所在。我们需要斟酌与他人沟通时的措辞。另外，如果有些表述会引发负面情绪，那么我们在与自己沟通的时

---

① W. Irvine, *A Guide to the Good Life*（Oxford University Press），p. 21.

② D. Robertson, *How to Think Like a Roman Emperor*（St. Martin's Publishing Group），p. 70.

候也要谨慎。总之，不要落入智者学派的语言陷阱。

实现这一点的最佳方式就是写下自己的想法。当你把每个字都写下来，并检查时，"我老公把我逼疯了"会变成"我老公说了……让我很不高兴"。（我没有偷看妻子的日记，只是在猜测她的想法罢了。）

不要写"股市暴跌"，要写"股市下跌了X%"。爱比克泰德说过相似的话。他提议，不要说"我们的船在海上迷失了方向，回不了家了"，应该说"我们在海上，目前还不知道具体的位置"。

我们太喜欢把花哨的词语串联起来，加上夸张而肤浅的色彩。比如，菜单上的"罗勒蜜汁烤阿拉斯加野生三文鱼"，在奥勒留看来可能应该写成"鱼的尸体配草本植物与蜂蜜"。他写道："如果有东西看似得到了至高无上的赞赏，那我们就让其无用之处暴露出来，去掉华丽的言辞，剥去一切装饰的外壳。"

面对问题，我们要剥去障人眼目的装饰，暴露问题的本质。不要说"我的生活糟透了"，而是罗列出生活中让你烦恼的事情，尽可能直白地陈述（不要用花里胡哨的词语，将它们留给智者学派吧）。

我来举个例子。我在大学二年级的时候要上五六门课，有一份全职工作，还要全情投入地谈恋爱（甚至是加班加点地谈）。在期末考试到来时，要复习的东西很多，还有很多期末作业，更糟糕的是我有拖延症。总之，我当时感到压力如山，喘不过气。

我去跟父亲发牢骚，抱怨自己的困境（想必是用了很多智者学派的语言）。他的回复很简单：把大问题拆解成小问题，罗列清单，然后逐个击破。这个方法很奏效！

我把所有期末作业和考试罗列出来，根据日期和重要性排列顺序。突然之间，我那些看似庞杂的问题有了解决的可能性。父亲并不需要教我怎么使用简明英语来描述问题，因为我只需要把我学业上的大问题分解成小问题，它们有着对应的截止日期，就是这么简单。

　　　　　　　　　　　　　　全情投入

斯多葛主义通过分析来解决问题的建议很妙，妙就妙在人的潜意识并不能察觉或者理解讽刺或者幽默。如果你一直说自己是废物，什么都干不成（哪怕是开玩笑），那即使你现在还不是，迟早也会是。

这一点极其重要，也有很多层含义，我再来做一个类比。把意识看作一艘轮船的船长，潜意识就是轮船的船舱。在船舱中的人没有船长的视野，船长下令说前进，后退，向左转，向右转，船舱里面的人就会执行命令。指令对船是好是坏，船舱中的人并不知道，也不在乎。人的潜意识不会执行这种判断。[①] 所以一定要小心你与自己对话的措辞。

为了阐述下一个观点，我先来分享纳西姆·尼古拉斯·塔勒布所著的《随机漫步的傻瓜》一书中我最喜欢的故事。

公元前 155 年，雅典人希望罗马能够取消对雅典征收的罚款，于是派哲学家卡涅阿德斯到罗马元老院请求帮助。卡涅阿德斯来到罗马，发表了精彩的演说，听众们被他慷慨激昂的表达所撼动。然而，这并不是卡涅阿德斯想要传达的信息。他感觉到，让听众折服的只是演说表现，并不是其中逻辑严谨的论证。

第二天，卡涅阿德斯又来到前一天演说的广场上，又发表了激情澎湃的演讲，但是论点和前一天完全相反。他再一次说服了听众！不巧的是，老加图也在观众里，他被卡涅阿德斯的雄辩伎俩激怒，于是说服元老院驱逐了这位使者。

塔勒布在他的书中要利用这个故事表达其他的观点。但是我从故事中领悟到的一点就是要警惕智者学派！出色的演讲者可能会以

---

① I borrowed this from Joseph Murphy's book, *Beyond the Power of Your Subconscious Mind*.

情感扭曲逻辑，最终对你的决策产生不利影响。

我在日常工作中，也就是投资领域，要经常和企业的高管们对话，这些企业就是我们公司分析的对象。我每个月还要参与数十个电话会议。在上市公司担任高层领导，必然要善于沟通。我在听完高管们的演说后，总有把房子抵押了，把妻子的车当了，然后把钱投给他们的公司的冲动。

我可不是说所有高管都是巧舌如簧的骗子，只是要提醒大家，每个人都应该有"智者学派过滤器"，能够剥离情绪，找到信息核心。在听 CEO 的讲话时，要去掉情感因素，发现关键信息，洞察本质。一个人的演讲越出色，你的"智者学派过滤器"就越要发挥甄别作用。

当遇到愤世嫉俗的人时，你也需要这个过滤器。这些人充满了负能量，他们说的话似乎比乐观主义者更有深度，但不一定是正确的。

你也要警惕隐藏在玩笑背后的观点，尤其是与你相反的观点。对手可能会通过逗笑听众来拉拢听众，但这并不代表观点正确。

最后，要警惕那些主动称赞自己美德的人，比如"我很诚实""我从不偷东西"。他们可能是在通过放大一些优点来掩盖部分性格缺陷。我认识的一个人，曾拍着胸脯说自己多么忠厚正直，言而有信。后来，他从朋友那儿借了一大笔钱，溜之大吉，再也没把钱还回去。

最后，用塞涅卡的话来总结一下："剑从不杀人，它是杀手的工具。"

在潜意识中创造"斯多葛程式"

在儿子乔纳开始学车时，我就已经开始筹划这本书了，那是 4 年前。（如果你在后文中读到米娅·萨拉步入婚姻殿堂，那么有两种可能：这本书的写作时间超出了我的预期；或者，米娅·萨拉坠入爱河，年纪轻轻就和一位优秀的犹太男孩结婚了。在我写到这儿时，她 6 岁。）

回到乔纳身上。刚开始的时候，乔纳的驾驶完全由其意识控制，他要有意识地去思考如何抓方向盘，踩油门和踩刹车要用多大力气，要小心翼翼地观察和前方车辆的距离，还要认真看清楚每一个交通标志。

在这个阶段，因为他的意识里充斥着大量与驾驶有关的新任务，无法再应付更多的任务。比如说，在开车的时候，哪怕是调小广播音量也会让他分神，车身会向旁边的车道偏移。

但是，在一两个月之后，原来占据意识的任务慢慢地转移到了潜意识中，油门和刹车怎么踩合适，什么时候该看后视镜了，方向盘握得好不好，这些都不需要思考了。强大的潜意识已经能够轻松处理这些任务，思维空间腾出来了，这时候他就可以想着需不需要调节音量，还能和我商量该放什么音乐。

一件事情长时间做，就会成为惯例。人类的"操作系统"认识到了潜意识强大的处理能力，因此，当一个任务成了惯例时，它就会被转移到潜意识中进行处理。

如果我长时间练习控制二分法、事件－判断－反应框架以及消极想象，那么总有一天我的潜意识会自动承担这些任务，到那时我就不需要刻意思考什么时候该使出我的斯多葛技能了。

当然，我要提醒你们，要改变潜意识需要一些时间，斯多葛主义的实践往往意味着我们需要改掉长久以来的一些习惯（在乔纳学习驾驶的时候，他是在建立新的习惯）。摆脱旧习惯往往需要长时间的练习。

冷水澡练习

我会洗冷水澡，倒不是因为我有俄罗斯血统，但也可能有这部分原因。我的父母 40 多岁的时候，会在零下 30 摄氏度的摩尔曼斯克结冰的湖里游泳。父亲是跟爷爷学来的，爷爷会在冬天到莫斯科河游泳。听说爷爷快要 80 岁时，因为奶奶藏起了他的泳裤，他竟然闹着要离婚。奶奶骂他"老傻子"，依然阻止不了他在零下几十摄氏度的寒冬中跑出去游泳。

我猜，洗冷水澡在一定程度上是一种遗传的表现，我注定要追随祖辈们"愚蠢"的脚步了。

我开始洗冷水澡是因为在洗完之后我会感到焕然一新。在我学习了斯多葛哲学后，我意识到洗冷水澡也可以成为我斯多葛练习的一部分。

让我来解释一下。

我们把洗冷水澡分成 3 个阶段。第一阶段，盯着冷水；第二阶段，冲冷水的第一分钟，大口呼吸，心跳加速；第三阶段，呼吸开始平缓，这时候想在冷水中冲多久都可以了（我通常是一两分钟）。第三阶段不是这里讨论的重点，不过可以告诉大家，有很多研究显示，洗冷水澡对健康有益。

我们来看看第一和第二阶段。

我打开水龙头的时候，恐惧和犹豫会涌上心头。恐惧什么？冲几分钟冷水几乎不会有生命危险，又不像跳伞，以风险程度来看，对跳伞的担忧确实存在客观依据（虽然风险极低）。很少有人会因为洗冷水澡失温而死。

我恐惧的是冷水带来的短暂不适。其实，我已经本能地想到了那种不适。这就是斯多葛主义学习者看到的练习机会！我会想象自己洗完澡之后的舒适，练习用新的想象替代旧的想象。

现在，我已经在寒冷、刺骨的水中了。

冷水是一种外部应激源，在第一分钟，我就像打了肾上腺素，心跳加快，肌肉紧绷，呼吸加重，这时候就是我练习放松的时机。我可以练习控制二分法。航空公司弄丢了你的行李，租车公司搞错了你的订单，冷水让你感觉不舒服——这些都是外部因素。我要怎么做出反应取决于我自己——这是内部因素。

我知道自己有些啰唆，但是这点十分关键。事件－判断－反应框架来了。事件：冲冷水澡。判断：我如何理解这个过程。以奥勒留的视角，剔除掉形容词——7摄氏度的水从我身上淌过。反应：放松，把注意力转移到水声中，专注于呼吸，专注于寻找过程中的乐趣。

每日的冷水澡让我能练习很多技能：消极想象、"最后一次"想象、事件－判断－反应框架等。

在洗完冷水澡之后，我会奖励自己一个15分钟的热水澡。这15分钟很重要，我时常在这个时候进行创意思考。没有任何电子设备的干扰，热水澡带来的声音和体感让我的大脑转换到了另一个轨道，让大脑中产生平时没有的连接。总之，热水澡对我的创意大有帮助。（本书中的很多想法就是在热水澡中诞生的。）

如果你还在犹豫要不要试一下冷水澡，记住塞涅卡的话："不是因为事情很难所以我们不敢，而是因为我们不敢所以事情很难。"

以最小计量单位行动

我曾对斯多葛主义非常痴迷，和朋友说，和孩子说，但是就是不能让自己坐下来好好写点儿东西。我等待着动机的降临。突然间，我读到了爱比克泰德的一句话，它仿佛就是对着我说的："如果你想成为作家，那就写起来。"

一位很受欢迎的作家马克·曼森①呼应了爱比克泰德的话："行动不是动机产生的结果，是动机产生的原因。"

于是，我终于开始着手写作大家看到的这本书。写作本身就会带来灵感，然后你就会有更强烈的动机。所以，不要等待动机引发行动，倒过来，先行动，行动会引发灵感，动机会随之而来。

在前文中，我提到了"最小计量单位"。你如果很难着手做某事，就把"最小计量单位"设定到最低值。詹姆斯·克利尔在《掌握习惯》中也提到过这个原则。他有一位读者想要培养健身的习惯，于是每天都到健身房，每天5分钟，坚持了好几个星期，就是为了养成习惯。然后，他开始慢慢增加在健身房的时间。

把"最小计量单位"设定为较低值可以让我们克服惰性，建立新习惯。我写书的"最小计量单位"就是坐下来开始写。一点儿没有夸张，我每天早早起来，带着一点儿不悦和自我怀疑开始写，一

---

① 马克写了一本很棒的书——《重塑幸福》。此处很多内容都受到马克这本书的影响。

直坚持了 4 个星期才终于进入洋洋洒洒的写作状态。

正如《星球大战》中尤达大师所说，"要么去做，要么放手。没有尝试一说"。

价 值 观 与 目 标

这部分的内容对于我个人而言非常重要，其中有很多理念我已经践行多年（远在我接触斯多葛主义之前）。这些理念让我的人生更加富足，更加坦然。斯多葛主义让我的行为有了合理的框架。价值观是我们内在的衡量体系，我们用其衡量自己有多大进步、离目标有多远，同时评估自己是否幸福。珍视一切相当于什么都没有珍视，我们看重什么决定了我们会着重思考什么，把我们的精力用来做什么。这是我们衡量自己的参考，因此也决定了我们的幸福感。奥勒留说过："一个人的价值要通过他所看重的东西的价值来衡量。"

我们需要思考，对自己来说什么是最重要的，然后才能过滤掉外部环境强加给我们的东西。在设定自己的价值观和目标时，我们要有谨慎的思考。

有一个非常真切的案例。在丹佛，我经营着一家规模不错的公司。公司在不断成长，营收也足以支付不错的员工收入和投资利息。我没有私人飞机，巴菲特也不会担心在《福布斯》财富榜的排名会被别人取代，我们都没有被金钱束缚，依然从事着出色的投资研究工作，为客户提供着优质的服务。

最近我在《丹佛商业杂志》读到一篇文章，其中出现了丹佛资产管理公司排名，排名的衡量指标是公司规模，即资产管理规模（AUM）。我发现，自己的公司没入选科罗拉多州的前 20 名。突然之间我就在想，如果可以提升资产管理规模，跻身 20 强，是不是挺好的？

讽刺的是，这篇文章是我无意间读到的，在此之前，我甚至不知道这个排名。我如果把"跻身科罗拉多州 20 强资产管理公司"（以规模计算）作为目标，相当于增加了一件自己在乎但其实对自己完全没营养的事。这件事情不会增加我的幸福感，可能还会让我变得不快乐。

我差点儿就被外部环境影响，给自己强加价值观和目标了。

而且，这还与我自己的价值观与目标产生了冲突——我希望能建立自己引以为豪的企业。这话听起来有些矛盾，甚至有些反资本主义，规模（资产管理规模）在达到一定水平后，就成了次要因素。

可惜，我们总是重复类似的错误。我们时常在无意识间让外部环境影响自己的目标设定，驱动自己的生活和工作，这最终会让我们感到沮丧。

自己的价值观是个人内在的过滤、评估、取舍系统，当我们有了良好的价值观时，很多问题就会迎刃而解。这就是通往幸福的道路。

在讨论良好的价值观之前，我们先来看看那些糟糕的价值观。

金钱与欲望

我们先来看看最具诱惑力的糟糕价值观——物质层面的成功。

> 金钱无法替代温情，权力无法替代温情。当我坐在这里，走入生命尾声时，我可以向你保证，在你最需要的时候，无论金钱还是权力，无论有多少，都无法带来你最渴望的感受。
>
> ——莫里·施瓦茨

有一次，我和家人去劳德代尔堡度假。乔纳、汉娜还有我乘船出海去潜水，在经过著名的近岸内航道时，船长指着远处的豪宅、游艇，告诉我们那些名人、富豪买它们花了多少钱，是在什么时候买的——那是阿尔·帕西诺拍摄某部电影时的住所；那是斯皮尔伯格的游艇；那是挡风玻璃大亨们的豪宅（我没开玩笑）……这些豪宅并不是什么建筑奇观，豪宅的主人也并没有完成过登月或者治愈癌症的壮举。

船长在做着自己的本职工作，当他在背诵那些价格时，我可以听出其中的欣羡之情。在船上我一直在想，他在给我的孩子们传递错误的信息，而孩子们却饶有兴趣地接收这些信息。这些信息——金钱和物质等于幸福——不但出现在佛罗里达的游船之旅中，也出现在电视频道中。我们回到岸上的时候，我和孩子们讨论了这个问题，我和他们的对话的内容也是我接下来想要告诉你的内容（当然我没跟他们提"斯多葛"这个词）。

斯多葛学派将金钱视作外部优势，但是，人的目标不是尽可能多地累积外部优势，而是要明智地利用外部优势。[①] 当说到财富时，我们会不由觉得越多越好。但是斯多葛学派颠覆了传统智慧，他们认为（一旦基本需求得到满足），创造财富的最简单方式就是减少欲望。

爱比克泰德曾说，"财富不在于拥有的很多，而在于想要的很少""明智之人不为自己所没有的东西而悲伤，但为自己所拥有的东西而快乐"。

在我们的基本需求得到满足后，金钱所能带给我们的幸福感十分有限。

亿万富翁瑞·达利欧经营着世界上最大的对冲基金公司，在他所著的《原则》一书中有这样一段话：

> 满足基本所需是最重要的——舒适的床铺、良好的人际关系、美好的食物、健康的性爱。这些东西不会随着财富的增加变得特别好，也不会随着财富的减少变得很糟糕。你遇到的精英并不比你遇到的普通人或者介于两者之间的那些人有更多特殊之处。

在投资行业，我经常有机会碰到千万富翁、亿万富翁。他们的宠物可能有着更精致的发型，他们的座驾更有派头，他们度假的地

---

① D. Robertson, *How to Think Like a Roman Emperor* (St. Martin's Publishing Group), p. 40.

方也更豪华，但是，金钱本身并没有给他们带来价值千万的幸福感。

我发现，对于有些人来说，金钱不像福报，更像诅咒。他们长期处于焦虑状态，而且焦虑在不断地增长。如果挣钱是目标，那么你永远都挣不够。当资产以百万为单位递增时，你想争取进入千万富豪的圈层，当资产跃入千万级别时，你又想去亿万富豪的圈层……永无休止。

我有一次和人聊天，对方白手起家，开了好几家公司，资产有5亿美元了。我们一起吃午餐，他跟我抱怨说，自己压力很大，有一个30年期美国国债持仓搞得他睡不着（当时他觉得利率要下降）。我不确定他是把投资当成消遣时的游戏，还是迫切地想要使自己的资产再上一个台阶。当他问我有什么建议时，我告诉他，减仓，减到你不会睡不着的程度就行。

塞涅卡的建议也会帮助到他："拥有很少的人不是穷人，想要更多的人才是穷人。"

我知道，这些故事来自一个搞投资的人，可能有些讽刺。但是，雕塑家无须爱上未被他雕刻的石头，投资者也不需要爱上金钱。金钱是我帮助客户筑梦的砖瓦，是实现养老生活、子女教育等理想的材料。确实，有些客户就是会用这些材料去购买佛罗里达海岸的豪宅。我没有意见。

用塞涅卡的话来做总结："如果你所拥有的对你来说似乎不够，那么即便拥有全世界，你也会很悲惨。"

自我的执念

曾经有很长一段时间，我执着于让自己事事占理，坚持我就是对的。这是一种病，我现在差不多好了，但也因为它失去了不少朋友，还有一段爱情。当时我和女友的关系因为其他原因已经开始走下坡路，但我依然记得这段关系分崩离析的时刻——一场关于关税更好还是配额更好的辩论——我真的没骗你们。

我和当时的女友都在上宏观经济学课，不过在不同的大学。我不太记得我们为什么会开始讨论这个话题，但我就是抓着不放，就想向她证明自己是对的，"自我"占了上风。我也不记得当时有没有说服她（应该没有），但是为了赢得那场争论，我失去了一段重要关系。这件事中有好几个问题。

爱比克泰德的控制二分法又来了。我们只能控制自己的观点，如果把目标设定为改变他人，那就是将自己推入失望与其他负面情绪的海洋。

即便你赢得了争论，你也输了。你让对方觉得自己低人一等，你伤害了对方的自尊，得到了对方的怨恨。我们要接受事实，他人不必和我们自己以同样的方式看待事物。

事事占理的态度与终身学习、不断成长相互冲突。如果你一定要凡事都对，那么你的思维必然固化。爱比克泰德曾说："一个人是不可能再去学习他认为自己已经了解的东西的。"避免过于自我

全情投入

的方法就是把自己摆在学习者的位置，是的，生活的学习者。

最后，如果你总是一副无所不知、无所不晓的样子，那么你交不了多少朋友。一个人什么都抢着回答，从来不改变观点，而且也对他人的所知不屑一顾，你会和这样的傻瓜交朋友吗？

奥勒留给我们树立了榜样，他说："如果有人证明我是错的，通过思辨或者行动指出我的错误，那么我非常乐意做出改变。我追求真理，但从未伤害任何人，这里的伤害指的是坚持自我欺骗以及藐视所有。"

享乐适应

　　如果我得到这个工作，我就会很幸福；如果我买到这个房子，我就会很幸福；如果这个女孩和我在一起，我就会很幸福。其实，我们不应把"如果……就……"的思维套用在幸福感上。

　　著名心理学家乔纳森·海特在著作《象与骑象人》中做了精彩的解释："如果……就……"的思维不会带来真正的幸福。首先，愉悦来自向目标前进的旅程（通常要历经艰难）。到达目的地的愉悦比不上在奋斗过程中克服困难的愉悦。其次，"人类的大脑对于环境中的变化极其敏感，但是对于绝对状况又不太敏感"。换言之，我们有适应力。坏事、好事，我们都可以适应。如果快乐是自己的核心价值观，那么我们最终会感到不幸福，因为大脑会很快适应某种程度的愉悦感，然后为了持续感到幸福，我们需要不断地增强愉悦感来维系幸福，也就越来越难以感到幸福。

　　心理学家将这种现象称为"享乐适应"，它会弱化人们在生活中感受到的快乐。

　　"如果……就……"思维藏在我们的基因之中，是我们思考的默认模式。将幸福与无法控制的外在因素联系在一起，我们会发现我们在得偿所愿的时候确实会经历短暂的幸福，然后很快就陷入享乐适应的恶性循环中。英国散文家洛根·皮尔索尔·史密斯写道："生命中有两个努力的目标：第一，得到自己想要的；第二，享受自己得到的。只有最聪明的人才能实现第二个目标。"

练习消极想象可以抵消（享乐）适应。威廉·欧文写道："幸福的关键是遏制（享乐）适应过程，我们要采取措施，防止自己在得到想要的东西时就开始觉得理所当然，那是我们努力得到的结果。"

应对享乐适应的最简单的方法就是设定不需要应对享乐适应的目标。正因如此，我为 IMA 设定的目标不是"如果资产管理规模达到……就……"，其实我自己也不清楚这个"就"后面到底要跟什么。

IMA 的目标与我的价值观一样，是以过程为基础设定的。我们可以控制投资过程（但不一定能控制结果）。我们希望给客户提供优质的服务——这是可以控制的。我们为公司运营设定的目标就像瑞士手表一样精准、流畅——这也是可以控制的。我们还可以控制企业文化以及对待客户的方式。最终目标就是要确保在进行这些工作的时候我们能找到乐趣。

让我们进一步看看投资的事情。投资也是以过程为基础的，虽然没有完全一致的股票分析，但是进行分析的过程都有着相似的基本框架。除非你热爱这个过程，否则进入投资领域会让你的生活苦不堪言，因为一个深思熟虑的过程往往要历经数年时间才能呈现出良好的结果。

我和很多投资界的朋友都认为：如果投资仅仅是为了致富，无法享受过程，那么其中的波动起伏必定让人不快乐。

我每一天都会花几小时写作，写完之后我有一种类似于在健身房结束锻炼的感觉。在我锻炼的时候，肌肉纤维细微的撕裂让我有充实和进步的感觉。写作的过程也一样，虽然痛苦，虽然挣扎，但是让我有充实的感觉，只不过这不是肌肉上的充实，而是大脑中的充实。我会因为完成一篇文章或者一本书而感到满足，在写作过程中我也获得了满足感。

我父亲的挚友也是他最年长的朋友叫亚历山大，是一位出色的数学家，也是才华横溢的老师，深受大家爱戴。亚历山大和我父亲都曾在摩尔曼斯克航海学院教书。亚历山大有一个弟弟，过世之后给他留下了几本书，其中一本是索尔仁尼琴的《古拉格群岛》。这是一部关于苏联时期的监狱和劳动改造的纪实文学，在 20 世纪 70 年代的苏联被列为禁书。

大概是有人去亚历山大家做客时看到了那本书，然后举报了他。有一天，苏联国家安全委员会找上门来。他们搜了他的家，找到了那本书。他因为自己极好的声誉免于牢狱之灾，但失去了在摩尔曼斯克航海学院的工作。

当时，学院职工举行投票来决定他的去留，意见出奇地一致：开除。只有父亲冒着丢掉工作的风险投了反对票。

在后来的 15 年中，亚历山大的目标就是要重回教学岗位——这成了他生活的重心。到了 20 世纪 90 年代，苏联解体，航海学院真诚欢迎他回归学校，他恢复了原职。但是接下来发生的事情出乎所有人意料，亚历山大陷入了重度抑郁。他重返教职的目标几乎完全占据了他的生活，所以目标实现之后，一切仿佛失去了意义，他突然没有了目标，生活也变得空洞。

这个故事最终迎来了美好的结局，在亚历山大陷入抑郁一两年之后，写书和教高中生数学课让他找到了新的快乐。换言之，在人生中，他所看重的事情发生了变化。

我刚开始准备特许金融分析师考试时，不应该把自己的快乐和考试结果绑定在一起。当我一次通过考试时，看看周遭的一切，并没有什么变化。我经历了"如果"，但是"就"后面应该是什么呢？

全情投入

什么都没发生。没有人在乎我的考试结果（可能父母和哥哥们会关心）。我在工作中得到晋升，但这并不是我去参加考试的原因。幸好，我找到了新的乐趣。我在科罗拉多大学开始教投资课，这是新的挑战，同时，我也开启了写作生涯。

如果你不断陷入"如果……就……"思维中，那么你必然会忽视当下。在不知不觉中，生活与你擦肩而过。沃伦·巴菲特表达过类似的意思，一直想着未来，陷入"如果……就……"的思维中，就像是把性爱留待老了的时候再享受。

听从塞涅卡的意见吧——"真正的幸福在于享受当下，不为未来忧心……对人类最美好的祝福已在我们身边，唾手可得。明智的人满足于他拥有的东西，不论多少，不奢求他没有的东西。"

积极思考的思维方式

在讨论良好的价值观之前，我们再来绕个弯。我发现，"如果……就……"这种思维方式其实可以从消极变为积极。

"如果……就……"思维可以用来养成好习惯，强化某行为。我就利用这个思维成功戒了烟，而且在本科（后半段）和研究生阶段实现了全勤。

我13岁的时候就开始抽烟了，早得有点儿离谱。我受到了当时环境的影响——父亲和哥哥们都抽烟。而且，我有着容易上瘾的个性，如果把一袋糖果放到我面前，我会吃到见底才停下来。

抽烟也一样，我烟瘾特别大，每天要抽两包。父亲从其身为人父的职责出发，想尽办法要帮我戒烟，有一次竟然强迫我一口气抽完一包烟。他当时想的是轻度的吸烟中毒可能会导致我讨厌香烟。他还带我去冥想课、去找针灸大师，但是什么办法都没有用。原因很简单——我不想戒烟。

然后21岁那年，我疯狂喜欢上一个女孩，她无意间提到不喜欢抽烟的男生。当时，还没有出现戒烟糖、戒烟贴片等产品，戒烟比起现在更加困难。我告诉自己，自己如果再抽一根烟，就戒不掉了。我想象自己追不到那个女孩——对于年轻的我来说已经够可怕了。有时候我半夜会惊醒，一身冷汗，就是因为梦到自己突然又开始抽烟了。这一次，"如果……就……"思维改变了我的人生。

　　　　　　　　　　　　　　　　　　　全情投入

无奈的是两周之后，女孩就把我甩了。但是，时至今日我还是感谢她的出现。而且，这次经历还有一个意外惊喜——父亲不想成为伪君子，于是在我戒烟之后，他自己也戒了。自此之后，我们两人再也没有碰过烟。

我过去一直不是优等生，甚至不算是好学生（此处不是虚伪的自谦）。后来，去了科罗拉多州立大学丹佛分校上学，马马虎虎过了两年，我开始变得成熟。我意识到，如果不想下半辈子从事体力劳动，那就一定要把学习搞好，要把成绩提上去。现在回想起来，我也是在那段时间戒了烟。是的，这也许就是大器晚成吧。

我越来越专注自身，也开始反思为什么成绩不好。我发现有两个层面的原因。第一，我独自学习的效果不好。于是，我在每个科目的课堂上都找了学习伙伴。第二，我逃了太多课，因为当时我还有工作，很多课又在早上，有时候我太累了起不来，索性就没去上课。

于是，我告诉自己，我如果再逃一次课，就等于会继续逃很多课，不能再这样下去了。这个方法奏效了，在本科的最后两年以及研究生阶段，我实现了全勤，成绩也大幅提升。这就是我利用"如果……就……"思维解决的另外一个问题。

在前文中，我把这种行为称为"单选"决策，也进行了详细的讨论。斯多葛学派哲学家会为我自豪。我不能完全掌控最后的成绩，但是我可以掌控自己学习的方式以及去上课的频率。

好的价值观来自好的问题

　　如果我们在生活中不断回避痛苦，那么人生也会变得空虚且没有意义。这似乎和我之前说的有矛盾，斯多葛主义不是要帮助我们减少负面情绪、减少痛苦吗？我要强调一下关键词，是减少不必要的负面情绪和痛苦。

　　斯多葛主义的目标是消除不必要的负面情绪，让人免于不必要的痛苦。

　　痛苦和挣扎之间有区别。你可能不知道区别，但是你一眼就能分辨出这两个词语，虽然它们在很多语境中可以互换，其实意义并不一样。根据字典的解释，"挣扎"是指面对困难和逆境的时候做出艰辛的努力甚至抗争；而"痛苦"等同于"痛感、疼痛"（难受的感觉）。我认为挣扎是有目的的痛苦，目的说明了受苦的原因，原因就是让你克服疼痛的良药。

　　有价值的事情、有原因的事情通常会带来一定程度的痛苦：写作、育儿、跑马拉松、恋爱、投资等。不经历痛苦，你就无法得到锻炼。当你弄清楚为什么要做这件事，为什么这件事很重要，痛苦就会变成挣扎，就会变成可以承受的奋斗过程。我儿子最喜欢的艺术家——说唱歌手 J. 科尔说过："挣扎中有美丽，成功中有丑陋。"我最喜欢的罗马皇帝奥勒留说得更深刻："行动的障碍会推进行动。道路之阻自成道路。"

全情投入

马克·曼森说过，克服阻碍的过程会创造出生命中的"意义和重要性"，同时，也会带来幸福。长期看来，我们为之挣扎奋斗的事情最终会成为生活中最有意义的事情。

你如果回避问题，最终就只有空虚落寞的人生。幸福源自面对好的问题，解决好的问题。心理学家维克多·弗兰克尔说过："幸福不可求，幸福只会随某事而来，每个人都要有一个幸福的理由。"所以，我们要找到好的问题、好的理由。如果我们将这一模式嵌入大脑的"操作系统"中，在解决好问题的过程中拥抱幸福感，再回看人生中的困难时，那似乎也不再是问题，而是幸福的源头。塞涅卡说过："困难锻炼人的思维，正如劳动锻炼人的身体。"

我有一个好朋友，40 岁出头，单身、聪明、善良——很不错的一个人。10 年前，他搬到了西海岸，所以我们只有每年 12 月的时候能见上一面。多年来，他一直在自己的体重问题上挣扎，去年可以说是到了谷底——体重冲破 160 千克。我们出门吃饭的时候，我问他什么时候准备谈恋爱（没错，我们的关系就是这么亲密）。他说，等减肥成功再谈吧。

一年后，我再次和他吃饭，他可以说是判若两人，减掉了一半的体重（是真事）。我问了他同样的问题：什么时候准备谈恋爱？我心底里倒是希望，他已经在所有交友网站上注册了。结果，他开始罗列谈恋爱带来的麻烦和苦恼——出门约会，约会前要发消息，回到家要发消息，可能还会被拒绝，还要保持住所一尘不染，等等。

我引用了弗洛伊德的话回应他："总有一天，回顾过往，奋斗的日子是最美的。"

最后还是让爱比克泰德来做总结吧："所有的人都在追求幸福的生活，但是很多人将手段——比如财富与地位——与生活本身混在了一起，错误地把获得幸福生活的手段作为重心，离幸福的生活越来越远。真正值得付出的事情是组成幸福生活的善举，不是看似能带来幸福的某些外在手段。"

目标与你愿意承受的痛苦

假设我为公司设定"如果……就……"的物质目标，让公司的资产管理规模增长到 1 000 亿美元。希望读到本书此处时，你已经能够识别这个目标里的问题。我暂且抛弃前面提到的建议，定下这个目标。

我要问自己的问题就是："为了达到这个目标，我愿意承受什么痛苦？"很多事情既然能看到显著的好处，也必定会带来很多痛苦，可能有些痛苦在开始时我们根本想不到。

比如，当资产管理规模达到 1 000 亿美元时，我不但要管理这笔资产，还要管理上千名员工。公司需要设立专门的市场营销部以及其他各类部门，当然，还会有部门间庞杂的会议安排、组织关系。我可能要全球出差，到各个分公司去视察，一开始我肯定不介意，毕竟我喜欢旅游，但不久之后，出差就会失去吸引力，成为不得不去的苦差事。

我要花更多时间管理公司，最爱做的事情——研究股票——反倒越来越没时间做了。

而且，我无法与客户建立当前的这种关系。客户会变成一串串数字——在规模大的公司中必然如此。最后，我和家人相处的时间会减少。这些事情，对我来说（这是关键）都是不愿承受的痛苦。这些痛苦会让我变得不快乐，所以即使 1 000 亿美元是可能达成的

斯多葛主义

目标，我也不愿意承受这份痛苦。

正是因为有了这些思考以及故事，让 IMA 跻身科罗拉多州资产管理规模前 20 的投资公司，让 IMA 为《丹佛商业杂志》增添一分色彩，没有成为我设定的目标。

是的，成为科罗拉多州的 20 强对我来说还不够有野心。我希望公司成为世界第一——基于我的价值观、我接下来要描述的目标的世界第一。这和 IMA 的资产管理规模没有关系，也和其他外部标准没有关系。

那什么是良好的价值观？我们来看看。

良好的价值观

　　良好的价值观与目标源自内在，个人对它们有很大的掌控权，虽然不一定是完全掌控。另外，良好的价值观与目标是基于过程设定的。而且，两者会形成即时反馈回路。很多时候，我们的价值观与目标完全重合，而且密不可分。IMA 的长期目标和价值观就是一致的。

　　正如我在前文中提到的，我为 IMA 设定的内在目标非常简单：保持卓越、严谨的投资研究过程；提供无瑕、出色的客户服务；维持高效、流畅的运营；向外界传递与我们价值观一致的信息，即让世界变得美好；全情投入每一项工作；在工作中收获乐趣。

　　这又回到了爱比克泰德的控制二分法。当我们的价值体系与无法控制的外部标准绑定在一起时，无异于把自己送上了名为生活的大巴车，却放弃对方向的掌控，只能到哪儿算哪儿，我们快乐与否也取决于外部因素，比如他人的成功或失败。

　　当我们的价值观源自内在，并且是基于过程设定的时，我们就掌握了"大巴车"的方向盘。这条路可能坎坷，可能要历经很多失望（这就是生活），但我们对命运有了更强的掌控。而且，哪怕这一路会经历痛苦，最终也会给我们带来快乐。

　　我之前提到过，我人生的终极个人价值观——也是我不断问自己的问题——就是：我的人生是否让世界变得美好了一点儿？

这是一个理想。我努力奋斗，但不一定会成功。它源自我的内心，受到我的掌控。而且，它有一个简短的反馈回路，我每一天到睡觉前都会想着这句话，没有时间和精力愤怒，只有一心向善。正如奥勒留所说，"不要浪费时间争论什么是好人。做一个好人"。

波动中的平静

爱比克泰德说过："不能掌控自己的人无法获得自由。"我的目标是自我掌控，我希望通过"波动中的平静"来实现这一点。

平静指的是内心的平和，在斯多葛哲学中又叫"心灵平静"，即对于必经的负面情绪，我可以掌控其幅度和频率。我能保持冷静，我可以让正面情绪的强度和频率超过负面情绪的强度和频率。

之前讨论过的所有框架（控制二分法、事件－判断－反应、重构、消极想象）都会让我们更加平静。平静来自斯多葛主义操作系统。

"波动中"意味着我要依据自己的价值观生活。我要解决好的问题，自己认为有意思的问题。我要与所爱的人、钦佩的人建立深刻的关系。正如芝诺所说，"幸福就是生活的美好流淌"。对我来说，"波动中"与"流淌"是一样的意思。

塞涅卡也描述过这种波动中的平静："当驱赶了打扰自己或惊吓自己的事物后，我们就会迎来持续的平静、无尽的自由……难以撼动的快乐，以及灵魂的安宁与和谐，真实的宽宏与温情，因为凶猛总是源于软弱。"

写作与目标

　　我写书的历程可以说是内在目标对比外在目标的好案例。

　　第一本书《积极的价值投资》出版流程非常传统。我有一个想法，于是我找到了出版商约翰·威利父子出版公司，他们觉得我的想法不错。我花了 18 个月完成初稿，然后寄给了约翰·威利的编辑帕梅拉·范·吉森。一个月之后，我收到了她的邮件："维塔利，这书出版不了啊！"写了 18 个月，写了大约 90 000 字，得到的回复是"这书出版不了"。那一天应该是近 10 年中我最难过的一天。

　　到底发生了什么呢？原来，当时书稿要求是 60 000 字，我有点儿担心自己写不到那么多字数，于是就把大脑里每个关于投资的想法都写了出来。书稿的水分太大了！帕梅拉的建议很简单：从头开始，先写大纲，然后再把原书稿中的内容整理到框架中，在这个过程中，一定要大刀阔斧地删。几天之后，我才终于鼓起勇气，按照帕梅拉的意见开始修改。几个月之后，我的"水书"终于成了一本干货满满的作品。

　　第二本书《横向市场》(*The Little Book of Sideways Markets*) 其实也是第一本书的内容，但是需要针对不同受众重写（受众从专业的资金经理变成了普通人）。因为这是约翰·威利"小册子"（Little Book）系列之一，所以我在重写的过程中砍掉了原书中约 1/3 的内容，用两个月的时间就完成了。

虽然第一本书和第二本书主题相同，也是基于同样的研究而展开的，但是我认为第二本书更适合阅读。删减的过程让其更加精练，更容易吸收。可是如果没有第一本的写作过程，我无论如何也写不出第二本。

然后就到了第三本书《智慧型投资者》(*The Intellectual Investor*)。我希望由自己完成这本书。我没有找出版商，因为不想设定截稿日期，也不打算要预付款。这是我自己的研究，一个思维实验。我花了两年时间写这本书，写完后用 6 个月做了其他的写作工作。总之，6 个月后我重读书稿——大约 65 000 字的大作，之前看来已经差不多完工，重读竟然感觉难以出版。里面很多内容我很喜欢，但是从整体上看它不能被称为一本书，总之我不想在市面上看到这样的书。

让我没想到的是自己的反应。我竟然一点儿没感觉血压暴涨，丝毫没有情绪失控的迹象。我告诉自己："行，得继续干。"我记得自己合上了笔记本，然后就去上班了。刚刚看过的书稿是我整整两年的心血，现在出版不了，我竟然波澜不惊地去上班了！

也正是在那个时刻，我意识到了斯多葛主义的力量。在我写第一本书的时候，有预付款，有截稿日期，有基于外部因素设定的目标，我所能掌控的非常有限。

到了第三本书的时候，我的目标就是写作和学习。这就是我的经历，我不断地阅读、书写，吸收养分，这是一个内在的、基于过程的目标。没有完成书稿，我并没有失败，因为这不是我的目标。我也没有浪费两年时间，因为我有很大的收获，而且充分享受了这个过程。

我想这个时候你已经看到了控制二分法的作用。同样的结果会导致截然不同的心理状态——感到平静或感到抑郁。我之所以心平气和是因为自己构思了一个特定的目标。当时,那是无意之举,那时我连爱比克泰德的名字都不会写。

还有一点。任何创意性工作都有两种模式——捣鼓模式和专注模式。在捣鼓模式中,你要走入外部世界,包容开放,审慎思考,接收各种各样的思想,让其相互碰撞,尝试不同的心理模式。你的想法有很多源头,可能是阅读,可能是听播客,可能是和朋友聊天,可能是去公园散步,也可能是洗一个舒服的热水澡。(后两者是我潜意识里的最爱。)

没错,你想法的来源也可能是写作,开放性的写作,你不知道终点在哪里。通常我们一想到写作过程或者其他创造性过程,总会想到"专注"的场景。但是,在捣鼓模式中,专注会压抑创意,缩窄视野,就像在隧道里,你只能向前看,完全注意不到经过了什么。在专注模式中,你的目标只是去完成当前的任务。

我开始写本书的时候,哈里曼出版社(Harriman House)的编辑克雷格·皮尔斯和我共同商定了一个截稿日期。不过,这次是我主动提出设定截稿日期,因为我迫切期待本书的出版。我的主要工作是重新整理并编辑之前写的文章。专注模式应该就能让我完成工作。

但是,到了后期,在重写一些文章的时候,我发现自己还有很多想表达的内容,以及想探索更多斯多葛主义的内容。于是,我告诉克雷格,斯多葛主义那部分我要多下点儿功夫,我想不受时间限制,尽可能深入一点儿。克雷格同意了。于是,我又从专注模式转为了捣鼓模式,我们也终止了原来的截稿计划。我需要不断阅读,不断思考,不断写作。写出来的东西如果我不喜欢,那就不出版。而且,这不算是一种失败,因为我的目标就是学习。如果你已经在阅读本书,说明我的捣鼓模式有了丰厚的成果。随后我转向了专注模式，最终完成了本书。

奥勒留说过："想要获得他人的喜爱，幸福感就取决于他人；想要寻求快乐，幸福感就会随着不受控制的感觉而波动；而对于明智的人，幸福感来自其自身自由的行为。"

再说一点儿。斯多葛哲学不是学术消遣，而是一种实践。奥勒留是罗马帝国的皇帝，塞涅卡也有着很多身份，他们都不是学者，但他们都是斯多葛学派哲学家。我在前文中说过，斯多葛哲学是真实生活的操作系统，是需要实践的生活方式。

我所写的内容仅仅是斯多葛主义的皮毛，远远达不到概览的程度。如果我激发了你对斯多葛哲学的兴趣，那么我希望你能继续去探索。

我个人非常推荐你将以下书籍作为了解斯多葛主义的入门书目。

威廉·欧文的《像哲学家一样生活》，书如其名，这是斯多葛主义理念和实践的基本介绍。你如果对古代哲学发展兴趣不大，可以跳过前三章。

唐纳德·罗伯逊的《像罗马皇帝一样思考》。罗伯逊是专业的心理学家，他挖掘斯多葛主义实践的心理因素，提供了独具一格的看法。

瑞安·霍利迪的《宁静的力量》以及《反障碍》。霍利迪将斯多葛哲学的关键概念巧妙地融入精彩的故事中，值得一读。

马西莫·匹格里奇的《哲学的指引——斯多葛哲学的生活之道》。匹格里奇是演化生物学家，他的书中呈现出了斯多葛主义现代化的方向。

我与大家分享一个技巧。当我被一个话题吸引，开始深入研究时，除了读书（在某些罕见情况下我会跳过读书这一步），我会听很多该话题相关的演讲和播客节目。我每天都要去公园散步，所以听播客成了非常便捷的学习工具。在这些栏目中，相关的作者会回答很多问题，我总能获取新的洞见，了解他们未能在书中阐述的视角。

当然，爱比克泰德、塞涅卡和奥勒留的原著最为经典。我的建议是不要急着读原著，可以等读完上述的入门书目之后再读，或者你也可以同时阅读，原著能提供相关的背景内容。

全情投入

全情投入的创意

创意的来源与阻碍

投资人与刻板印象

作为专业的投资人，最需要注意的危害就是公众对你的刻板印象（当然我也发现很多白领都需要面对这个问题）。在公众眼中，你必须每天到办公室，加班加点，处理无数的电子邮件，随时关注投资组合动态（也就是随时查看股价的走势）。你一定要关注商业频道，阅读大量新闻，穿着得体，不能太前卫，还要系领带（完全不考虑脖颈是向大脑输送血液的唯一通道）。同事之间会相互比较上下班的时间。我们做的很多事情只是为了满足社会期待，并不是因为它们会让我们成为更好的投资人，或者更好地服务客户。

不知不觉中，我们让流水线生产、朝八晚五工作制、每小时生产效率支配了我们的商业思维。虽然，汽车生产得益于严格的生产规则、规整的生产队伍、精准的工作时间，但是在投资领域，流水线企业文化适得其反。如果让从业人员自己设定工作日来提升个人工作效率，客户就会得到更好的服务，企业也会迎来更好的发展。

在按小时计件的工业生产领域，你的每日产出数量取决于你每小时的产出数量和工作的时长。想要增加产出，那就要提升每小时产出的件数，延长工作时间。工作时长与生产件数之间就是非常直接的线性关系。

投资是非线性工作，不是每小时产生一个想法的职业，可能每年只产生几个想法。传统的工作环境会带来很大压力，人需要被迫给出想法。沃伦·巴菲特在伯克希尔·哈撒韦公司某次年会上说："我们不是因为忙忙碌碌而获得报酬，是因为决策正确而获得报酬。至于我们会等待多久，我们可以无限期地等待。"

著名行为经济学家丹·艾瑞里在彭博电视采访中被问："一个人要怎么做才能减肥？"艾瑞里回答："先从改变身边环境开始。你去上班，办公桌上就摆着一盒甜甜圈，要减肥是很难的。另外，检查一下你的冰箱，打开冰箱门，一眼看到的可能都是一些垃圾食品，对健康有利的蔬菜水果反倒在最下面的抽屉里，根本不好拿。"

我们每天的创意能量是有限的。周遭的环境会增加或者削减这些能量，也可能对它们没有影响。我们继续来看艾瑞里的甜甜圈的例子，不吃摆在办公桌上的甜甜圈会消耗意志力，这其实就消耗了你当日能量的一部分。如果在办公桌上放蔬果，吃这些东西就不会消耗你的意志力（除非你真的讨厌蔬菜水果），与此同时你也补充了维生素和能量。

最后，如果你的桌子上既没有甜甜圈也没有蔬果，那么你的能量就会保持不变。有意识地对周遭环境做出微小的调整，就能改善创造性产出，也可以提升决策能力。无论是工作还是社交，我们都要谨慎选择，选择正确的环境、正确的人。

大量研究发现，人类在同时执行多项任务时表现不佳。我们总是很难忽视不相关的信息，又总是对新信息过于敏感。专注就是多任务处理的对立面。我发现，坐飞机的时候是我效率最高的时候，一戴上耳机，我就可以投入阅读或写作中。在飞机上没有分心的事物——没有电邮、没有社交媒体、没有短信、没有电话。在4小时飞行途中完成的事情可能比在办公室里两天完成的事情还要多。但是，你也不是非要到9 000多米的高空才能专注，每天只要打开"飞行模式"几小时就可以了——断网、关闭手机，做自己应该做的事情。

　　　　　　　　　　　　　　　全情投入

我敢说，对于大部分人来说，保持专注可以让每周 5 天的工作缩减到 2 天，工作表现会提升，生活质量会提升，心脏病都能推迟个一二十年。我们完全没必要仅仅因为办公室的地址出现在我们的个人名片上就将大量的时间花在办公室里，除非办公室就是你最能发挥创意的环境。

如果想要充分利用环境，将每天的能量最大化，我们可以罗列出每天或者每周的主要活动，然后将其匹配到最适合的环境中。比如说，我一周要做研究（大部分是阅读）、搭建并调整财务模型、管理公司、与客户沟通、读书和写作。

我发现办公室并不适合阅读，做研究和读书都不行。我需要可以专注的地方，在办公室很容易分心。所以，我会带上笔记本电脑或者一本书去公园（天不冷的时候），或者去星巴克。另外，我也在自己的卧室里放了一张阅读专用椅子。

如果进行财务建模，我需要待在办公室或者是家里的办公区，需要一台电脑和多个屏幕。如果我要和同事交流，那我还是希望在办公室。如果是和客户电话交谈，环境不是一个重要因素，只要是安静的地方都行。企业管理这项活动可以被拆解成许多小任务，有些需要动用脑力，有些不需要。需要动用脑力的一般都得专注，那还是要去公园或者星巴克。不需要动用脑力的任务对地点的要求很宽松。如果要写作，那么环境至关重要，因为写作需要消耗大量的能量，而且需要高度集中注意力。

股票市场以及商业新闻进一步危害了投资行业的环境。没有轰动效应的严肃商业新闻缺乏收视率，所以被一种新型新闻——商业娱乐新闻所取代（投资人士并没有意识到）。这些节目很好地满足了凡事都要有解释的需求，哪怕不需要解释的随机事件（比如股票市场每日的波动），它们也硬要给出解释。但是，很多基金经理现在工作的时候都开着商业新闻频道。

也许你觉得自己能够过滤掉噪声，其实不然，那些声音会把你淹没。所以，不要想着和噪声抗争，直接关闭噪声。在股市收盘前不要打开电视机，收盘之后，看看商业频道的网站，浏览有没有重要的采访或者新闻事件需要关注。

切勿不断查看自己投资的股票价格，这只会让你的时间视野缩短。作为长期投资者，你需要分析的是一家公司及其业务在下个10年的价值，股市每日的波动只会模糊你的视线，让你成为搞当日冲销的人。当日冲销本身没有问题，但是绝大部分价值投资者都不善于做这项工作。

我发现，不停查看股票价格也会影响我的心情，浪费脑细胞，因为我会不由自主地解读那些意义极其有限的数据。现在我调整过来了，每天只查一次或者两次。我为自己设定的目标是隔几天查一次就行。

摘下领带，抛开西装革履的形象，穿着舒适的衣服去上班。我通常会选择牛仔裤以及写着"Life is good"（生活很美好）的T恤。思考一下：如果不受古老的流水线生产模式束缚，我怎么安排自己的工作才能让我成为最优秀的投资人？

如何得到新想法取决于你个人。我不是专职作家，但作为专业的投资人，写作是我学习和思考的最佳方式。我会戴上耳机，播放音乐，盯着电脑屏幕几个小时，噼里啪啦敲打键盘，这是我最佳的思考方式。你的最佳思考方式可能是去公园散步，或者盘腿坐在椅子上盯着天花板发呆。我的最佳思考时间是早上。到了15点，我的大脑就会停止高速运转，这个时候我会打开邮箱，读读邮件。每个人的情况都不相同。

本书的大部分内容是在新冠肺炎疫情之前写的。然而，这场疫情也许带来了千载难逢的机会，让我们从"流水线生产"的工作模式中逃脱出来，大大减少了外部环境中的摩擦（比如上下级、同事、客户之间的摩擦等）。

新冠肺炎疫情模糊了传统办公与家庭办公之间的界限。在开电话会议的时候，突然传来狗叫，孩子晃入背景中，这都成了新的办公日常。也许在未来某一天，办公又会恢复到原来的模样，但是在我写本书时，我们拥有了独特的时机来塑造对自己最有益、最高效的办公模式。而且，新模式完全没必要和旧模式保持一致。

如果采用要事第一的原则，面对崭新的一天，没有任何限制，你会如何安排？或者，你可以想象自己搬到了新的城市，开启了新的工作，由自己来安排日程。你今天不一定要去做昨天做过的事。

当你读到本书的时候，我已经多次调整了自己的每日安排，也会继续完善。现在我们有机会打造属于自己的工作日，让我们成为最好的自己，不要浪费宝贵的机会。

投资人的时间观

我总是被问到"你怎么工作""你怎么找得到时间写作"。

大家很好奇我是怎么找到时间做研究的？我真的都亲力亲为吗？还是找人替我做的？

我在此与大家分享一些想法，希望对投资领域和非投资领域的专业人士都有帮助。

回答这个问题的方式有很多，但是我一般都会先说一句，我每天会写作大约两小时。

这意味着我每年的写作时间约为 500~700 个小时，大约写40 000 到 60 000 字——一本小书的体量。你写得越多，写得就越好，每天都写效果尤为明显。自 2004 年起，我一直在写作，所以，相比不常写作的人，洋洋洒洒写东西对我来说不算难事。当然，数量和质量是两回事，不过约瑟夫·斯大林也说过："数量本身就是质量。"

我会一大早起来，煮好咖啡，戴上耳机，开始写作。这个时候，妻子和孩子都还在睡梦中，外面还漆黑一片，我进入了自己的世界。在这两个小时中，我完全不受干扰，专注于自己的思考。写作就是这样，需要你进行专注的思考。我通过这样的方式进入潜意识的深处。写作成为我日常所需，这是唯一能让我串联思绪的方式。而且，写作也让我克服了坐不住的毛病。

我喜欢研究！我之所以能就自己持有或者分析的股票写出文章，就是因为我会读企业年报，听财报电话，建立财务模型，和他人讨论。洋洋洒洒写出股票分析的前提就是理解企业的业务，而理解的前提就是要做好基础研究。

在 IMA，我不是唯一做研究的人，我们有内部团队和外部团队。我有遍布全球投资界的人际关系网（当然很多人也是朋友，工作和私人关系的界限可能有些模糊了），我会和他们分享研究结果，就我的分析观点展开争论，他们也会与我分享自己的想法。IMA 并不像共同基金公司有大型研究部门，当然，也就没有那种组织架构带来的束缚。

我的动力是学习、创造和探索。

在社交场合中，当人们问我做什么工作时，我不想聊股市，所以我一般会说自己是作家。但是，我并没有真的把自己看作作家。我只是通过写作来思考的人罢了。

我认为自己是"生活的学习者"——这个称呼源自犹太教正统派拉比诺亚·温伯格。构建身份的远远不止职业，我们也是父母、子女、朋友。兴趣爱好也融入了我们的身份中。我热爱投资，如果没有意识到家人的存在，我可以每天扑在投资上十来个小时。但是我知道自己要超越投资人这个身份。"生活的学习者"不是一种名号，而是一种心态，是一种更加包容开放的人生态度。正因如此，我也会写投资领域之外的话题。

其中一个例子就是我对古典音乐的探索。我不会任何乐器，但在聆听古典音乐的过程中获得了无尽的享受。没有古典音乐，我的生活会空虚很多。所以，我也开始写关于古典音乐的文章，这让我对它的了解进一步加深。

另外，我现在也是 IMA 的 CEO，要面对员工和很多客户关系。

但是我在专业领域的首要且最重要职责就是做研究。客户来公司，把自己的资产交给我们，说的话大概是一个意思："维塔利，别搞砸了，拜托了。"

我如何确保 CEO 的工作不会干扰研究工作呢？

经过大量的尝试，我达到了当前的工作状态。

如何专注于分析和管理股票投资？以下是我的做法。

外包和委托。我雇用了助理，我会检查自己所有的任务，看看对于哪些任务自己没有贡献的余地也并不喜欢，然后就把这些任务交给助理芭芭拉。如果你要和我约电话会议，接听电话的就是她。不是因为我高人一等，而是安排电话会议，还不是会议本身，就会花去 5 分钟，就要写两三次邮件。如果每周有 4 个类似安排，那就是 20 分钟。在这个过程中，我带来的价值几乎为零，但累积起来却消耗了大量时间。

所以，既然我有弱点，那我就雇用别人来弥补弱点。这太简单了！

处理邮件方面我就做得很不好，经常忘记回复，或者几周后才回复。芭芭拉的邮箱里根本没有邮件，而我邮箱里的邮件数量简直令人有些难堪！

如果公司雇用分析师，那我就要寻找对价值投资有热情、与公司有同样价值观，同时其技能可以弥补我弱点的人。

有一回，我和位列《财富》500 强"的某家企业的高管吃饭，我问他招人的时候会看什么。他说："看能力，看性格。选择扛得住任务的人。"我就是这么做的。还有一个人的建议我也很受用：招人要慢，开除要快。

我很珍惜我的时间。你如果在 IMA 的网站上联系我，会得到一个自动回复——如果你需要公司的服务，首先请阅读公司的手册。没有读过公司手册的潜在客户，我不愿花时间与其交谈。潜在客户通过电话咨询的问题，大部分在手册中都有详尽、清晰的回答。

IMA 不做那些传统的营销。客户会把我们推荐给朋友，有人在读过我的文章后，也会找上门来。然后我们会彼此评估是否合适。仅此而已。IMA 并不是传统的投资公司，我们不会去给潜在客户开讲座，不会到处打营销电话，也不会组织什么乡村俱乐部活动通过社交实现销售。

因此，我个人并没有在直接营销上花时间。完全没有！这就为我赢得了更多的时间。

我经常拒绝别人。我参与的大部分会议都是去学习，而不是去发言。如果我被邀请去某个会议上发言，我通常会婉拒，除非我有不可告人的动机，比如和妻子去会议所在地度假。在少数情况下我会接受这类会议邀请，可能一年一两回。我不做那种传统的、冗长的个人发言，而会采用问答形式。个人发言需要大量时间准备，而且在会议前的几个星期就要花大量的时间思考。老实说，过去的经历让我意识到自己并不喜欢这类活动，所以我就不再做了。

我也会拒绝"喝咖啡，聊一聊"这类邀约。是的，在管理个人时间方面，我极为自私，过去我会感到有些内疚，但后来我意识到，自己最看重的是家庭和好友。所以，我如果接受了"喝咖啡，聊一聊"的邀约，也就牺牲了和孩子们下棋的时间或和好友去散步的时间。一旦从这个视角看事情，原来的内疚感就会烟消云散。

我也会拒绝占用大量时间的公司内部项目。IMA 的营销总监想让我做一个播客。其实，我经常到别人主持的播客中做客，花费时间不多，我也很喜欢。但是，自己每周做一期播客需要投入大量时间，也不是我喜欢的工作。最后，我找了一个不错的解决方案，请一位专业的配音人士朗读我的文章，这播客不就有了嘛！我完全不需要再投入时间，节目的制作由 IMA 的团队负责。

我想，大家可以看到上面所举的例子中的模式。我的幸福公式：我喜欢的工作以及可以发挥创造力并获得满足感的工作除以我不喜欢的事情（通常是吹毛求疵又没有创造元素的事情），目标就是要不断增加分子值，缩小分母值。因为我专注于自己热爱的事情，所以做喜欢的事情也可以增强我的专注度和毅力。

我会避开一些耗时的爱好——不打高尔夫，也不关注体育赛事。这些活动本身没问题，只是我个人不感兴趣，可能一年我只会看两场球赛。这也不算是建议，只是对我个人来说，这方面的时间节省下来，每年就有更多时间做研究、写作、阅读以及和家人共处。

我注重时间分块。因为我是晨型人，所以在前半天时间更高效、更有创造力。研究是我最看重的工作，而且研究会消耗大量精力，也非常需要创造性思维。所以，我非常珍惜前半天的时间，也就是8 点到14 点。这段时间我会专注于研究工作，不接和研究话题无关的电话。和老客户或者潜在客户交谈消耗的精力较少，所以我会安排在下午（14 点到15 点）。

每周三下午我不安排任何见面或者电话会议，这是我个人的"开放日"，我可以选择加班，也可以选择不加班。我也许会去公园，去滑雪，看电影，或者到星巴克读书。总之，这是我个人的时间。

写作让我的时间得到拓展。

我之前将星巴克作为 IMA 的榜样。星巴克是我个人非常敬重的企业，提供优质、稳定且出色的产品和良好的服务。这也是 IMA 的奋斗方向。

IMA 提供投资业务，也属于服务行业。服务客户意味着时间的投入——我自己的时间。当然，大部分的运营业务都由公司强大的团队完美完成，但是随着 IMA 发展壮大，客户数量增多，客户自然也会希望我能解决他们在经济、投资组合等问题上的顾虑。我们的网站和企业手册中声明，只需一个电话，你就可以联系到投资经理。我们也承诺，所有的客户咨询会在一个工作日内得到回复。这不是空洞的承诺，我们一直都在践行。

关于投资组合方面的问题，我找到了解决方案，每个季度我都会写一封详尽深入的信件来解释客户的投资组合状况。这封信长达 20 页，同时，我也会利用技术手段定制每位客户收到的信件内容——毕竟客户的投资组合并不完全一样。

在季度信件中有一个问答环节，我会回复客户的提问。发这些信件的目的是以便捷、坦诚、清晰的方式回应客户对投资组合以及全球经济状况的提问。于是，在过去一年中，我和客户的电话交谈时间减少到了 30 小时以下。他们可以随时联系我，但很多时候已经没有这个需求了，他们的很多问题都在季度信件中得到了解答。我的写作内容有无限拓展空间，但打电话的每分每秒无法延伸。

正如传奇歌手佛莱迪·摩克瑞所说，时间不等人。我对时间确实有点儿偏执，可以说是竭尽所能把时间留给自己最看重的事情。我把生活安排得井井有条，争取多做自己喜欢的事，少做自己不喜欢的事。我也发现了自己的优势：通过写作思考，专注于研究。时间无法拓展，但是写作可以。通过下放工作任务和委托工作任务，我更好地掌控了时间，有了更多时间和自己喜欢的人共事。就这么简单！

话语即创造

下一次你要说话之前，先念一句"阿布拉卡达布拉"。这是一句希伯来咒语，有一种解读是"我说话时即在创造"。我们在说话的时候就在创造自己的想法，在声音传播出去时，我们也在大脑里录入信息。而且，我们与他人说话的方式会影响自己思考的程度以及思考的内容。

且听我一一解释。

沟通有 4 种模式：传教士模式、检察官模式、政客模式和科学家模式。[①]

我们先来看看前 3 种模式，然后再讨论科学家模式。

在传教士模式中，你对自己的信仰坚定不移，竭力让他人接受你的布道。在政客模式中，你为了获得他人的肯定，可能会传递出自己并不相信的信息。在检察官模式中，你会尝试建立论点说服对方，使其改变想法。

我们来简单探讨一下每种模式。作为公司 CEO，我有很多时间会处于传教士模式中，向员工传递 IMA 的企业价值观。在家庭生活中，当我要劝说孩子们做作业或者打扫房间时，我会进入检察

---

① 我从亚当·格兰特《重新思考》一书中学习到了这个框架。他向自己的同事菲利普·泰特洛克借鉴了这个想法。

官模式。

总体上，我不太喜欢政客，所以我本来打算走捷径，说几句坏话应付一下政客模式——说他们虚情假意，是见风使舵的墙头草。但是我意识到，其实我们即便不是政客也会进入政客模式中，真的，每一个人都有过政客模式的经历。大概在二三十年前，当去面试的时候，我肯定进入过政客模式，说一些面试官想听的话。还有，大部分人在第一次约会的时候都会进入政客模式——希望约会对象喜欢自己，不然下一次约会就泡汤了。如果我和妻子第一次约会的时候没有进入政客模式，估计现在我还住在爸妈家里。

每一个模式对我们的生存和日常生活都十分重要。史蒂夫·乔布斯除了有远见卓识，还有强大的说服力，能让人投身于看似不可能实现的事业中。这被苹果公司的员工们称为"史蒂夫的现实扭曲力场"。乔布斯那时就处于传教士模式中。在法律系统中，律师需要说服法官和陪审团成员们，改变他们的想法。但我们在社交场合中，在人际交往中，也经常会进入这个模式。

前面3种模式有其价值所在，但我们需要注意的是，在这3种模式中，学习的成分非常少。上述3种模式都以外部为导向，你已经知道自己所想，并尝试让他人接受你的想法。

现在，我们来谈谈科学家模式。

在我知道这个框架之前，"科学家模式"在我心中有另一个名字——生活的学习者模式。但是，科学家模式有其独特的吸引力。科学家视所有的想法为有待验证的假说。想法只是有待延伸的起点（而不是铁板钉钉的事实），需要进一步探索。

前3种模式和科学家模式之间的差别就是人的自我意识。我经常想到爱比克泰德的话："一个人是不可能再去学习他认为自己已经了解的东西的。""自我"让人以为自己懂很多，实际却远远达不到那样的水平。在油盐不进的"自我"面前，有可能会转化为新知识的新信息、新想法毫无办法。

《重新思考》的作者亚当·格兰特说，要放下自我，就要把好奇心放在信念之上，把谦逊放在骄傲之上。我们不需要坚信（或者捍卫）每一个进入脑海的想法，我们也不需要把想法自动转化为身份的一部分。

身份往往是不易改变的，这既是身份的特征，也是其问题。这个特征可以为我们所用——我们可以谨慎细致地塑造自己的价值观以及期待展现的品质。我们首先要将它们当作自己的身份，随着时间的推进，它们会成为自己身份的一部分。我们可以告诉自己"我是一个……的人"，例如，我是一个善良的人，我是一个诚实的人，我是一个对社会有贡献的人，我是一个注重健康的人，等等。根据你设定的身份，用思考和行为践行背后的价值观，你最终就会成为那个设定的自己。

只有被审慎塑造的价值观才应该纳入自己的身份中。一旦这些想法融入自身，要再改变是非常困难的。所以，这也是一个问题。假设你坚信"地球是平的"，在生活中遇到与此冲突的证据时，你便会很难改变自己的想法。所以，想法很多时候应该处于有待验证的状态。

亚当·格兰特在《重新思考》中讲述了自己第一次遇到诺贝尔奖获得者、行为经济学创始人之一——丹尼尔·卡尼曼的故事。当时他在台上演讲，发现卡尼曼就坐在观众席的第一排，他很是惊讶，又倍感荣幸。演讲结束后，卡尼曼找到他，微笑着说道："太精彩了！我之前真的错了。"格兰特完全没预料到这个反应，他困惑不解地问道："为什么出错了你却感到高兴呢？"卡尼曼解释说（不是原话，我复述的）："没人喜欢出错。但是，认识到过去的错误，我感到很开心。也就是说，我现在的错比之前又少了一些。也就是说，我又学到了新的东西。"

在发现自己的错误时感到快乐是我们每个人都需要培养的技能。

智识层面的坦诚辩论

有一回，我和一群朋友相聚在以色列。有位朋友说要带我们去当地最大的正统犹太教高校——米尔耶希瓦，它就在耶路撒冷中心。他之前在那里学习过几年。那是周四晚上10点，朋友把我们带进了图书馆。在美国，校园里的图书馆就两个特点：书特别多，特别安静。我们来到的图书馆里也有很多书，但是一点儿也谈不上安静，你可以想象周六晚上女士免单的酒吧。

我们眼前是一个可以容纳上百名学生的空间，三三两两坐在木桌边进行辩论。朋友解释说，他们辩论的声音越大，学习效果越好。这是一个历史悠久的传统——通过辩论学习。学生们会挑选《妥拉》中的句子或者段落，就其意义展开长达好几小时（甚至好几天）的辩论。

注意，那是个周四，已经很晚了。这全情投入的学习场景令我震撼不已。还有比这更厉害的脑力锻炼吗？总之我想不到了。而且，不论想要学习的话题是什么，《妥拉》也好，投资也好，任何科目都好，这种实时互动、共同追求真理的过程会让人发现自己理解中的薄弱之处、不足之处。虽然这些学生并不是在进行科学领域的辩论，但他们在大量时间中都处于科学家模式中。①

这些学生不仅参与到辩论中，而且会展开智识层面的坦诚辩论，我们接下来就会讨论。在此之前，我想提一下自己在米尔耶希瓦的另一个发现：进入这种犹太高校的学生没有毕业日期（也就是说，他们不会被限定是哪一届）。他们在完成学业时就可以毕业，即便毕业了，也可以再回来学习。这与西方当代高等教育常见模式很不一样，学生去上学，做功课，通过考试，然后毕业，进入职场。在毕业之后、进入职场之前，我们往往会觉得自己的学习阶段结束了，然后就停止了学习。我非常喜欢米尔耶希瓦不设定毕业日期这一点，这就是"生活的学习者"的终极体现——生命不息，学习不止。

回到辩论的话题上。在辩论中，你既可以进入科学家模式，也可以进入检察官模式。② 如果目标是说服租车公司的前台免费升级服务，那我们就应该进入检察官模式。如果目标是学习而非改变他人的想法，那我们就应该进入科学家模式。不过，我们的"自我"时常会在辩论中占据上风，那么辩论就会从追寻真理的过程变成加深自己固有信念的过程。

如果你想要追求真理，那么在检察官模式中辩论非常危险，因为平时你可能没有机会认真思考的想法会在辩论中得到加深。换言之，你的信念形成过程如下：一个想法无意间进入大脑，你从来没

---

① 有很长一段时间我在思考，全球约 70 亿人口中只有约 1 500 万犹太人（仅占全球人口的大约 0.2%），但是诺贝尔奖获得者中有约 22% 是犹太人（在经济学奖获得者中占 41%，物理学 26%，医学 26%）。其中有很多的原因，我在前文中提到过一个。但是，在那个周四夜晚，在米尔耶希瓦，我发现了另一个原因。我不知道是宗教塑造文化还是文化塑造宗教，总之，辩论嵌入了犹太教以及犹太文化的核心——犹太人长时间都处在科学家模式中。

② 理论上讲，检察官在力图说服陪审团被告有罪时，亦在极力追求真相，但辩护律师不同，辩护律师的职责就是论证当事人无罪。

有多角度思考过这个想法，在检察官模式中就此展开辩论，你开始对这个想法深信不疑。试想一下，与此全然相反的观点也完全有可能这样刻入你的脑海，这还不可怕吗？ [①]

如果你在科学家模式下进行辩论，你会有强烈的想法，但它并未固化。对于科学家来说，无论自己是否相信，真理就在那里。就像地心引力，真理并不在乎你的观点如何。你可以去爬树，松手看看自己会不会掉下来。如果掉下来一次你还不信，那就多试几次，地心引力终会证明它的存在。正如塞涅卡所说，"时间发现真理"。不过，你可以先于时间发现真理。早在牛顿发现之前，地心引力就存在了。从某种意义上说，科学家就是真理的考古学家。

要展开智识层面的坦诚辩论或对话，你需要有学习的意愿。[②]以下是在智识层面坦诚辩论的规则。

对自己诚实。确保自己处于科学家模式而非检察官模式中。陀思妥耶夫斯基在《卡拉马佐夫兄弟》一书中写道："首先，不要对自己撒谎。对自己撒谎，听自己撒谎，总有一天你会无法分辨自己脑中、自己周遭的真相与谎言，彻底失去对自己、对他人的尊重。没有尊重，爱也会终止。"

承认不同观点的存在。查理·芒格有精辟的总结："如果我无法比立场对立的人更好地阐述反驳自己立场的观点，那我就不应该拥有观点。我认为，自己只有达到这样的状态，才有资格发言。"

承认自己的设想。公开自己的设想，展开智识层面的坦诚辩论就会简单一些，因为这样你可以就每个设想单独进行辩论。

承认自己的偏见。如果你承认自己的偏见，对手就可以更好地

---

① 再想一下，有些人降生时就已有宗教信仰，但是这并非出于自己的选择。
② 感谢麦克·吉恩所写的《智识诚实的 10 个标志》一文，其中提到的标志就是这部分内容的基础。

权衡你观点的分量。

承认自己论点的薄弱之处。这是智识诚实的核心，会大大推动追求真理的过程。

针对论点，不要针对对手。你可以回顾前文对戴尔·卡内基的讨论。我们是针对想法展开辩论，而不是个性。切勿像某些政客那样展开人身攻击。

像科学家一样辩论，最伟大的案例来自科学史上的两位巨人，阿尔伯特·爱因斯坦与尼尔斯·玻尔。两人分别在 1921 年、1922 年获得诺贝尔物理学奖。他们之间有着历史上最漫长的科学辩论，持续了将近 30 年。辩论始于 1927 年在比利时布鲁塞尔举行的第 5 届索尔维电子与光子国际会议，当时共有 17 名诺贝尔物理学奖获得者参加。

尼尔斯·玻尔出生于丹麦，是量子物理学的创始人之一。虽然爱因斯坦也为量子物理学的创建贡献了力量，但是他有很长一段时间无法接受其概率性。

量子物理学（也被称为量子力学、量子理论）是关于原子和亚原子运动的研究。为了理解爱因斯坦对量子物理学的意见，我们要知道经典物理学是简单而优雅的杰作，爱因斯坦在 20 世纪早期的工作使经典物理学在新时代背景下失去了原有的光辉。总之，经典物理学是决定论科学，可以通过数学精确计算，比如物体 A 被物体 B 施加不同的力会产生什么结果。

来到量子物理学领域，这门新兴科学没有经典物理学的确定性、简洁性。经典物理学中的事件是切实的、连续的，但是量子物理学是模糊的、不连续且不确定的。即便是爱因斯坦提出的后经典时代物理学理论也无法解释原子和亚原子的运动……但是量子物理学可以。

量子物理学冲破了经典物理学的美丽结构，但是，注意，这是一个重要的转折——它成功了。如果没有量子物理学，我可能都不会写这本书，因为微处理器还没被发明出来。（说实话，我不知道在文本编辑软件发明之前，大家是怎么写作的，因为我会把同一个句子来回重写十几遍。有点儿跑题了。）

爱因斯坦与玻尔不是在私下辩论。他们进行了公开的讨论，他们发表论文，进行演讲，举办讲座。玻尔和爱因斯坦竭力寻找着真理。他们的争论永远围绕着想法，他们提出的论点背后是无数的实验、公式和模型。

虽然爱因斯坦没有与玻尔完全达成一致，但是他的想法改变了好几次，而且也同意了玻尔的很多论点。最终，爱因斯坦仍然不能接受量子物理学的概率性问题，直到生命的最后一刻，他依然在寻找一个可以替代量子物理学的理论。

这场辩论也让玻尔在几个问题上回头再去进行检验。

在这场辩论之中，爱因斯坦和玻尔一直维系着友谊，他们对彼此的钦佩并未因争论而耗竭。

在这场以追求真理为唯一目标的智识层面的坦诚辩论中，受益的是科学与社会的发展。爱因斯坦与玻尔的辩论应该成为智识诚实以及坦诚辩论的范例。

再来举一个例子。智识辩论深深根植于犹太人的法律体系中。根据犹太律法，在死刑案件中，如果23名法官达成完全一致的意见，法院不会接受死刑判决。是的，你没有看错，至少要有一名法官持反对意见，死刑判决才会被接受。法院要确保在诉讼过程中至少有一个质疑的声音，它会迫使法官们面对对立的立场。换言之，法院希望这个决定是通过辩论最终达成的。

如果我与某人谈话，谈着谈着辩论了起来，我会问自己："我要选择什么模式？我现在是什么模式？对方又是什么模式？"另外，我已经不在政治和宗教的问题上与人辩论或讨论了。对于很多人，政治和宗教观点已经融入了他们的身份中。

科学家模式与检察官模式的辩论很糟糕，更糟糕的是科学家模式与政客模式的辩论。如果你的对手处于检察官模式，那么你至少还有学习的机会。但如果对方是政客模式，他们会为了迎合你而同意你的观点。你会骄傲一会儿，却没有离真理更近。

每种模式都有相匹配的时机与情境，但我们需要不断地提醒自己，只有处于科学家模式时，我们才是真正在学习。这也是最难维持的模式，"自我"总是想要抢占高地，总会把我们从科学家模式往其他模式拽。我们如果要不断学习，成为生活的学习者，就需要重新给自己"编程"，用大量的时间练习自己的科学家模式。

我发现，和孩子们在一起的时候，我的检察官模式续航时间长于我的预想。我在写本章结尾的时候，正好是在从丹佛到芝加哥的飞行途中。汉娜的夏令营结营了，乔纳（20岁）和我要去接她。在飞机上，我把这一章分享给了乔纳。到了芝加哥，乔纳、汉娜和我去了著名的"华丽一英里"，也去了其他景点。我们一边玩一边聊天，当对话中有分歧出现时，乔纳会时不时提醒我："爸爸，你是在科学家模式中吗？"听到这话我的第一反应肯定是"对"。但是，我会停一停，想一想，看看对话中我的"自我"是不是开始抢占高地，让本应该是科学家模式的对话变成了检察官模式。我不断提醒自己，在科学家模式中，我的目标不是证明自己，而是提升自己。

通过在芝加哥的经历，我发现了训练自己保持科学家模式的新方法：我把这一章分享给了家人、朋友以及公司同事并告诉他们，如果发现我在对话中进入了检察官模式，就提醒我。亲爱的读者，这个方法兴许值得你一试。

歌剧、痛苦与投资

相较于本书中的其他章节，这一章涉及投资的内容稍微有点儿多。如果你对投资不感兴趣，可能会想着跳过。我恳切希望，你能把这一章当作与痛苦相关的内容，只不过我是通过个人痛苦的投资经历来与你交流的。据说，痛苦并不限于投资行业，所以，你应该能在本章中找到对你有帮助的东西。

我们来讨论在投资界极少讨论的话题：痛苦。

痛苦是一个非常私人的话题，也是非常令人痛苦的话题。对于资金经理来说，也许在精神科医生的诊室里可以放心提起这个词，但在公共场合，不可能。毕竟，我们搞投资的人就应该展现出理性和逻辑，多愁善感的只能是普通人，是不专业的投资人。

在投资行业中，谦逊并不是被高度赞赏的品格。正因如此，你也许从未听到过痛苦和投资出现在同一个句子里……直到现在。

歌剧

我思考痛苦并创作与痛苦有关的文章并不是由痛苦引发的，至少一开始不是。可能任谁也想不到，引发我思考并给我写作灵感的是歌剧。我喜欢古典音乐，也热衷于与他人分享我对古典音乐的热爱。我通过邮件向他人分享我的投资文章，但是只写投资的文章多么无趣啊，所以我又在邮件里面加入了一些关于古典音乐和生活的感想。

在关于古典音乐的文章中，我一般会以"今天我想与你分享……"开头，然后标出一段经典的乐章，阐述我的思考，还会加上优兔平台上一些现场演奏的链接。

有一次我分享的是自己最喜欢的歌剧之一，意大利作曲家鲁杰罗·莱翁卡瓦洛的《丑角》：

> 在大部分人看来，《丑角》是一部关于背叛的歌剧——卡尼奥是某个巡回喜剧剧团的团长，他的妻子内达因感觉不幸福而出轨。丈夫发现了妻子的奸情，恼羞成怒，妒火中烧，杀死了妻子和她的情人。歌剧最后的一句话是："喜剧结束了。"

故事结束时我没什么情绪起伏，触动我的一幕是卡尼奥发现自己一直以来的疑虑是真的：内达真的出轨了。而此刻又轮到他和内达上台表演，剧中剧里，内达的角色就是出轨的妻子，而卡尼奥的角色是遭到嘲笑的丈夫。卡尼奥一边化妆，一边唱起了《穿上戏服》。你可以想象那一刻他心中奔涌的情绪。

歌词唱道：

> 表演吧！我失去了理智，我不知道自己在说什么，在做什么！但是，得努力啊！呸！你是个男人吗？你是个丑角！穿上你的戏服！化好你的妆！人们付钱来这儿是寻开心的。

我在写关于《丑角》的感想时，其实并不清楚自己为什么会喜欢这部歌剧。盯着空白的屏幕，《丑角》的音乐就在耳边，我仿佛在经历一场免费的心理治疗。早在我上大学的时候我就爱上了这部歌剧。但是，就在那天写作的时候，我发现了一层新的意义。我发现自己可以在新的层面与其产生共鸣——我与卡尼奥的痛苦产生了共鸣。

澄清一下：我的妻子并没有出轨任何剧团成员。我说的痛苦，来自投资。

痛苦与投资

投资的过程起起伏伏，很难直接看到因果。每个投资者都有的经历就是自己的策略与市场完全不同步。市场蒸蒸日上的时候，投资组合在下跌，这个时候，痛苦就会向你展露丑陋的面庞。

从本质上看，价值投资几乎是一种逆向思维的投资。成长型投资者带着爱意、平和与共识，选择了那些被市场青睐的企业。（但是，爱意可不便宜，而且也不持久，至少在成长型股票上是这样的。）

相反，价值投资者购买的是他人不想要的东西——这是饱含恨意的领域。不过，价值投资者持有的股票可能就是成长型投资者曾经持有的股票。当爱意逝去，恨意肆虐，相信我，没有人愿意为之多付一分钱，恨意很廉价。

投资风格是有周期的。有时候你持有的股票失宠了，你做什么都没用。你得不断告诉自己，短期之内的决策和股票表现之间的关联很微弱，甚至没有关联。这是投资界的真理。在理智层面，你非常坚信这一点。但是，每天工作的时候，市场一直告诉你，你错了，你错了，你错了。

这种负面信息就像是一种慢性折磨，一天一天削弱你的信心，直到你的心被自我怀疑占据，直到你的心在淌血。

可是，你周遭的世界并不知道这些。你还是要"穿上戏服"，照常去上班，会见客户，分析股票。内心的痛苦只能被不断压抑。

我在职业生涯中经历了好几次这样的痛苦。2012年的那一次，痛苦甚至持续了一年多。我购买的每一只股票价格都下跌了，而我计划买入但还没有买入的股票价格上涨了（很多还翻了一番）。那段时间我还在培训新的实习生，当时几乎是用本能支撑着自己给他们讲课。我要强压心中灼烧的痛苦，戴上若无其事的面具。那一年过去之后，事情开始有了很大转机。给我带来痛苦的股票成了熠熠生辉的市场明星。但是，那种内心痛苦纠结、表面若无其事的经历让我记忆犹新。

不过，2012年的痛苦和2015年的经历比起来还是小巫见大巫了。2015年的开端还不错，到了后来，感觉像是被安上了发条，我的投资组合中每个月都有一只股票下跌50%。又一个月到来，又一只股票暴跌。到了11月，有一只当时我认为只是短暂经历疲软的股票在短短几天之内跌到谷底。

我在投资行业很多年了，也不是第一次经历投资组合下跌。但是2015年，公司有很多新客户。老客户见证过我们历经风雨，见证过我们为其带来收益的过程。但是新客户只见证了他们的投资缩水的过程。另外，2015年是市场状况比较乐观的时候，全年的涨跌幅度都很小。

我知道，从长期看，投资组合肯定是没问题的，但是短期的结果就在眼前。我很担心新客户会恐慌，会清算账户，让损失成为定局。

我当时正在以色列，这次行程早在一年前就和朋友约定好了。我们来到了采法特，这里与犹太神秘主义有着密不可分的联系，也是以色列历史最悠久的城市之一。这是我第一次去以色列，它是我们犹太人的民族故土，这本应该是一次难忘的经历。

我的朋友们为旅途中的景象所震撼。他们用心感受着犹太民族的文化气息，而我呢，强忍着心中的痛苦，一路上备受煎熬。这种经历前所未有，希望以后也不会再有。在此之前，我从未想过，情绪上的痛苦会变成身体上的痛苦。我感觉身上的每一块肌肉都被无形的重量挤压，灼烧的痛感在全身蔓延。虽然身边都是朋友，我却感到无比孤独。

我的人生中从未有过自杀的念头，在那一刻也没有。但是，那一刻我确实理解了为什么有人会产生自杀的念头，就是因为巨大的痛苦，因为迫切想要终止痛苦。现在写下这段经历，我觉得自己有些难堪，事后回想起来，我的问题和很多人的经历相比不值一提。

当天回到酒店之后，我坐下来开始给客户写信——我从未在季度中期前写过。我知道他们的担忧，如果我是客户，我会希望资金经理做什么呢？说出真相。是的，我告诉了客户真相，我解释了那只股票的情况，也解释了公司当前的情况，对于我们不知道的事情，我们无法装懂。正是因为这类事件，我们才有多样化的投资组合，而不是只盯着一只股票。在写信过程中，我的痛苦在慢慢减退，虽然没有完全消失。写作过程真的非常治愈。

发出这封邮件也并非易事。但令我惊讶的是，我得到了很多积极的回应，有些客户甚至安慰我，鼓励我。

这里其实有两个问题：第一个是痛苦，第二个是自己的感受和公众形象之间的双重性。

我们先从痛苦开始，我将在最后讨论双重性。一旦痛苦减轻了（斯多葛学派哲学又要发挥作用了），我们就能专注于理性行事，有所收获，不至于白白经受痛苦（哪怕是短暂的痛苦）。

减轻痛苦

在关于痛苦的问题上，斯多葛学派的哲学家颇有贡献。毕竟，斯多葛哲学的创始人芝诺就是在一次海难中失去了所有财富。

我所提到的斯多葛学派哲学家都经历了极大的痛苦：奥勒留有13个孩子，但是8个都在出生时或者婴儿时期夭折；与他共度约30年岁月的妻子在一次意外中身亡；他生活和执政的时期经历了安东尼大瘟疫、战乱、暴乱以及无数的背叛。塞涅卡失去了自己唯一的儿子，克劳狄乌斯在位时他被判处死刑，直到行刑前的最后一刻死刑被改为8年流放（但是后来又被尼禄判处死刑）。爱比克泰德的经历不详，可以确定的是他早先是一名奴隶，还被主人故意打断了一条腿。

斯多葛学派的哲学家们当然知道什么是真正的痛苦。

如果爱比克泰德知道我在2015年的经历，他一定会让我先了解控制二分法。如果将这一框架应用于投资中，我们可以确定的是，唯一能控制的就是我们的研究、投资的过程以及与客户的沟通过程。我也好，其他资金经理也好，都无法控制市场如何给我们看中的股票定价，也无法控制价格的攀升或下跌何时到来。这是股票市场的特征，不是问题。

是的，不在我掌控范围内的事情——外部因素——应该被忽视。区分外部因素和内部因素很关键。我应该重点关注内部因素，如股票分析、投资组合构建、策划并遵循严谨的投资过程，仅从机会主义的角度看待股票价格（市场的非理性波动确实可能提供了买入或者卖出的机会，我确实也在此时买入或卖出过）。

我从事投资，也会写作，在2015年，这并不是好事。因为我会在大脑里用丰富多彩的词汇去描述状况，这导致自己的情况更糟糕，遭受更大的痛苦。正因如此，奥勒留才会说："不要成为诡辩论者。要谨慎选择与自己对话时的措辞。"

他还说："让事情回归本质，脱去其花哨的外壳。"不要说"我的股票暴跌"，换成"其中一只股票下跌了80%，这种情况可能会持续下去（确实如此），它对于投资组合的影响就是这样。其他几只股票下降幅度在30%~50%之间，这个下跌是暂时的（确实如此）"。罗列出这些股票，写下每只股票的价值（这些数字明显高于当时股票的价格），然后评估投资组合，不是根据当下市场中股票的价格，而是根据你对公司的价值评估。

如果我在2015年进行了这个练习，那么我的痛苦会大大减少。因为虽然有一只股票下跌了80%，但是投资组合的公允价值其实比当时市场的定价明显要高。

塞涅卡如果穿越到2015年，可能需要一点儿时间来接受罗马帝国已经崩塌，凯撒宫只是美国拉斯韦加斯的一处景点的现实。他最终还是会把这些事情归类到外部因素中，然后坐下来，心平气和地告诉我："你真的觉得，投资组合中的所有股票永远不会下跌吗？你觉得自己10年之中不会第二次在股票市场踩雷吗？你也是人，你总会错失一些东西，有的股票会下跌，不会再有起色。你会有运气不好的时候。你真的觉得这些不会再次发生吗？如果你真的这么想，那你就不应该在股市投资。"

塞涅卡还会继续引用自己的话："我们在想象中会比在现实中遭受更多的痛苦。"是的，他说的没错。我当时的痛苦来自自己丰富的想象。如果我能根据2014年和2015年的实际收益来重构当时的问题，我就会发现整体上投资组合还是呈现上升趋势。

可惜当时我并不知道。我如果从2015年开始休眠，然后在2017年醒来，那就只会经历见证收益的喜悦，毫无痛苦。塞涅卡继续说："一个人在不必要的时候受苦，痛苦就会超过必要的程度。"我当时应该提醒自己，市场对任何企业的股票定价只反映出一种观点（而且会变化），而不是最终的裁决，同时它也是外部因素（因此我没必要多想）。我那时的痛苦是不必要的。

爱比克泰德如果见到我，就会提醒说："让我们难过的不是事件本身，是我们对事件的判断。"如果我从更宏观的视角重构2015年的问题，痛苦也会大大减少。

我还可以从斯多葛主义工具箱中拿出"消极想象"这一工具，设想我的投资组合下跌20%~40%。提前想象未来很可能发生的事件，当其真正发生的时候，痛感就会没那么明显（我应该在2015年前就开始实践这个做法，现在也应该这么做）。

相比于真实的负面结果，我们往往更害怕负面结果的不确定性。如果当时我想象一下损失，接受其成为既定事实，那么一大部分压力就会被消解掉。然后我也会意识到，很多损失是可以挽回的。

斯多葛主义者会告诉我，听从奥勒留的建议，将自己的问题尽可能直白地罗列出来，然后我可以写一封信，从朋友的视角看待发生的这些事情，并为之提出建议。从第三方视角写作，就像我现在给2015年的自己提建议，具有很好的疗愈效果，因为你可以通过这种方式把自己从那些包围着你、让你痛苦的情绪中剥离出来。

前文提到，这不是我第一次经历投资组合下跌，也不是最后一次。我如果早有记日记的习惯，就会从好几个方面受益。首先，用朴素的语言写作，有助于减轻痛苦。其次，在未来投资组合下跌时——必然会发生，我可以回顾之前的日记，提醒自己，下跌虽然令人不快，却是正常现象。为什么钓鱼被称为钓鱼而不是抓鱼？因为钓鱼的人总要面临坐在船上却一无所获的沮丧的日子，这样的日子可能持续几天，也可能持续几周。

当时的我也应该多多冥想，这也会减轻痛苦。写作现在是我的冥想形式。我来给冥想做个类比。假设你的大脑是一个瓶子，里面装有两类想法，理性想法与感性想法。理性想法是清澈的水，感性想法是细小的颗粒。当你非常平静，没有任何痛苦时，瓶子也是稳稳当当的，那些感性小颗粒就静静地躺在瓶底，瓶子里的水澄澈透明。但是，痛苦的经历会让瓶子晃动起来，水会变得浑浊，原先澄澈的状态消失了。冥想（对于我来说还有写作），会让瓶子重新稳定下来，颗粒会重新沉入瓶底，瓶子里又变得澄澈透明，痛苦也会减退。

2015 年，我有幸身处一个大家互相信任的圈子里，对我走出难关有很大帮助。如果你从事投资行业，那么有一个互助小组非常重要，小组成员可以是其他你信任的投资者，也可以是真正理解你经历的人。这种信任相当于你的泄压阀，让你不用把情绪一直憋在胸中。泄压会减轻疼痛的强度以及持续时间。

当时阅读小说也对我很有帮助，因为小说中的世界可以暂时替代我痛苦的世界（在小说中的世界里，即便存在痛苦，也不是发生在我身上的痛苦）。去公园散步还有锻炼也有帮助。我知道，很多科学研究用了大量术语告诉我们大自然会带来很多好处。我相信的确如此。对于我个人，在公园里散步就能帮助我减压。在健身房锻炼也可以，因为肉体的疼痛（肌肉组织的轻微撕裂）暂时替代了精神上的痛苦（投资组合的惨状）。而且，在运动之后，那种肌肉在增长的感觉也很棒——当你感觉自己强大得像绿巨人时，你真的很难继续沉浸在抑郁中。

我认识的一位价值投资者事业有成，也很受人尊重，管理的资产高达数十亿美元。但后来有很长一段时间他的投资业绩出现了问题，于是他关闭了公司以及共同基金（其实共同基金一直有收益，但是在 10 年间的数据比行业指数低一点儿）。在一个阳光明媚的周一，他来到自己位于曼哈顿的办公地点，乘坐电梯到了第 10 层，纵身一跃，结束了生命。他的银行账户里有上亿美元资产，下半辈子衣食无忧，他还有妻子和孩子。他把自己的价值与投资组合的业绩表现联系在一起，把投资者当作其唯一的身份。可是，除了业绩不佳的投资者，他还是父亲，是丈夫，是儿子，是导师，是朋友……他还有如此多的身份。我们也需要不断提醒自己，我们不止有一种身份。

如果你从事自己喜欢的事业，虽然有很多方式可以减轻并控制自己的痛苦，但是你也要记得，在解决好问题的过程中，痛苦本身就是必不可少的一部分。（对于投资行业，你如果没有极大的热情，就不要进这一行。）无论痛苦在当下多么剧烈，它总会过去。

我想用奥勒留的话作为总结："当你遭受痛苦时，记住这并不是耻辱，这并不能贬低你的智慧，也不能阻止你的理性行为以及对公共有益的行为。"在很多时候，爱比克泰德的话也会帮助到你："痛苦不会无法忍受或者无休无止，记住痛苦会有期限，不要在自己的想象中增加痛苦。"

理性行动

如果投资是一门精准的科学，一个用公式计算的过程，你可以不断测试你提出的假设，那么为其痛苦确实没必要。投资者掌握着大量的精确信息——利润表、资产负债表、财务比率，但是这都是回顾性的信息，投资者永远不可能获得完整且完美的信息，因此也不能确定未来是什么模样。投资的困境在于，哪怕是无瑕的分析也可能带来糟糕的结果（我们就视其为运气不佳吧），这也是随机发生的事情。从长期来看，好运气和坏运气相互抵消。而从短期来看（有可能是几年），运气不佳可能真会带来撕心裂肺的痛苦。

首先你要搞清楚，自己是真的运气不佳，还是分析出现了问题。2015年，有6只股票让我最为痛苦。我仔仔细细重复分析，用尽自己的理性思维，对一只股票的分析确实出现了一个错误——这不是运气不佳，是我的错。但是其他几只股票都是短期内被市场低估的，短期内基本面可能很弱，但是公允价值并没有太大变化。

我增加了几只股票的持仓，剩下的没有管。一两年之后，我分析失误的股票依然没有起色，但是其他股票都有了不错的收益，甚至有些股票的收益非常可观（整体上抵消了之前投资组合下跌时出现的损失）。

一个系统而理性的过程非常关键。一定要记录自己在思路清晰时（即"瓶子"里澄澈透明的时候）的研究（包括自己的预设）和思路。

从痛苦中收获

尽管创造力和想象力并不是大学金融课程的重点，但它们是投资的核心。创造力与想象力让过去的确定性转化为处理未来不确定性的心理模型。

创造力和想象力就像是乐器，需要调音。由痛苦带来的时不时的压力就是完美的调音器。

谢尔盖·拉赫玛尼诺夫是20世纪最有成就的作曲家之一，被载入史册。然而，在我们所熟知而热爱的伟大乐章背后，他经历了巨大的失败和痛苦。

1897年，拉赫玛尼诺夫的第一部交响曲在圣彼得堡首演，这场演出是一场彻头彻尾的"灾难"。有多糟糕？一位乐评人将其比作"埃及十灾"。当时交响乐团排练不充分，甚至有人推测当时的指挥家喝醉了。拉赫玛尼诺夫写道："如果听众们对交响曲很熟悉，演出失败，他们就会怪指挥家。但是，如果一部作品不为人知，首演又失败，公众就会指责作曲家。"

因为这次失败，年仅 24 岁的拉赫玛尼诺夫陷入了 3 年抑郁状态。他的自信心被击垮，在那段时间里几乎没有任何创作。

痛苦有着极为不可思议的煽动作用，它会潜入你的灵魂深处，挖掘出你不曾意识到的情绪与创意。拉赫玛尼诺夫历经 3 年痛苦后，写出了《第二钢琴协奏曲》《第三钢琴协奏曲》以及《第二交响曲》，这时候离他创作第一部交响曲已经过去了 10 年。我不知道，他是否愿意以 3 年的抑郁为代价去交换创造力。但毫无疑问，第一部交响曲的失败以及随后的痛苦为他日后的创作打下了基础。

在投资中，痛苦会让你重新审视投资过程的每一环节，让你发现自己原先没有意识到的缺陷。

痛苦也能重新点燃创造力。作为投资者，如果你直面痛苦，接受痛苦是生活的一部分，那么你自己也会变得更强大。毕竟，没有目的的痛苦没有意义。和成功相比，失败似乎能让我们学到更多。

所有人都应该认识到，投资的痛苦并不是我们这些普通人才会经历的。哪怕是投资大神也曾经历过多年痛苦，也许还会再经历。我们只是没有意识到，因为他们也要戴着面具面对公众。我们不应该把投资组合的表现与自我价值绑定，这样才不会被不能掌控的外部因素套牢，被绑在情绪起起落落的过山车上。

价值投资之父本杰明·格雷厄姆经历了动荡的大萧条时期。我知道，那肯定是他人生中非常痛苦的时期，但也正因这些经历，他后来写下了《证券分析》以及价值投资圣经《聪明的投资者》。

　　　　　　　　　　　　　　　　全情投入

我也在投资的痛苦中获益匪浅。关于横向市场的理念以及我的第一本书都源自我 2002 年所经历的痛苦，当时我观察到我们高质量（但估值过高）的投资组合正在一步一步下滑，这是横向市场的市盈率压缩所导致的。

我没有利用好我 2012 年的痛苦。事后看来，如果我能在 2012 年的痛苦中有所收获，我 2015 年的痛苦可能就会减轻一些，或者完全可以避免。

2015 年的痛苦也会被证明是一件幸事，会让我在未来少受一些苦。2016 年我仔细反思了 2015 年，下定决心完善投资过程，避免重蹈覆辙。

当我努力完善投资过程，避免 2015 年的悲剧重演时，2015 年的痛苦回忆释放出了我不曾意识到的创造力，最终让我的投资能力提升到了前所未有的水平。如果没有 2015 年的经历，这是不可能实现的。

最后，不要把你的痛苦浪费了，这是释放创造力的机会。正如奥勒留所说，"行动的障碍会推进行动。道路之阻自成道路"。

没有工作的绿洲

现在来说说个人感受与公众形象的双重性。我们身处的文化并不能很好地面对失败这件事，除了微笑，其他流露情绪的表现会被认为是不礼貌的。但在现实中，所有的投资者都必定会经历痛苦，甚至会在感觉自己一败涂地的时候陷入抑郁。

当我处于痛苦的阶段时，我可以在陌生人面前隐藏自己的真实感受，但是在亲人面前，痛苦会在我身上暴露踪迹。我会变得不耐烦，很容易焦躁，这对他们很不公平。我花了一段时间才弄清楚投资中的痛苦及其对我在家庭中的表现的影响。

在 2015 年痛苦的经历之后，我意识到我在生活中需要一个不受股市影响的绿洲。于是我决定不接受来自朋友圈或者我所在的社区的客户（比如在犹太教会中经常见到的人）。为了保持理智的头脑，你要为自己开辟出一片与外部世界隔绝的绿洲。我可以遵循严谨的投资程序，只购买明显被低估的优质企业，但是短期之内，我依然无法控制市场如何给这些企业的股票定价。

在 2015 年，如果我下班之后要去跟朋友喝酒，其中有人就是我的客户，那我的愧疚感（或者至少是不适感）会一直跟着我去酒吧。这种感觉并不合理，毕竟我最喜欢的公司今天股价不理想并不是我决定的。股票当时的价格是瞬息万变的，但它不代表一家公司的价值，也不是最终审判。

多年以来，我发现，人们大多数时候在理智层面上都可以接受价格下跌，但是，很多人并不能想象，当投资组合下跌 10% 或者 20% 的时候，自己会有什么反应。行为金融学称其为"共情缺口"。所以，作为客户的委托人，在他们的情绪和资金之间，我应该成为那堵弥补缺口的墙。

我发现，采用上面的方法带来了额外的好处，我和朋友之间的关系不会有什么难言的尴尬，也不会有人认为我还藏着掖着什么。所以，我跟所有朋友和熟人的口径都是：我从来不为朋友和熟人管理资产。我会无偿给他们提供建议，但是不会建立客户关系。这也让我更加轻松。

通过写作来思考

　　我从来没想过自己有一天会发表文章、会出书，更不用说给别人提写作建议。在苏联上学时，我是语文成绩最差的学生，写作成绩从来没超过 C。我甚至觉得，老师们应该都看不下去我写的作文，所以直接给了合格分。说实话，我并不怪他们。

　　到了美国，我在大学英语课的成绩也很一般。其实，英语课应该是我大学唯一挂科的科目，到了大四还在重修。从那时候开始，我的写作稍微有了起色，现在你们可以评判拙作了。但是，如果从写作的数量来看，也就是有多少字数上了报、上了网，那我的资质还是不错的。我从事写作已经超过 10 年了，这项"事业"始于2004 年，我被 TheStreet. com 网站聘为作者。它招募我不是因为我写得好——不是自谦，当时确实写得一般，而是因为我有投资行业背景，而这个网站对文字功底要求并不高。网站方就是需要大活人（最好是有特许金融分析师证书的人）来发表关于市场和股票的评论，网站给的稿酬很低，但对于当时的我来说还是给多了。

　　我毫无经验，但雄心勃勃。我对待写作非常认真，所以文章也很严肃，里面满满当当都是大词，老实说，无聊至极。而且，我当时对语法非常谨慎，句子结构和标点让我头疼，我更害怕那些拼写相近但是风马牛不相及的词语。

　　我得出了关于写作的第一条经验教训，它可能会让很多英语老师抓狂，那就是不要纠结语法。我不纠结语法之后，如释重负（我脑子里再也不用装着那么多的标点符号了）。我也不再纠结冠词、定冠词（我会让儿子来帮我校正这部分内容），不再纠结那些容易混淆的词汇，也不再试图找出英语语法世界里不可思议的秘密。我会请文字编辑来抓出文章里的小毛病，他们既专业又熟练。

写作是一个富有创意的过程，而且，我热爱写作。但是，纠正语法是写作过程中最不需要创意的一部分。我之前发现，我的写作时间中有 1/3 都在修正语法错误，更可悲的是我竭尽所能，也无法抓出所有的语法瑕疵。

我把写作过程分成了两部分：创意部分——从我的意识与潜意识中下载想法，然后将其编写为文章、信件或者书籍；不太有创意的部分——细枝末节的琐碎。我对语法问题的担忧越来越少，而且我也会让出色的文字编辑（他们也会编辑我这篇文章，所以我得这么说。但事实就是他们确实很棒！）润色我的作品，这样我就可以写得更多。最终，谦虚点儿说吧，我的产出质量丝毫没有下降。

总之，我把所有精力投入如何讲故事，如何让我的文章更有趣，在合适的时候增加一点儿幽默上。我前面提到，刚开始写作的时候，我的文章非常古板、枯燥。对于当时的读者，我深感歉意，尤其是我亲爱的朋友们，他们出于朋友的义务读了我当时的文章。

然后，我的 TiVo 事件发生了。

我在 TheStreet.com 网站上写了 6 个月之后，写到了关于 TiVo 数字录像设备公司的文章。在那篇文章里面，我斗胆幽默了一下，提到 Tivo 的自动语音接听系统搞不懂我有俄罗斯口音的英语，最后是 3 岁的乔纳（完美的迪士尼英语发音）跟自动语音系统对话帮我解决了问题。

那篇文章写得一般，其中的某些见解也在之前的文章中出现过，但是，它不是"一板一眼"的文章，一点儿也不无聊。突然间，读者的反馈大有转变，我收到不计其数的邮件。那一刻我明白了幽默的力量。但不仅仅是幽默，我已经能够把枯燥的信息用有趣的方式传递出去，并让我的读者产生共鸣了。

就是这篇文章改变了我的写作方式。我意识到，知道自己要说什么还不够，要琢磨怎么说。直到今天，我在写作的时候依然会盯着电脑屏幕好几个小时，为一个信息点找出最有趣的类比或者最具说服力的角度。我经常在讲故事时用类比，尤其是在话题比较复杂的时候。类比能够让我通过简单的举例表达出复杂的想法。

我来具体阐述一下。我有一位德裔朋友是非常聪明的投资者。从他极高的办事效率就能看出来这人有德国血统。（是的，确实是刻板印象。）他写了一本关于投资的书，很有深度，你如果能读完，一定大有收获。当然，这个"如果"是很重要的前提。他的书结构清晰，条理分明，正如精良的德国汽车设计一样，或者说，像一本德国汽车的说明书，没有一句废话。然而，他在让行文更加高效的同时，也让行文变得更枯燥。翻开书的时候我还无比兴奋，但是到了第三章我实在是读不下去了，实在是，太无聊了……我身为业内人士都读不下去。

人的大脑会主动寻找最高效的方式来传递信息，也就是消耗能量最少的方式。包含了比喻的故事不一定是最高效的工具（以字数和写作时间来计算），但是在传递效果上极为有效，因为可以让作者和读者之间建立更独特的联系，也就是说，通过这种方式传递信息，读者才更有可能读完作者所写的东西。

当一个作家通过故事与读者进行交流时，还有一个额外的好处。讲故事会使我们具有创造力的右脑发挥作用，从而刺激心理模式的发展。

找出你最喜欢的作家，也就是让你能产生共鸣并向其学习（偷师）的作家。作家奥斯丁·克莱恩在《好点子都是偷来的》一书中写道："个人风格并非与生俱来。我们刚从娘胎里出来的时候连自己都不认识。刚开始，我们会学习自己崇拜的人，通过模仿来学习。"书中提到，英国歌手保罗·麦卡特尼曾表示："我模仿过巴迪·霍利、小理查德、杰瑞·李·刘易斯、猫王。大家都会模仿别人。"克莱恩说："不仅仅要'偷'风格，还要"偷"背后的思想。你不能只是看着像自己的偶像，你要从气息中透露出你偶像的感觉。"在模仿的过程中，我们多半会失败，但是成功的部分足以让我们吸收养分，提升个人风格，最终成为我们自己。这就是我们进步的过程。

审慎选择那些影响你的人，而且不要满足于几个人。克莱恩说："如果你受到一个人的影响，那大家就会说你是下一个他。但如果你学习了上百人的风格，大家就会说你独具一格。"

为了写作而阅读。我父亲从 7 岁开始画画，艺术家的身份深深根植于他的脑海与心灵。无论去哪里旅行，他总是带着画架，一有机会就开始创作。我们在度假散步时，他会突然停下来，闭上一只眼，眯着另一只眼，用两手的大拇指与食指在眼前摆一个长方形取景，为画作构思。他总是在寻找美，寻找画画的灵感。我开始写文章的时候，发现自己阅读的方式也发生了改变。我会刻意关注句子结构，作者表达语气和风格的技巧。在这个过程中，我不仅是读者，也开始从写作者的身份来阅读。我开始观察生活中的小事，时常从中找到比喻的灵感。

注重所在的环境。我这里说的不是生态意义上的环境，而是写作环境。如果你开始写作已经有一段时间了，你就会意识到外部和内部环境的重要性。斯蒂芬·金在《写作这回事》一书中提到，他写作时会听澳大利亚重金属摇滚乐团 AC/DC 的音乐。这会让他与外部世界隔绝，建立起自己的世界。我在写作的时候会听古典音乐，如果遇到瓶颈，我就会开始听歌剧。

我还有一个古怪的习惯——用斜体字。我觉得这样会让字体看起来更友善。如果你发现自己喜欢粉色字体，那就用起来！作者（和思想家）需要充分利用每一个优势，写完的时候，再把它变成大众可以接受的颜色和格式就可以了。

创造自己独特的写作癖好。著名作家沃尔特·艾萨克森所写的好几本书都是我的最爱，包括乔布斯和爱因斯坦的传记。他会在夜晚写作，然后把所写的内容打印出来，第二天早上朗读自己所写的内容。他说："这种方法很简单，读自己所写的内容的过程也很有趣。如果只对着电脑屏幕读，写的时候就不会好好编辑。"

关闭拼写检查，写、写、写。我没有时时遵循这个规则，但是在写得不顺畅的时候，这个方法特别有用。我不需要突然停下来改正拼写错误的单词或者补充遗漏的语法成分，我可以一直写，不停留。在写作的时候，不能什么都不编辑，但是编辑也要有限度。通过这个方法，我可以把潜意识里的想法都写出来，然后才有编辑的素材。

为痛苦做好准备。写作是非常个性化的过程。有的人很擅长思考，能够在脑子里想清楚盘根错节的问题，然后条理清晰地写出来。我很钦佩这些幸运儿。对于大部分人，写作的痛苦在于你可能要盯着屏幕好几小时，写了又改，改了又写。

再进一步说，其实我是通过写作来思考的。萧伯纳曾说过："一年思考两次或者三次的人都很少，我获得国际声誉的方式就是一周思考一两次。"我之前提到过，如果被问及自己从未想到的问题，哪怕有一两分钟的思考时间，我的回答通常也会很糟糕。如果我没写过那个话题，那我可能就没认真思考过，其中的逻辑关系也就没搞清楚。这是我思维的运作方式。

说实话，我为自己的大脑感到难堪。它就像一个单身王者的公寓，到处是脏衣服、吃完的比萨盒子、空空的啤酒瓶。在这个混乱大脑中，要产生一个好的想法，那就得好好收拾一番，把凌乱的东西清理好、摆好。亲爱的读者们，我这不是说你们也是如此，我就是在说我自己，以及我的思维方式。

当你坐下来写作时，你可能还没有理清自己的想法，所以，你没感觉到想法的沸腾，没有关系。别又怪到脑闭塞上。小说家汤姆·克兰西曾说过："脑闭塞就是犯懒的官方表述，解决脑闭塞的方法就是工作。"你可以休息一下，做一些有趣的事，然后再回到写作的书桌前。

最后一点。当你读到这本书或者其他书时，你会发现书中的内容条理清晰，行文流畅，你要知道，这可能是修改了 47 版的结果。写作需要不断地改写，而改写的过程充满了痛苦。

莫扎特效应

你知道吗？无论是莫扎特的古典乐抑或是 AC/DC 乐队的摇滚乐都能激活大脑。

我的儿子乔纳出生于 2001 年。和大多数父母一样，妻子和我都想尽可能给他提供良好的条件，希望他能取得成功。我们读到发表在《自然》杂志上的"莫扎特效应"，该研究显示听了古典音乐的孩子更聪明。我们早早就行动起来了，乔纳还在妈妈肚子里的时候就开始听莫扎特。我们买了一个可以连接 CD 机的扬声器，这个扬声器配有一个腰带，妻子每天好几小时都戴着它。

乔纳出生后，也被古典音乐围绕着，我们无时无刻不在播放古典音乐。但是，因为这个叫"莫扎特效应"，所以我们觉得，播放莫扎特的《C 大调第二十一钢琴协奏曲》比播放拉赫玛尼诺夫的《C 小调第二钢琴协奏曲》对乔纳的帮助更大。

当时，互联网处于起步阶段，至少从实用性角度上说确实如此。我们并没有读到"莫扎特效应"的研究原文，只读到了一篇相关文章。作为年轻的父母，我们只是迫切希望孩子赢在起跑线。我们为"莫扎特效应"所做的努力可能让乔纳在长大时更容易爱上古典音乐，但是对于他的智商，应该没起太大作用。

后来很多人都发现了，之所以叫"莫扎特效应"是因为研究人员在实验中使用了莫扎特的《D 大调双钢琴奏鸣曲》，但其实选择什么音乐不重要。当然，我还是非常感谢研究人员的音乐品味。他们其实也完全可以用 AC/DC 乐队的摇滚乐（对不起了，摇滚乐粉丝们），那我可怜的儿子就要从妈妈肚子里开始听重金属了。

让孩子从娘胎里开始听古典音乐应该不能算是虐待儿童吧。

在《华尔街日报》的一篇文章中，海蒂·米歇尔采访了约翰斯·霍普金斯大学音乐与医学中心的神经学副教授亚历山大·潘特尔雅特。他说道："在莫扎特效应的研究中，研究对象听音乐的时间是 10~15 分钟，除此之外，莫扎特效应并没有被证实能带来更长久的益处。"你选择什么音乐都可以。他说："如果你喜欢重金属，那么在听此类音乐的时候可能专注度更高。"

他补充说：

> 如果音乐里有歌词，那就会激活韦尼克区，也就是处理语言的区域，还会激活颞叶的其他部分，这可能会转移注意力，或者会超过大脑的注意力负荷。想象一下，你在工作的时候同时听两门语言会是什么效果，当然会分散注意力。

潘特尔雅特表示："大约 80% 的人群是用左脑处理语言的，也就是大脑中负责分析功能的一侧。"他补充说："音乐激活了大脑的很多部分，和其他活动相比，它的作用更为显著。"

如果你在思考（工作）时听音乐，音乐就会刺激大脑。但是，音乐停止后，它对大脑的影响就会消失。但更重要的是，因为听音乐的时候需要动用两边大脑，也就是在左脑和右脑间建立桥梁，将大脑中负责逻辑功能的部分与负责艺术类功能的部分联系在一起，这刺激了创造性思维。有些音乐可能很有帮助，有些音乐可能会分散注意力，总之，每个人需要挑选出最适合自己大脑的播放清单。

神经科学是一门年轻的科学。10 年或 20 年后，我们可能会发现上述所有的发现都只是安慰剂效应……都只是我们的美好心愿罢了。

对于生活中的任何事情，包括投资，我都有一个思考的角度——做错的代价是什么。在听音乐这件事情上，没有坏处。你如果觉得听音乐会分心，那么在专心思考的过程中就不要听音乐。你如果觉得音乐让你的逻辑思维和艺术思维融合到了一起，那么哪怕是安慰剂效应，又怎么样呢？

我的发言仅代表我的左脑与右脑。正如我一再提到的，每当写作或者思考遇到阻碍时（这经常发生），我就会听古典音乐（如果是非常严重的瓶颈，那就听歌剧），这对我特别有效。在写本书的过程中，我就听了好几部交响曲、两部歌剧还有一部钢琴协奏曲。

感谢关于"莫扎特效应"的研究，别的不说，它至少让我儿子在出生前就听上了古典音乐。

创意过山车

我的父母深爱柴可夫斯基，他是国家的骄傲。我感觉当年母亲给我哺乳的时候应该就在听柴可夫斯基的音乐。不过，当我了解到他在创作中克服的恐惧和痛苦时，我对他更钦佩了。

我创作不出优美的乐曲，但是我写作。作曲和写作会产生不同的作品，但两者有一点是共通的——创作过程。无论是音符还是文字，都是从潜意识深处来的，它们以某种方式被记录下来。

柴可夫斯基从 1886 年开始创作《佛罗伦萨的回忆》。这部作品在 1890 年首演，但首演后他又反复修改了两年。在创作这首伟大的作品时，柴可夫斯基经历着跌宕起伏的情感。这让我不由得开始思索艺术作品的美感与其创作过程的痛苦之间的关联。

了解到柴可夫斯基创作《佛罗伦萨的回忆》的困难，对我来说是一种解放。我意识到，像他一样的伟大人物都会经历情绪波折，那我们这些普通人经历各种情绪再正常不过了。

我们一起来探索他如过山车一般的创作过程吧。

缺乏动力

> 我写了几段弦乐六重奏，但是没什么激情……我一点儿

也不想工作……

——柴可夫斯基的日记，1887 年 6 月 18 日

和流水线生产不一样，在创意性工作中，工作时间和产品数量以及产品质量没有什么关联。

写作是一种相当微妙的活动，奇思妙想总是变幻多端，它的出现也不可预测。

有几点需要注意。

要有固定的创作空间，并定时出现在创作空间中。虽然灵感不会定时光临，但是你不能到处闲逛，等待灵感。与流水线工人一样，我也会每天打卡进入创作空间。

如果你不喜欢"打卡"，那就"每天为灵感的到来创造空间"。我不以写作谋生，所以可以每天只安排两小时用于写作。我每天的习惯是：清晨 5 点起床（谢天谢地，我是个晨型人），煮咖啡，坐到我的写作专用椅上，戴上耳机，点开写作时听的歌单，播放巴赫的《D 小调第一号羽管琴协奏曲》。

如果写得很顺畅，我就感激写作之神；如果写得不顺畅，我就盯着电脑屏幕随意打字。如果不喜欢出现在屏幕上的内容，我就按下"控制键"和"回车键"，跳到新的空白页面，重新再来。

我不会干坐着等待灵感来临，我会创造空间、腾出时间让灵感到来。如果文思泉涌，我就竭尽全力利用那一刻的灵感。然后，生活不可避免地扑面而来——孩子们醒了，我们要去吃早餐，我送他们去学校……如果灵感一直不出现，我就会打字两小时，关上电脑，第二天继续。

规律写作。如果写作不规律，你就会很难重新进入状态（不是不可能）。想象你在 1 月份的明尼苏达州，外面很冷，在圣保罗的

市中心有一个喷泉。喷泉水池的表面结了一层冰，但是水一直在流动。如果水一直在流动，无论多冷，水流都不会被冻住；水流如果静止 20 分钟，那要再开始流动就会变得很困难。写作也是一样。正因如此，我坚持规律地每天写作。

自我批评要适度。有时候，我在电脑前写了两小时，写出的文字却像是胡言乱语（这经常发生）。我会告诉自己，灵感今天没有准备好到来，这是一个持续的过程，我会做好准备，等待着它明天到来。我在育儿的过程中也有相同的体会，孩子们成功的时候，我会热烈祝贺；他们遭遇失败的时候，我会告诉他们，总有明天。

还有个秘诀，你要知道当你关上电脑时，创作并没有停止；当你洗澡时，去公园散步时，甚至做饭时，创意仍然在潜意识中酝酿。所以，第二天回到创作空间很重要。

自我怀疑

> 我开始害怕自己正在失去作曲的能力，我对自己感到很生气。
>
> ——柴可夫斯基，写给朋友的信，1887 年 7 月 2 日

柴可夫斯基的痛苦和自我怀疑造就了令世人惊叹的音乐作品。有个想法一直萦绕在我的脑海：也许（创作的）痛苦就是成长必经的，也许这标志着我正在走出舒适区。

每次我暂停写作的时候，强烈的自我怀疑总会涌上心头。有了自我怀疑，你才能保证你思维的喷泉不结冰。

即便我每天写作，在面对新作品时，恐惧与焦虑也会慢慢袭来。有人把写作比作在暴风雪袭来的漆黑夜晚驾车前行，你只能看到眼

前 3 米的距离，也就是只能想到下一句要写什么。

如何克服恐惧？答案是好奇心。恐惧与好奇心时常相伴而来。就像你在读这本书时，会好奇我下面要说什么（但愿如此）。我在写到此处时，也是如此。我会好奇，当潜意识流淌成文字时，最终会呈现什么结果，我自己又会学到什么，发现什么。

我的创作时长已经超过 15 年，直至今日，恐惧和好奇依然陪伴着我的写作过程。只要好奇心占上风，我就会一直写下去。

拓宽能力的边界

> 我 3 天前就开始创作了，但现在进展还是很困难，不是因为没有新想法，而是脑子里有 6 个形式新颖、相互独立又同质的声音，创作真的太难了。
>
> ——柴可夫斯基，写给弟弟莫杰斯特的信，1890 年 6 月 27 日

我来简单介绍一下《佛罗伦萨的回忆》。这是一首弦乐六重奏，需要两把小提琴、两把中提琴、两把大提琴一起演奏。柴可夫斯基并不是自发地创作这首曲子的。当时，他被圣彼得堡室内乐协会授予荣誉会员，为表示感谢，他承诺写一首室内乐（由一小群表演者演奏的音乐）。

柴可夫斯基以前从未写过六重奏。这对他来说是全新的领域。我完全可以理解。在写作中，一直停留在熟悉的主题中是很舒适的。但是，当你把能力范围的边界推得更宽广时，你才能获得真正的成长。

我最开始写作的时候，写的都是关于投资、股市、经济的内容。这并不好写，不过我是投资人，对这些主题比较熟悉。后来，我开

始写家庭生活、旅行游历、古典音乐（对不懂读乐谱的人来说是很大的进步）、健康饮食、运动及健身。再后来，我竟然也开始写关于创意与写作的内容。每向新的领域前进一步，恐惧都会向我袭来，削弱我的信心，让写作更加艰难。

然而，随着我在新领域中投入更多的时间，我的信心也随之增长。我发现了意想不到的好处。写作改变了我，重塑了我。当我开始写音乐话题的时候，与音乐相关的阅读也变多了，我的收获也增加了。

我更加渴望学习了，也在生活中发现了更多意义。因此，一方面，我要感谢父母；但另一方面，我知道，正是因为写作的浇灌，父母曾经播撒下的种子才能破土而出，沐浴阳光。我终于意识到，自己成了生活的学习者。

我可以给自己点个赞，但是我不会。我要提醒自己，在下一次进入新的领域时，即便旅途中充满恐惧，只要努力克服恐惧，我的生活就会变得更加充实。

全情投入

生命的旋律

古典音乐作曲家的
生活与作品
带给我们的启示

为什么要了解作曲家

　　我的父亲认为，理解艺术不需要背景知识，艺术自成一体。你欣赏一幅画的时候，就看这幅画，看它的标题。画家绘画时在想什么，当时的所思、所想是什么，并不重要。画作本身已经表达了一切。

　　所以，当父亲被问及在创作某幅画的那一刻到底在想什么时，他总是很困惑。他画画时就是在全神贯注地画画，那时的世界里只有他与画笔。他从现实世界逃入了画中。

　　有两种不同的创作：一种创作是艺术家通过自己的作品有意识地传递某个信息；另外一种就是艺术家饱满的情绪流自然而然地流淌到艺术创作中。

　　父亲不是按照程序在画画。森林、渔港、向日葵……他在创作时没有刻意融入任何信息，仅仅是将他眼中的美好绘制在画布上。不过，这并不意味着他的潜意识没有受到情绪状态的影响。

　　这种潜意识活动正是我在研究音乐家时所了解到的。

　　他们的情绪会蔓延到作品之中。闷闷不乐的音乐家写不出慷慨激昂的曲子，欢欣雀跃的音乐家也写不出哀伤的旋律。艺术创作不是计算机编程，不是一个高度程式化的过程，而是情绪极度饱满的非线性过程。（我也不知道这句话对程序员是羞辱还是赞美。）

　　也许父亲真的可以与世界隔绝，将情绪抛在脑后，一连画上几个小时。但是，我认为，艺术家很难把情绪与自我从艺术创作中完全剥离。从我的实际经验来看，我的写作会受到心情的影响，甚至会受到当下听哪一首歌的影响（而且我还不能算是艺术家）。

了解作曲家的人生能让我们更好地理解其作品，让他们的音乐听起来更加丰满、更有意义。另外，如果你了解音乐背后的创作者，当音乐在耳边响起时，你也许会窥见曲中的灵魂。正因如此，我想来写一下作曲家。

当你读到下面的文字时，你可以看看你对这些音乐的理解以及音乐对你的影响有没有发生变化。

你会读到那些作曲天才的挣扎与成功。并不是每位作曲家都有辉煌的人生（舒伯特生前一贫如洗，去世后才成名），但他们都经历了巨大的苦难与深深的自我怀疑，甚至一直活在同时代其他作曲家的光环下。

我也在从事创造性的工作，这些故事给了我无尽的鼓励，让我在遇到创作困境时坚持不懈，勇敢前行。

柴可夫斯基：情绪大师

　　我对柴可夫斯基的音乐有着复杂的情感。我的父母很喜欢他的《第一钢琴协奏曲》，因此，这首曲子从我出生到现在我可能已经听了上百遍（我确实也很喜欢）。但是，在苏联上学的时候，我们是被迫听他的音乐的。任何事情只要是被迫的，我总会开始厌烦。我对于俄罗斯文学也是如此。当时，我的老师把俄罗斯文学作品变成了马克·吐温定义的经典之作——人人称赞但没人去读的书。我现在仍在努力重拾对俄罗斯文学的喜爱。

　　在美国，柴可夫斯基的音乐已经被过度流行化。《胡桃夹子》被改编成圣诞芭蕾舞剧，因为太受欢迎，很多芭蕾舞剧团年收入的一半都来自《胡桃夹子》的演出。《1812 年序曲》的创作本是为了庆祝俄国人民击败拿破仑，现在却成了美国独立日烟花表演的固定曲目。《天鹅湖》还没有完全"美国化"，但很有可能成为感恩节的固定芭蕾表演剧目。

　　好在，随着年纪渐长，我小时候对柴可夫斯基音乐的怨恨已经初步消失。

柴可夫斯基的遗书？

　　柴可夫斯基（1840—1893 年）是情绪大师。他极其敏感，属于神经质人格，对很多事物有着病态的恐惧。比如，他总害怕在指挥的时候自己的头会掉下来。（他最终克服了这种恐惧，因为有时候他必须通过指挥工作挣得收入。）他的音乐中情感丰沛，那就是他个人情绪的体现，是他的情感自白。

柴可夫斯基在 53 岁时离世，对此人们有很多争论。我小时候在苏联听到的解释是他可能是因为喝了不干净的水，死于霍乱。但是还有另外一个解释——他死于自杀。

柴可夫斯基是俄国国宝级的音乐家，是伟大俄国的象征。某些宣传机构甚至会说："物质至上的美国人去吃他们的垃圾汉堡吧，我们有艺术。"正因如此，很多宣传机构也隐瞒了一个关于柴可夫斯基的重要事实：他是同性恋。

恐同现象在俄罗斯可以追溯到几个世纪之前，世界上大多数国家都是如此。在 19 世纪末，也就是柴可夫斯基生活的年代，这种恐惧大肆蔓延。所以，柴可夫斯基一生都在隐瞒自己的性取向。

许多人认为说柴可夫斯基感染了霍乱只是为了掩饰他与斯坦博克－图尔莫尔公爵的侄子有染的事实。公爵给沙皇写了一封信，而且让柴可夫斯基在法学院的一名学生转交。这位学生邀请柴可夫斯基昔日法学院的校友相聚圣彼得堡，组成了一个"荣誉法庭"，私下审判并命令他服下毒药。他服从了。这可能就是故事的另一个版本。

他是死于霍乱还是自杀？我们永远不会知道真相。但是可以确定，柴可夫斯基的性取向确实对其音乐有影响。

柴可夫斯基的《第六交响曲》又称为《悲怆交响曲》，这是他最后一部交响曲。1893 年，他在去世前 9 天指挥了这首曲子的首演。

要理解这部交响曲，首先要了解柴可夫斯基生命中的黑暗时期。他在重度抑郁和自我怀疑中创作了这首曲子（之前的一部交响曲因为他本人不满意而被销毁）。

某些观点认为，《悲怆交响曲》是柴可夫斯基的遗书。历史学家和音乐评论家在这件事情上存在分歧，也许真相我们永远不得而知。我还是想说说这部交响曲的第四乐章，你们可以听听音乐自己判断。

交响曲的前三乐章积极乐观，时而欢快明朗，时而柔美温和，让人脑海中不由自主地浮现出美丽的日出、宽广的俄国大地、拉着雪橇的马奔跑在白茫茫的雪地中（《日瓦戈医生》的风格）。

第四乐章有了很大变化。乐章开始就是呼救的声音（小提琴演奏），整个旋律忧郁而压抑。柴可夫斯基巧妙借用了前三乐章中的音乐元素，但它们被覆上了深深的悲伤，很难在第四乐章中被辨认出来。与柴可夫斯基其他自然结束（听众可以感受到乐曲进入尾声）的作品不同，这首交响曲结束于虚无（正如死亡），音乐渐渐变弱、淡出。

遭到拒绝的两首曲子

我们可以从柴可夫斯基《第一钢琴协奏曲》中学到重要的一课。当时有一个常见做法就是你希望由谁来演奏，就把乐曲献给这位演奏者，通常是名家。献曲的做法确保音乐得见天日，而且演奏者同意演奏也是对这首乐曲的认可。

柴可夫斯基把第一首钢琴协奏曲献给了当时最为知名的钢琴家之一——尼古拉·鲁宾斯坦。尼古拉和哥哥安东·鲁宾斯坦都是俄国音乐界的重要人物，安东也是柴可夫斯基的作曲老师。

柴可夫斯基对献曲一事非常兴奋，亲自为尼古拉演奏。尼古拉默默听完，说出了自己的意见。柴可夫斯基在与笔友娜杰日达·冯·梅克的信中写道：

我的协奏曲竟然毫无价值，被认为无法演奏；段落支离破碎，笨拙拖沓，写得太糟了，已经无药可救。作曲本身很糟糕，粗俗，还有一些地方有抄袭其他作曲家之嫌。只有两三页能保留，其他的都得扔掉，或者只能重头再写。

试想一下，假如你把自己两年的心血献给自己敬佩的重要人物，得到的评价是"可悲"，你的心情会如何。

柴可夫斯基大受打击，但是他决定一个音符都不修改。他找到了另一位著名的德国钢琴家和指挥家汉斯·冯·彪罗，询问他是否愿意演奏。当时，彪罗正准备到美国巡演，他非常喜欢这首协奏曲！于是，柴可夫斯基的《第一钢琴协奏曲》于1875年在美国波士顿首演，首演大获成功。不过，音乐评论家还是找出了很多毛病。这首曲子并不符合传统结构：引子部分是这首曲子宏伟有力的关键，但它相对独立，几乎自成一体。

重点来了。波士顿首演之后的几个月，协奏曲又在圣彼得堡和莫斯科被演奏，在莫斯科演出时，担任指挥的正是尼古拉·鲁宾斯坦。鲁宾斯坦多次表演了钢琴独奏部分，甚至提出首演做柴可夫斯基的第二部钢琴协奏曲。可惜后来当柴可夫斯基完成作品时，鲁宾斯坦已经去世。

柴可夫斯基的《D大调小提琴协奏曲》也有类似的命运。只不过，这首曲子遭到了两位演奏家的拒绝。其中一部分原因是演奏难度过高。音乐评论家也不喜欢这首协奏曲，其中有人表示曲子"冗长而做作"，"小提琴部分太糟糕了，听起来简直就像在被碾压"。也正如那首遭拒的钢琴协奏曲一样，这首小提琴协奏曲后来大获成功，直至现在仍是最受欢迎的小提琴协奏曲之一。

巨人的阴影

贝多芬阴影下的舒伯特

"试想一个人已经永远失去了健康的体魄，而其内心的绝望让境况变得更加糟糕。试想一个人最美好的愿望化为乌有，爱情与友情对他而言都是折磨，对美好事物的激情消失殆尽。这样一个人，算不算得上真的不幸福？"

这个人就是弗朗茨·舒伯特（1797—1828 年）。上面这段话来自他写给朋友的信。舒伯特的一生很短暂，25 岁那年他感染了梅毒。在那个时候，梅毒的传播隐秘难测，一旦感染就相当于被判了死刑（就像 20 世纪 80 年代末 90 年代初的艾滋病一样）。舒伯特在 32 岁时离世。

想象一下，一个 25 岁的年轻人，本来还有大好人生，突然之间就要直视死亡。我们可以理解，沉郁为何会成为舒伯特的底色。他的作品饱含哀伤，你可以在他的乐曲中听出他的压抑。

舒伯特是一个"瘾君子"——他对作曲上瘾。在 16 年的创作生涯中，他写了 600 多首歌曲、10 部交响曲、22 首钢琴奏鸣曲、18 部歌剧等大量作品。大多数作曲家哪怕寿终正寝，穷其一生都无法完成这么多创作。

我希望自己能有所作为，但是谁又能在贝多芬之后取得什么成就？

——弗朗茨·舒伯特

　　贝多芬的才华与声名（无意中）给他同时代的作曲家带来了负面影响，比如舒伯特，以及一些在舒伯特去世后还健在多年的作曲家，比如勃拉姆斯。舒伯特在维也纳长大，他的住处离贝多芬家不远，在贝多芬逝世不到一年时，舒伯特也与世长辞。关于两人是否见过面，有很多互相矛盾的说法。可以确定的是，舒伯特非常敬佩贝多芬，他是贝多芬葬礼的护柩者。他甚至提出要葬在贝多芬墓旁（最终也如愿了）。

　　试想你生活在19世纪初的维也纳，当你听到震撼人心的《A大调第七交响曲》时，它的作者就在几个街区之外。你也想写出同样伟大的作品，但是任何出现在大脑中的音符与之相比都苍白无力，任何你写下的旋律都显得毫无意义。

　　舒伯特还是摆脱了一些贝多芬带来的阴影，他是有史以来最高产的作曲家之一，直至生命最后一刻仍在创作。但是，因为生活在贝多芬的阴影中，他有很多作品自觉不值一提，一直没有发表。

　　悲惨的舒伯特一生穷苦，直到去世后才成名。他如果知道200年后自己与贝多芬齐名，也是举世闻名的交响乐作曲家，一定难以置信。因为他的大多数交响乐作品在他生前都没有发表，所以他也没有听过这些乐曲的演奏。

　　舒伯特的《C大调第九交响曲》是被罗伯特·舒曼重新发现的。今天，罗伯特·舒曼因其作曲家的身份为人们所熟知（他是另一位伟大作曲家克拉拉·舒曼的丈夫）。不过，在他的时代，他是受人尊敬的音乐评论家。

1838 年，舒伯特去世后 10 年，舒曼拜访了舒伯特的哥哥，发现了舒伯特还未发表过的交响乐手稿。这首乐曲之精彩让舒曼感到震惊，于是，他把手稿带给了费利克斯·门德尔松。门德尔松以作曲家的身份闻名于世，在当时是著名的指挥家。后来，门德尔松担任了这首交响曲的首演指挥，这首曲子就是我们所熟知的《C 大调第九交响曲》。

今天，舒伯特与贝多芬的交响曲皆为世人称道。孰高孰低也许无人有资格评价。两人皆是音乐史中璀璨的明星，为全世界人民带去了无尽的欢乐与泪水。

贝多芬阴影下的勃拉姆斯

提到贝多芬阴影下的音乐家，必然要说到约翰内斯·勃拉姆斯（1833—1897 年）。勃拉姆斯出生于 1833 年，也就是贝多芬去世后的第六年。与舒伯特不同，勃拉姆斯的创作生涯并未直接被贝多芬的光芒掩盖。不过，贝多芬的伟大作品一直萦绕在勃拉姆斯心中，直至其 40 多岁。

勃拉姆斯是一个音乐神童，年幼时就展现出极高的钢琴天赋。十来岁的时候，他开始创作钢琴和声乐方面的室内乐。1853 年，勃拉姆斯 20 岁，他遇到了罗伯特·舒曼与克拉拉·舒曼夫妇——当时古典音乐界的巨星。舒曼夫妇特别喜欢年轻有为的勃拉姆斯。罗伯特很兴奋，在当时最重要的音乐期刊中发表了文章，称勃拉姆斯将会成为下一个贝多芬。

音乐史学家罗伯特·格林伯格称舒曼的文章虽出于好意，但成了勃拉姆斯的"诅咒"。突然之间，勃拉姆斯创作交响乐的评判标准被提到了极高的水平。勃拉姆斯感叹："对我们来说，有一位像他一样的巨人站在身后，这种感觉你无法想象！"

勃拉姆斯耗时 21 年完成了第一部交响曲。

1876 年，勃拉姆斯的《C 小调第一交响曲》举行了首演，获得了巨大的成功，音乐评论家对曲子的盛赞是勃拉姆斯眼中的最高荣誉，他们称它为"贝多芬第十交响曲"。这次成功让勃拉姆斯的创作力彻底解放——他获得了前所未有的自信。此后，他几乎每年创作一部重要的管弦乐作品。

贝多芬的阴影真正的影响是什么，其实并不能确定。正如我们永远不知道，如果罗伯特·舒曼没有发表那篇文章，勃拉姆斯又会创造出多少部精彩的交响曲。我们也不知道，还有多少作曲家因为觉得永远达不到贝多芬的水平而放弃了创作，或者没有发表作品。

巨人可能令人生畏，但如果放任内心的恐惧，它最终就会伤及我们的创造力。我们应该站在巨人的肩膀上，而不是被巨人压倒。

无论在哪个领域，总有一些前辈才华横溢，名声响亮，他们会投射出巨大的阴影。不要走进他们的阴影里，走出你自己的道路。

李斯特：钢琴与古典音乐的革新者

我最喜欢的一段童年回忆是在某个阳光明媚的下午，和父亲步行回家。那时候我大概 9 岁。公寓楼 4 楼传来了古典音乐的声音，原来是我们的邻居正在听音乐，声音开得特别大。父亲说话时充满了赞许之意："她正在听李斯特。"这是我第一次听到弗朗茨·李斯特的名字。

父亲向我认真解释了他名字的拼写（是"Liszt"，不是"list"）。虽然我记不清是哪首曲子，但从父亲的话中，我听出了他对邻居音乐审美的尊重。就在那个阳光明媚的下午，短短的几分钟，给我的生活留下了不可磨灭的印记。

弗朗茨·李斯特[①]（1811—1886 年）是匈牙利作曲家、钢琴家。在谈到李斯特的时候，一定要先说说钢琴的演变。今天，你在音乐厅或者人们家中看到的钢琴是由早期钢琴演变而来的结果。虽然早期的钢琴与现在的钢琴外观相似，也是一副黑白琴键，但是内部结构完全不同。最早的钢琴又称为拨弦古钢琴、羽管钢琴

[①] 大学时，我选了音乐欣赏课。我在课程结束后依然继续听古典音乐（幸好），但是课堂上的知识我记不清了。感谢罗伯特·格林伯格"伟大的课程"（The Great Courses）系列讲座，让我更好地认识了古典音乐。这一章中的很多材料都来自他的演讲。不过，我很难具体说明自己在课程中的收获与从其他来源中取得的收获有何不同。我强烈推荐大家亲自观看或聆听。

（harpsichord），你可以把它想象成一个带有琴键的竖琴。

1700 年，拨弦古钢琴开始逐步向古钢琴（fortepiano）过渡。这个过程其实持续了很长时间，两种乐器共存了大概 100 年，古钢琴才最终完全取代了拨弦古钢琴。革新后的钢琴的外观依旧与拨弦古钢琴相同，但是琴弦并不是被拨动的，而是被包裹着皮革的琴槌敲击。固定琴弦的支架是木制的，琴弦张力较小。这就是莫扎特和年轻的贝多芬所使用的乐器。

古钢琴的声音与我们今天所熟悉的钢琴声音不同。古钢琴的声音更轻，而且因为没有"双擒纵器"，所以不能迅速重复声音——它发出的声音更像是说话而不是演唱。古钢琴的每个音符都非常清晰，而且古钢琴和拨弦古钢琴的声音还有一些相似之处。你如果听莫扎特的钢琴协奏曲或者奏鸣曲，就可以听出来曲子是为古钢琴而作的。

1791 年，莫扎特去世，古钢琴以及我们今天所熟知的钢琴开始成为主流。但是，在 18 世纪晚期到 19 世纪早期，钢琴又经历了大变革。这一次变化给作曲带来了很大影响，而且，反过来，作曲家们也对乐器本身产生了影响。

贝多芬在钢琴演变的早期就使用了新式的钢琴，成了其受益者之一，他本人也在钢琴演变中发挥了重要作用。他在演奏时一度将几乎所有的琴弦都弹断了，于是跑去跟钢琴制作工坊抱怨说琴弦磨损太快。

古钢琴和现代钢琴的最大区别就是琴弦支架，钢琴的支架不再是木制的而变成了金属制的；钢琴的琴弦张力也变大了；音域增加了两个八度（增加了 14 个白色琴键）；包裹着琴槌的不再是皮革，而是毛毡。这些变化使得原先脆弱精致的乐器变成了强大无比的"猛兽"，可以与管弦乐团抗衡，但又保留了最原始的温柔。

全情投入

我们再回到李斯特的故事中。他在贝多芬去世前 16 年出生，既是一个神童，又是一个出色的钢琴演奏家。他可以说是当时欧洲的巨星，是那个时代的迈克尔·杰克逊。

无巧不成书，在一次巴黎之行中，李斯特下榻的酒店就在埃拉尔钢琴工坊对面——正是这家钢琴工坊发明了双擒纵器，加快了钢琴发音的速度，也大大减少了前几代钢琴的局限。埃拉尔钢琴工坊也是第一个在钢琴中安装踏板的钢琴制造商。

据说，年轻的李斯特闲逛到了埃拉尔钢琴工坊，用其中一架钢琴演奏起来。埃拉尔被这个男孩的才华吸引，也发现了绝佳的商机。他和李斯特达成代言协议，为李斯特所有的演奏提供钢琴。李斯特开启了为期 3 年的巡演，有时候每天会演好几场。他哪里都愿意去——鲜花与掌声让他欢喜。但是，因为父亲离世，他的巡演戛然而止。

1832 年，李斯特出席了意大利小提琴大师尼科罗·帕格尼尼的一场音乐会。小提琴的革新比钢琴早了约 200 年，当时的小提琴已经是非常成熟的乐器了。听完帕格尼尼的演奏之后，李斯特感叹道："如果钢琴的演奏水平能达到帕格尼尼演奏小提琴的水平，那能创造出多么美妙的钢琴曲啊！"他决定要成为钢琴界的帕格尼尼。在接下来的 6 年中，他减少了自己公开演出的次数，开始夜以继日的练习（想想作家马尔科姆·格拉德威尔所说的"10 000 小时定律"）。

李斯特开创了独奏会——在此之前，没有钢琴家会举行独奏表演会（这种行为可能会被视为无礼傲慢）。李斯特改变了钢琴在舞台上的摆放方式，将其纵向放置，与舞台侧边平行。

在我看来（当然这仅是一位业余古典音乐爱好者肤浅的观点），李斯特拓宽了钢琴演奏的边界，让演奏者的技巧成了唯一的局限。

他为新乐器写出了新曲子，并且大幅提升了个人的演奏技巧。

想象一下，如果英特尔开发了一种新的处理器，比旧处理器强大 100 倍，然后微软有了新的操作系统，能大幅提升新处理器的性能。但是，要真正发挥作用，新系统还需要新的程序，虽然旧程序的运作没问题，但是要展现出新的性能，发挥新的作用，那就需要运行全新的程序。

李斯特并没有开发硬件，但是他的演奏技巧突破了很多限制，也就发挥出了"新系统"的功能。

在我看来，李斯特的《B 小调奏鸣曲》就是新程序。他使钢琴独奏也能传达出管弦乐团演奏的宏伟。据我所知，在此之前还从来没有人实现过（如果有误，我很乐于承认错误）。李斯特对古典音乐的巨大贡献不可估量，远远超出音乐本身，他向后辈——柴可夫斯基、拉赫玛尼诺夫、格里格等——展现出钢琴所能实现的可能性。

肖邦的两面

弗里德里克·肖邦的人生有两面。

在聊他之前，我们需要对比弗朗茨·李斯特和弗朗茨·舒伯特两位作曲家。

弗朗茨·舒伯特非常内向，在钢琴演奏方面表现一般。对舒伯特来说，钢琴只是他传递音乐的工具，仅此而已。

舒伯特的《F小调幻想曲》就是很好的例证。这是一首钢琴四手联弹曲子，或者叫"钢琴二重奏"。我猜测，如果李斯特或者拉赫玛尼诺夫写这首曲子，应该会写成独奏曲。我并不是贬损舒伯特的才华，但我觉得观察作曲家的生活有利于我们更好地理解作品。

李斯特恰恰相反，他很外向。他在欧洲各地巡演，有时一天演奏数场。他也迷倒了无数女性。对李斯特来说，演奏的乐器与自己创作的作品一样重要。

让我们讲回肖邦（1810—1849年）。舒伯特与肖邦从未有过交集。肖邦18岁那年，舒伯特去世，在这之后肖邦才来到维也纳。

20岁时，肖邦离开了波兰，在巴黎定居。他骨瘦如柴，看起来病恹恹的。他也非常害羞，一生中只举办过30场演出（李斯特一个月的演出可能都不止30场）。肖邦的健康状况很糟糕，他39岁离世，和舒伯特一样都是英年早逝。舒伯特生活在贝多芬生活的维也纳，活在了贝多芬的阴影中，而肖邦生活在为李斯特疯狂的巴黎。世界上仿佛有两个肖邦：一个让人联想起舒伯特——忧郁孱弱，书写着多愁善感的旋律。乐观拥抱生活的人写不出《葬礼进行曲》。

但是还有一个生活在李斯特阴影中的肖邦，他只比李斯特年轻一岁，和李斯特住在同一座城市，在同一个城市圈巡演。没错，钢琴大师肖邦也在努力突破钢琴演奏的极限。

当我们听肖邦的练习曲时，听到的是生活在李斯特阴影中的肖邦。练习曲是为提高演奏者演奏水平而创作的短篇幅乐曲。在肖邦之前，练习曲的受众是音乐家，而不是听众。而肖邦的练习曲和李斯特的革新有异曲同工之妙，他们都在把当时刚刚发展起来的钢琴推向全新的水平。

然而，当我们听到肖邦的《夜曲》（浪漫的短篇幅乐曲）时，听到的则是像舒伯特一样忧郁的肖邦。

柏辽兹：痛苦释放的创造力

路易斯 – 埃克托尔·柏辽兹（1803—1869 年）并不是神童。他在 12 岁的时候才开始接触音乐（莫扎特在孩童时期已经完成了第一次音乐巡演）。柏辽兹的父亲并不鼓励他学钢琴，他没有忤逆父亲的意思。父母希望他将来成为医生（几乎每一个犹太母亲都希望自己的儿子当医生），所以柏辽兹被送往巴黎学医。23 岁的时候，柏辽兹不顾父母的反对，彻底放弃了医学，开始专注于音乐。

如果柏辽兹没有坠入爱河，很难说他是否能达成伟大的音乐成就。在 27 岁的时候，他去观看《哈姆雷特》的演出，遇到了哈里特·史密森，一位爱尔兰籍莎士比亚作品女演员。柏辽兹对她一见倾心，为她写了无数情书，却没有得到任何回应。他在史密森住所对面租了间公寓，为她写下了一封终极情书——《幻想交响曲》。

《幻想交响曲》的创作历程饱含单相思之苦。柏辽兹写道：

> 啊，如果我没有那么痛苦就好了！……那么多的思绪在心中涌动……我打破了日常的枷锁，看到了前所未有的广阔天地，但是学术规则却禁止我走向那里。

他在另一封信中写道：

有时候我几乎忍受不了心灵或肉体的疼痛（我无法将二者分开）……我看到宽广的地平线，看到了太阳，但是我又极其痛苦，如果不稍加控制，我就会大声喊出来，在地上打滚。我发现了能完全平复这汹涌情绪的唯一方式，那就是音乐。

我一直坚信，世界上大多数创造力是由痛苦释放的。如果不是因为痛苦，拉赫玛尼诺夫就创作不出《第二钢琴协奏曲》。他在经历第一部交响曲首演失败后，又经历了 3 年抑郁，最终才写出了这部作品。或者想想贝多芬，他在生命的最后 10 年已经聋了，但也是在这段时期，他创作出了自己最好的作品。

回到柏辽兹的故事中。柏辽兹可能无法忍受痛苦，也可能他需要其他兴奋点来获取新的创造力，总之，在创作《幻想交响曲》的过程中，他吸食了大量鸦片。该作品 1830 年的首演大获成功，柏辽兹成了大明星。可惜，史密森当时并没有出席首演，两年之后才听到这部交响乐。那时柏辽兹已经功成名就，她也认识到了柏辽兹的才华，于是他们结婚了。可是史密森的演艺事业开始走下坡路，柏辽兹的成功令她心生嫉妒，他们最终分居。柏辽兹后来又有了第二次婚姻。

无论如何，《幻想交响曲》的诞生确实有史密森的功劳。

伦纳德·伯恩斯坦如此总结这部交响曲："柏辽兹如实讲述着故事。你踏上这场旅程，结果却在自己的葬礼上尖叫。"

《幻想交响曲》是一部包含 5 个乐章的标题交响乐（指的是利用文字、标题展示乐曲的内容，你可以把它们想象成没有人声的歌剧）。这部交响乐叙述了柏辽兹在药物作用下对史密森一厢情愿的爱恋。

柏辽兹在标题中写道："一位艺术家清清楚楚地知道，自己的爱不会有回应，于是吞下鸦片企图自杀。但他只是沉睡过去，进入了可怕的幻境。"在交响乐中，这位艺术家杀死了所爱之人，被押送刑场接受处决，然后又来到了自己的葬礼上，这个时候，艺术家所爱的人又出现了，她变成了女巫。

柏辽兹只比弗朗茨·舒伯特早出生几年，所以他也生活在贝多芬主宰古典音乐的时代。但他住在巴黎，距离维也纳，贝多芬的"王国"约 1 200 千米。在靠马车出行的年代，那确实是山遥路远。

贝多芬的音乐传遍欧洲，柏辽兹也深受他的影响。但是，柏辽兹接受的古典音乐训练比较有限，所以他能更加轻松地打破作曲规则——因为他根本就不知道规则，又或者是因为他疯狂地陷入爱情。总之，柏辽兹从未被贝多芬阴影笼罩，他的《幻想交响曲》是一部开创性的作品，它经久不衰，为管弦乐树立了新的标杆。

布鲁克纳：谦卑、古怪、禁欲的虔诚信徒

　　我现在已经不去纠结为什么某个作曲家的音乐受到欢迎，为什么有的作曲家的作品很少被演奏，只能在音乐图书馆的架子上吃灰了。

　　在 20 世纪初，美国大众并不喜欢爱德华·格里格的《A 小调钢琴协奏曲》，但现在它却成了演奏次数最多的钢琴协奏曲之一。古斯塔夫·马勒的音乐在美国一直很沉寂，在 20 世纪 60 年代却因为伦纳德·伯恩斯坦流传开来。并不是格里格的音乐或是马勒的音乐突然之间变好了，只是公众的态度转变了。

　　过去几年中，我一直在持续探索自己熟悉的以及不太熟悉的作曲家，积极拓展自己音乐知识的边界。

　　当我听到不熟悉的音乐时，一开始确实有些费劲儿。是的，就是费劲儿。我不理解那些音乐，因此聆听的过程不能感受到快乐。它们似乎只是一些随机编排、毫无关联的声音。对于陌生的作品，我可能要反复听个五六遍才能有所领悟。普契尼的《波希米亚人》我当时听了 10 多遍，想不明白为什么这是最著名的歌剧之一。现在听来，当时的困惑早已烟消云散。

　　有时候，有的音乐即使听了 10 多遍，也依然无法打动我，这时它们就会被我归为"不理解"的音乐。在欣赏古典音乐时，我尽量不用"不喜欢"来描述，原因有二。第一，"不喜欢"意味着我

　　　　　　　　　　　　　　　　　　　　　全情投入

是有评判资格的鉴赏人（但我不是！）；第二，"不喜欢"是一种带有终结意义的情绪，但"不理解"意味着将来还有再次探索的可能。

对于某些作曲家，我的理解比其他人要更快一些。比如俄罗斯的作曲家，我理解起来最轻松——毕竟我在那里长大，一方水土养一方人不是没有道理。而像马勒（奥地利）、西贝柳斯（芬兰）、巴赫（德国）等人的音乐，我就花了很长时间来理解。而且，直到现在我仍然无法理解马勒的某些作品。

在我最近探索古典音乐的过程中，奥地利作曲家安东·布鲁克纳（1824—1896 年）又成了一大难关。布鲁克纳的音乐在今天依然不太受欢迎，评论家说他的交响曲太冗长，而且有点儿慢，缺乏情绪起伏和旋律的延展。另外还有一个非常现实的局限因素：他的交响曲需要非常庞大的管弦乐队来演奏，因为他本人的知名度不及贝多芬、莫扎特，其作品很少有被演奏的机会。

我听了布鲁克纳的交响曲，也阅读了写他生平的作品，发现他本人甚至比他的音乐更有趣。

布鲁克纳的祖辈是农民，他的父亲是音乐教师，他本人勤奋好学，成了出色的风琴演奏者。罗伯特·格林伯格写道：

> 教会是布鲁克纳一生的避风港与慰藉；除了修道院的修女或者战场上的士兵，你很难找到比他更虔诚的人。他全然相信，自己所做的一切都要为上帝增添荣光。
>
> 布鲁克纳就是一个纯粹的乡下人：老实巴交，没有戒备心，逆来顺受，虔诚到极点。（他严格遵守教会的禁令，反对婚前性行为。）
>
> 他一生都在寻找自己的新娘。
>
> 43 岁的时候，他爱上了一位 17 岁少女，女孩的父母立刻

终止了这段关系。他在 50 多岁的时候，又爱上了另一位 17 岁少女，虽然这段关系得到了女孩父母的许可，但是女孩厌倦了布鲁克纳，他饱含爱意的情书有去无回。后来，他又爱上了一位 14 岁的少女——他初恋的女儿，结果无疾而终。到了 70 岁的时候，他向一位年轻的家庭女仆求婚，但是对方拒绝皈依天主教，这段关系也就结束了。虔诚对于年轻女孩并不具有吸引力。布鲁克纳直至去世还是处男，安葬在圣弗洛里安的管风琴下。

我对布鲁克纳最感兴趣的一点在于，他到中年才开始作曲。按照罗伯特·格林伯格的说法：

> ……他在 39 岁的时候才经历了顿悟，那是 1863 年，他在奥地利林茨听到理查德·瓦格纳的歌剧《汤豪塞》。布鲁克纳受到了双重冲击：他不仅被歌剧打动，还意识到《汤豪塞》之所以伟大是因为打破了很多他苦心钻研的和声和对位规则！
>
> 从那一刻开始，布鲁克纳沉浸在瓦格纳的歌剧中，这改变了他的一生。他深信，自己的使命就是成为交响乐界的瓦格纳。在 1865 年至 1866 年，他创作了一部 C 小调交响曲。

布鲁克纳在为上帝而创作。下面是他给当时年轻的古斯塔夫·马勒写的信：

> 是的，亲爱的，我现在必须非常努力，才能完成我的第十部交响曲。否则，我无法面对上帝，而我很快就要去见他了。

　　　　　　　　　　　　　　　全情投入

他会说："我当初为什么要赋予你才华，你这个懦夫，难道你的才华就是让你唱颂歌而已吗？你的成就如此微不足道！"

应该是取悦上帝的意愿让他一直坚持下来，坚持了约 20 年，在他完成第七部交响曲时，60 岁的他终于迎来了成功。想象一下，20 年不断写曲、改曲，6 部交响曲首演，6 次失败，他依然坚持。我对此无比钦佩。

我听布鲁克纳的第一部乐曲是《第四交响曲》，这也是 Spotify 平台上他被播放最多的作品。曲子时长是 69 分钟。你如果怕没耐心听完，可以试试我的做法。不要把它当成"小说"，把它当成有 4 个独立故事（乐章）的书，每次听一个乐章，多听几遍。

我在写作的当下听的是第一乐章，其中有交响乐的各类元素，有圣 - 桑的第三交响曲《管风琴》的宏伟，有柏辽兹的《幻想交响曲》的浪漫，瓦格纳钟爱的铜管乐器与小提琴旋律也在其中。第二乐章一开始有着马勒的《葬礼进行曲》的悲哀，而在这部交响曲最后 5 分钟里，你会"听"到一个谦卑、古怪、禁欲的虔诚信徒。

　　我们在欧洲旅行时去了威尼斯，我和哥哥埃里克斯、儿子乔纳乘坐水上出租车前往穆拉诺岛，大概 20 分钟就到了，岛上有一个著名的玻璃工厂，我们在那里观看了玻璃吹制的过程。

　　艺术家拿着一团融化的玻璃，把大镊子插进去，神奇的事情发生了，他从一团玻璃中拉扯出了马的头部、身体、四肢、尾巴……他又用金属刀片划了几下，一匹晶莹的玻璃马就在我们眼前诞生了，整个过程不到 3 分钟。我感觉自己不像是在玻璃工厂，而是在剧院里观看魔术表演。

　　离开玻璃工厂之后，我们走在穆拉诺岛的大街上，沐浴着地中海温暖和煦的阳光，讨论那个玻璃师傅展示的到底是艺术，还是技艺。直觉告诉我们那是技艺，因为我们在穆拉诺岛上商店的橱窗里看到了不计其数的玻璃马，和那匹诞生在我们眼前的一模一样。

　　离开威尼斯之后，我还是不断想起穆拉诺岛上的那匹玻璃马。突然间我意识到，最终成品展现的是艺术和技艺，与创作过程中展现的艺术与技艺是不同的。

　　那匹玻璃马是艺术吗？如果它触动你的内心，让你感动，那就是艺术。触动人们内心的东西可能是不一样的。通常，我不会把一架面朝墙壁的书架或者一个没有任何修饰的木头视为艺术品，但是，这些就是出现在旧金山现代艺术博物馆的展品。

这里我们先来讨论最终成品中展现的艺术与技艺，然后再讨论我非常重视的话题——创作过程中展现的艺术与技艺。我们会得到一个框架，它也是一种心理模型，可以应用于生活的方方面面。

我们从技艺谈起。技艺是可以随着时间的推移而累积的技能，通过实践、经历、学习以及重复练习获得。这是任何创意性工作的基础。

那艺术呢？艺术需要张力，这种张力产生于当下与结果之间的不确定性和朦胧性。艺术中充满了矛盾的情绪。一方面，它可能会带来成功，也许会带来他人的认可，或者让人获得学习中的成就感。这些积极情绪的对立面就是对失败的恐惧、失落、尴尬以及伴随着这些情绪的痛苦。我把这些负面情绪笼统地归纳为"创意性不适"。

当我在写作时，我就会体验到这种张力，因为我很好奇文字最后呈现出来的样子。我会为自己最终的收获感到兴奋，也在不断克服自己的恐惧——担心所有的努力白费。有时候，我写着写着，觉得一个想法或者比喻呼之欲出，但就是写出不来，连着几天我都会焦虑不安，深感挫败。在创作的时候，每个人都会经历不同的情绪，这与个人性情有关，也与从事的创意活动有关。

重复会逐渐将艺术变为技艺——随着技能提升，创意张力会减弱，艺术就会被技艺取代。创意张力也会在这个过程中慢慢消失。创造的过程就会变得越来越没有创意。

为什么会这样呢？当我们第一次做某件事时，大部分的活动是由意识控制的。但是，随着我们不断重复同样一个任务数十次，数百次，它就成了潜意识的一部分，变得有些机械化，成为惯例，也就成了一门技艺。

我们回到那匹玻璃马身上。生产玻璃马的过程非常神奇。你决定去穆拉诺岛全职从事玻璃吹制工作，而且只吹制玻璃马，几年之后，你掌握了其中的技艺，但是你每天都要吹制同样的玻璃马，日复一日，年复一年。这和去汽车流水线工作有什么区别？

克劳德·莫奈在诺曼底的鲁昂大教堂旁租了一间公寓，在几个月的时间里画了超过 30 幅关于大教堂的画作，展现了大教堂在不同季节、不同时段里的变化。

但是，绘制同样的大教堂并不代表最终的作品一定就是技艺的产品。

莫奈苦心钻研光影。

他只要重复画几次大教堂的外观，就能掌握其中的技艺。但是，光线千变万化，每分每秒都不一样，这让莫奈很苦恼（这在创意性过程中是好事）。他写道："事情的进展并不稳定，主要是因为我每天都会发现前一天未能发现的东西……面对不可能，最终我只能竭尽所能。"莫奈的话中透出了艺术创作中的张力。

艺术变为技艺的过程中有着持续不断的挣扎，这是不可避免的改进过程。艺术就像是照射在鲁昂大教堂上的光线，无时无刻不在变换。正因如此，我们才有动力不断前行，不断学习，不断改进。

生活中的幸福来自直面并解决好的问题。莫奈的好问题就是光影，他对艺术的创作需求让他连着几个月都在画大教堂。但是，当艺术转化成技艺后，我们也需要再向前一步。莫奈也是。在绘制大教堂之后，他又开启了别处的艺术之旅。他还有 30 个干草堆要画。

艺术 + 全情投入 = 有意义的生活

为了有意义的生活，我们需要在艺术与技艺之间找到平衡。这种平衡会不断给我们带来能量。

但是这还不够。我们需要全情投入，找到方向与目标。

我有一位朋友做投资产品营销。有一次我们去公园散步，他说到自己对工作很不满意。他很热爱销售过程，找到了销售中的艺术所在。不过，他虽然在经济上获得了巨大的成功，却觉得自己售卖的产品估值过高，长远看来可能会给用户带来很大损失。他做好了自己的工作，引导客户在糟糕的投资中做了稍微靠谱的选择（无论是否有他的帮忙，客户一定会购买这些产品），自己的佣金还会因此而减少。但他依然觉得无法从这样的事情中获得自豪感，他自己不愿意购买这些产品，也不愿意让他的孩子、父母购买这些产品。

他没有做到"全情投入"！

无论我们做什么事，要获得成就感和深刻的意义感，光有艺术的存在远远不够。这件事必须与我们的身份密不可分，我们要让自己完完全全投入其中，毫无保留。它要成为我们的全部，成为我们所坚信的事情。是的，它要对社会有积极作用。如果你做的事情带有条件，你就很难从精神层面真正投入进去。比如，"我喜欢自己的产品，但是我在乎的人不应该买。"

试想一下：小野二郎在制作寿司的时候，心里知道寿司对食客有害无益，那会是什么场面？如果你投身到自己没有坚定信念的事情中，这件事与你自身的价值观并不一致，哪怕当中有艺术和技艺的平衡，你也会遭受认知失调，这个时候，满满的能量也只会让你在错误的人生道路上越走越远。

艺术与技艺的平衡

在 20 世纪美国最有成就钢琴家中，有出生于乌克兰的弗拉基米尔·霍洛维茨，还有出生于波兰的安东·鲁宾斯坦。两人在古典音乐的演奏中非常注重艺术与技艺的平衡。

在鲁宾斯坦的职业生涯早期，他的孩子刚出生不久，他自己不想让孩子觉得自己的父亲是二流的钢琴家。"我每天都要咬紧牙关，坚持练习，6个小时，8个小时，甚至9个小时。奇怪的事情发生了……在那些练了30年的曲子中，我开始发现其中新的意义、新的品质、新的可能性。"

随着年龄增长，鲁宾斯坦又开始遵循一个全然相反的建议：每天练习不要超过3小时。他解释道："我生来性格懒散，不会练很长时间……但是，我确实认为，在音乐领域，过度练习不是好事。如果你练得太多，音乐的呈现就会过于轻而易举，如果你演奏的时候觉得'这我知道啊'，你就不会拥有演奏所需的新鲜感——但这又是演奏所必需的，而且听众能感受出来。"

霍洛维茨也曾对过度练习表示担忧："在练习时长方面，我通常每天练一到两个小时。过度练习并不是好事，练得太多就会变得机械。"他甚至表示："完美本身就是不完美。"

如果你是钢琴演奏者，你应该听取谁的意见呢？是年轻的鲁宾斯坦，还是年长的鲁宾斯坦呢？你应该倾听自己的声音，注重个人在演奏中的艺术与技艺的平衡。任何创意活动都是如此——在不同的阶段，我们都要注重艺术与技艺的平衡。

区分阶段，按需进行

钢琴演奏可能不具备很多创意活动的优势。为了获得艺术与技艺的平衡，我们可以将创意过程分成不同阶段，并了解自己在哪一阶段。以小野二郎为例，寿司的制作过程可以分为两个阶段：创作新的寿司和每天为顾客制作寿司。在创作寿司这一阶段，艺术的成分要远远高于技艺成分。但是，当寿司创作完成后，下一步就是重复制作，技艺的成分就会越来越明显。在这个阶段，小野二郎就会有赖于学徒的帮忙。①

心理模型

这个艺术与技艺的心理模型不仅仅适用于传统意义上的艺术，在所有牵涉创意的活动中，你都可以采用这个视角。我曾经在科罗拉多大学教投资课，后来辞职了。因为重复的教学工作把所有的艺术成分都榨干了，创意张力不在了，剩余的都是技艺。

当然，我可以通过不断调整教学内容来维系教学中的创意张力，但这不是我的选择。我找到了另外一项活动——写作。写作给我带来了更大、更全方位的挑战，有更高的艺术成分以及较少的技艺成分（至少在初始阶段如此）。

我需要创意张力，如果没有创意张力，我根本没有写作的欲望。当我刚刚开始写作的时候，我每天都会写一到两篇关于股票的文章。当时我没有意识到，不过现在看来，那就是苦练技艺的过程。现在，这类文章对我来说已经不存在创意张力了，我只会在给 IMA 客户的邮件中写这类内容。即便如此，我也会尽力在邮件中融入艺术，比如说以讲故事的方式写作。

投资者需要不断拓宽自己的能力界限。在能力界限之内——自己非常熟悉的领域——艺术的成分非常低。在拓宽能力边界的时候，

---

① 我知道有些读者希望生活中只有技艺，他们需要每日的平静和稳定，并不喜欢创意的张力。那么上述所说的一切同样适用，你只需要换一个视角，在所有事件中，通过重复，一步一步剔除与之相伴而生的创意张力。

　　　　　　　　　　　　　　　　全情投入

我们就将曾经能力不足的领域转化为自己有能力掌控的领域——这个过程中，艺术成分在增加，因为我们在学习新的行业，开发新的思维模式和价值评估模式。正因如此，我喜欢跨领域的投资（不专攻某一行业），而且总有新鲜的收获。

在投资中，维系艺术与技艺的平衡更加微妙。投资如果只有技艺没有艺术，会让生活了无生趣，至少对我来说如此。想象自己一生都在分析公共事业股——一个发展缓慢、毫无波澜的行业，将是多么恐怖啊。

与此同时，如果将能力界限推进太快，借用一下歌手佛莱迪·摩克瑞的话，过多的艺术也会杀死你。在能力界限之外有太多的不确定性，它们可能会毁掉投资组合。因此，当投资者进入新的行业，在推进自己的能力界限时，一定要从小规模投资开始。即便出了错，也只是一时的刺痛，不会将人击垮。

当然，还有我最重要的职责——家长。设想你是一个网球教练，所有学生都是程序相同的机器人，那么过了一段时间，当你知道怎么教他们网球时，艺术就会消失——没有创意张力了，你能准确解决每个练球问题。

但是，如果你的学生是不同年龄段的孩子，那即便教了一段时间，你掌握了不少技艺，对于每个孩子，你依然需要因材施教，所以你在教学的时候仍然有发现艺术的空间。

每个孩子都是独一无二的。"贿赂"的手段对乔纳很奏效，对汉娜一点儿用都没有。米娅·萨拉还小，目前情况不明朗。另外，随着孩子们慢慢成长，他们也会遇到更多的挑战。我的父亲总喜欢说："小孩子不让你睡觉，大孩子不让你生活。"（希望他不是在说我。）

在 IMA 的管理以及我的自我管理中，我也会用到艺术与技艺的框架。我设计了自己的工作结构，保留艺术比例较高的任务——股票研究、投资组合管理、企业战略规划、会议沟通（在这些领域中我能做的贡献很多），然后将技艺成分较高的任务委托给其他员工。

当我雇用新员工或者给员工分配新任务时，我也会利用这个框架。有的人喜欢艺术成分高的任务，有的人不喜欢。举一个例子，当时创建播客节目《智慧型投资者》（investor.fm）的事情由营销总监负责，他选择了播放节目的平台，聘请了专人来朗读我的文章，撰写了节目的介绍，与一位艺术家合作设计了播客封面，还为节目写了引入语和结尾语。然后他负责制作了前 5 集，设计了每周的工作流程。在此之后，IMA 的另一位员工就接手了工作，因为她更喜欢工作里面有更高的技艺成分。

这一框架提升了 IMA 的工作效率，而且，也让 IMA 的每个人都能够做自己喜欢的工作，从工作中获得快乐。

走出阴影

创作过程中的艺术成分很高，它通常是混乱的、非线性的。它是一个高度个性化的过程。当我反思本书有关古典音乐的部分时，我从几位作曲家的人生中获益良多。

生活在他人的阴影中会削弱创造力，打击自信心。走出阴影的第一步就是要意识到自己被阴影笼罩，受到了它的影响。

舒伯特、勃拉姆斯以及其他我们永远不知道姓名的作曲家（因为他们的作品没有发表）都因贝多芬巨大的成功而受到影响。每位作曲家对此的处理方式都不一样。

如果不是罗伯特·舒曼在舒伯特逝世后发现了他写的《C 大调

第九交响曲》的手稿，那么这首交响曲也许会永远不会问世。

勃拉姆斯则用了21年才走出阴影，完成了自己的第一部交响曲（对于创作者来说，21年可太漫长了）。

柏辽兹用《幻想交响曲》打破了当时古典音乐的所有规则。巴勃罗·毕加索曾说过，像专业人士一样学习规则，然后像艺术家一样打破规则。也许正是因为他不知道规则，他比其他作曲家起步晚很多，所以他才打破了规则。也有可能是因为他疯狂地陷入了爱河。

李斯特的路线尤为独特。他积极利用最新出现的钢琴工艺技术，通过夜以继日的练习、不知疲乏的巡演，成为那个时代最优秀的钢琴演奏者。当发现没有合适的曲目来展现新钢琴的能量以及自己新开发的演奏技能时，他就自己写曲子。

在19世纪初，人们普遍认为贝多芬的《第九交响曲》是交响曲的巅峰之作，觉得它完美到无懈可击。我很庆幸，柴可夫斯基还有很多作曲家可能并不这么认为，否则，现在我们可能就听不到这么多美妙的作品了。

布鲁克纳的人生经历说明，开启寻梦之旅永远不晚。他在39岁那年完成了自己的第一部交响曲，经过20年历练，写了多部交响曲，终于大获成功。

被阴影笼罩的人肯定不止作曲家，在投资行业中，我可以看到很多案例。很多价值投资者就活在了沃伦·巴菲特的阴影中。巴菲特的巨大成功影响了他们的行为。比如，巴菲特在很长一段时间回避科技股，他说自己不够了解该领域。然而，我遇到很多投资者，他们才三四十岁，却模仿着巴菲特的投资习惯，拒绝接触科技股。

讽刺的地方在于，巴菲特走出了自己的阴影，在世界上最大的科技公司上投入了上千亿美元。截至我写书的当下，苹果公司应该是伯克希尔·哈撒韦公司最为成功的投资案例（以收益评估）。

有意义的生活的艺术

这些音乐天才给我们最大启示就是创意性不适会伴随整个创作生涯。这是任何创意性活动中必然会发生的事情。一点儿消极想象也许有助于你应对这个问题：当你在流水线上工作时，你根本不需要面对这种不适，至少在工作的时候不需要。

创意性不适是创意性活动的特征，意识到这一点之后，我如释重负。我从冥想中认识到，当意识到某个想法正困扰着自己时，困扰的程度就开始减弱了。观察痛苦，识别痛苦源自创意性活动，有助于减轻痛苦。

斯多葛主义者与第四堵墙

在戏剧表演中，有一个说法叫"打破第四堵墙"，指的是演员走出角色，与观众直接对话。我现在也在做类似的事情。写到这里的时候，这本书基本完成了。我在写最后一部分的时候，也要打破第四堵墙，也是为了回答一个我经常问自己的问题——斯多葛主义者会如何看待创意？

我们的老朋友爱比克泰德也许会再次提及控制二分法（有些事情由自己控制，有些事情不由自己控制）。他会告诉我们，在任何创意活动中，永远要努力让一位观众满意，那就是自己。为自己不能控制的事情过度焦虑没有意义。

我与十几位朋友分享了本书的初稿，希望获得读者视角的反馈。他们中的大部分都很喜欢这本书，也提出了建设性意见，有很多被我采纳了。但是，有几位我很尊重的朋友建议我不要出版这本书，他们觉得我违背了图书结构的基本规则。

关于打破规则这一点，他们说得没错。

我有意在本书的写作中增加了创意性风险。这本书不是按时间顺序编排的。我也很清楚，书中没有传统的故事线——各个章节并不是通过某个故事串联在一起的。与此同时，这本书之所以这样编排就是为了读者能按顺序阅读其中的文字。我做出这些选择，不是为了打破规则，只是忽视了规则。我遵从了毕加索的格言——像专业人士一样学习规则，然后像艺术家一样打破规则。

我相信，本书目前的结构能够让我写出的作品效果最好。就像小野二郎以特定的顺序为顾客呈现寿司，创造出味觉与视觉的颠覆性体验，我也用自己眼中最出彩的方式来构建本书的主题与故事。我的预设就是大部分读者能够克服极个别不连贯的地方——比如孩子们的年龄在前后文中不断变化，所以我按照主题编写了这本书，没有遵循严格的时间顺序。

当然，部分读者可能会不喜欢本书的结构，也有一些人会喜欢。有人会觉得这本书过于个人化，好奇我到底有什么资格就这些松散的主题写一本自传性的书籍。有人会偏爱书中作者与读者的近距离对话，喜欢这种随性。

大家的反应我都无法控制。毕竟，我这本书的第一位读者是我自己。我只能控制自己在写作时的热情、痛苦与努力。在这个创造的过程中，我收获了无尽的满足感，因为我已倾注了自己每一分精力。这就是我所能做的。

我不断回想起柴可夫斯基的《第一钢琴协奏曲》以及《D 大调小提琴协奏曲》。这两部作品都被他所敬仰的音乐家拒绝了，前一部被拒一次，第二部被拒两次。这些作品在当时都太过前卫，打破了太多常规。幸好，柴可夫斯基创作的是优美而精妙的大师之作，他的作品重新定义了常规。他离世已经 100 多年了，这些协奏曲却依然在全世界演奏。

我不是柴可夫斯基，打破规则并不能保证成功——也许这本书在出版两周之后就会被遗忘。

在写到这儿的时候，我的血压也非常稳定。斯多葛主义者会把我对本书的态度称为积极取向（类似于"贫与富我当然选择富，但是贫富我都能接受"）。

我希望这本书获得成功吗？如果说不在乎，那我就是在撒谎。为什么写一本书，有 3 个答案：给自己的答案、给朋友的答案、给公众的答案。

3 个答案都很真诚，但是单看每个答案都不算完整。

在个人层面，我写这本书是为了让孩子们读到。我为他们写这本书，因为他们不会看我的邮件。作为父亲，这本书要面对的最大挑战就是我的孩子们。我已经完成了挑战的 2/3，乔纳和汉娜已经读过了，米娅·萨拉只有 7 岁，所以我得再等几年。

这个答案是坦诚的，但是不完整。要让孩子们读，那也没必要出版。

读过初稿的朋友一直问我"这本书的读者是谁？"。它是为我现在和未来的粉丝而写的，更准确来说，是为和我一样的人而写。对这本书，我确实没有太大的商业野心，也在消极想象中预设了销售受阻的境况。但是，除非这本书最终无法出版，否则都不算失败。在商业层面是否成功，对我的生活并没有影响。①

这个答案也很坦诚，但还是不完整。每当我早上爬起来写作的时候，那些和我一样的投资人并没有出现在我脑海中。

这就来到第三个答案，给公众的答案。有些讽刺的是，这个答案比前两者更加完整一些。是的，亲爱的读者们，我也为你们而写。

---

① 这本书也不是 IMA 的营销工具——IMA 不需要，至少不需要这样的书来为其做营销。当然，出版商对此有不同意见，这是我无法控制的。

如果你已经从头读到这里，如果这本书的某些地方曾打动过你，给你带去某一刻的明朗，让你在生活的道路上朝着正确的方向前进了一小步，如果这本书没有浪费你的时间和精力，那么我已经成功了。

但是斯多葛主义者（那些哲人啊！）会提醒我，你们的反响如何不由我来决定。

　　我听过一个关于法国印象派画家埃德加·德加的故事。德加是完美主义者，这导致他很难完成自己的画作。他有时候在别人家看到一幅自己的画，就会盯着看上好一会儿，然后问主人是否能把画借给他，好让他完善一下。谁会拒绝这样的要求？但有的时候，画作主人就再也拿不回那幅画了，因为德加在尝试让画变得完美时就把作品毁了。

　　我在写本书的时候，意识到自己可能面临着同样的问题。我倒是没有毁掉文学巨作的风险，但是我太享受本书的创作过程了，知道自己可能很难放开它。我在从头编辑了一遍之后，又编辑了两遍才交稿。和这本书说再见的过程确实有些艰难。

　　然后，妻子在不经意之间帮我找到了解决方案。我第一次告诉她我要写一本关于人生的书时，她看了我一眼，困惑地问道："你不觉得自己还得再有点儿年纪才能写这种书吗？"我也被她问住了。不过，其中倒是有点儿道理，书写人生的时候，你就是在总结自己的生活经历，把生活经历打包成人生智慧。

　　然后我想通了。沃伦·巴菲特意识到，慈善不应该等到自己逝世之后再做，而应该在世时就去做。如果他在活着的时候就捐赠自己的财富，那就能更快帮助到有需要的人，而且还能亲眼见证自己的慈善工作如何改变他人的人生。（他在70多岁时有了这样的感悟。我们也许没有资格来评判他。）

我意识到，分享生活经历，无论这经历是否完美，都不需要等到老了才行动。我觉得这本书可以叫《全情投入（第一卷）》。这个开放性标题让我有机会在未来的作品中修正自己年轻时的错误。

我再讲最后一个故事吧。

一位母亲带着孩子去见心理医生，她说："我儿子吃太多糖了，你能不能跟他聊聊？"

心理医生想了一会儿，然后说："一个月之后你再来。"

一个月之后，母亲带着儿子回来了。心理医生看着孩子说："不要再吃糖了。"

母亲很奇怪，问道："为什么让我们等一个月呢？一个月前你就可以和他说这句话呀。"

心理医生笑着说："因为我得先停止吃糖。"

写这本书对于我来说就是先"停止吃糖"。这本书是我对生活的探索，是我努力成为生活的学习者的过程，我会在生活中犯错误，改正错误，从错误中学习——这都是为了让我在冒险之旅中全情投入。我希望这本书中的某些故事也能对你有所触动，改变你生活中的某些行为。

与此同时，我希望自己继续探索、学习、写作。

亲爱的读者，这不是告别，这只是中场休息。

我们下一本书再会。

请享受生活，不断成长。

全情投入

后
记

　　我真的很难放下这本书的写作。像德加一样，在写完"中场休息"后的 8 个月中，我进入了不断改写的模式。最开始的文字演化成了当前的版本。这可能不是一本传统意义上的书，但总归是一本书。我在打字的当下，仍然在思考自己还有什么可以写的内容。但是，真的要放手了，让这本书去见见世面吧。